全国中等职业技术学校汽车类专业教材

汽车保险

人力资源社会保障部教材办公室组织编写

中国劳动社会保障出版社

简介

本书的主要内容包括：保险基础知识、机动车交通事故责任强制保险、机动车商业保险、汽车保险投保实务、汽车保险承保实务、汽车保险理赔实务、汽车保险欺诈风险控制实务、汽车消费贷款保险等。

本书由吴勤燕主编，窦宏、韩博砚、顾振华、王婷婷、滕明凤、朱正凯参与编写，羌春晓、李茂勇审稿。

图书在版编目(CIP)数据

汽车保险 / 人力资源社会保障部教材办公室组织编写. -- 北京：中国劳动社会保障出版社，2019

全国中等职业技术学校汽车类专业教材

ISBN 978－7－5167－4010－1

Ⅰ.①汽⋯ Ⅱ.①人⋯ Ⅲ.①汽车保险-中国-中等专业学校-教材 Ⅳ.①F842.634

中国版本图书馆 CIP 数据核字(2019)第 129082 号

中国劳动社会保障出版社出版发行

（北京市惠新东街 1 号 邮政编码：100029）

*

三河市潮河印业有限公司印刷装订 新华书店经销

787 毫米×1092 毫米 16 开本 15.5 印张 330 千字

2019 年 7 月第 1 版 2024 年 11 月第 7 次印刷

定价：29.00 元

营销中心电话：400－606－6496

出版社网址：http://www.class.com.cn

http://jg.class.com.cn

前　言

为了更好地适应中等职业技术学校汽车类专业教学要求，全面提升教学质量，人力资源社会保障部教材办公室组织有关学校的骨干教师和行业、企业专家，在充分调研企业生产和学校教学情况、广泛听取教材用户反馈意见的基础上，对全国中等职业技术学校汽车类专业教材进行了修订和补充开发。

本次教材修订和补充开发工作的重点主要体现在以下几个方面：

第一，完善教材体系，更好地满足教学需求。

结合职业院校汽车类专业设置和办学特点，调整并完善了教材体系，与专业通用基础教材相衔接，开发了汽车维修、汽车电器维修、汽车钣金与美容、汽车检测、汽车营销等专业方向教材，构建了"通用基础平台＋不同专业方向平台"的教材体系。此外，还针对学校对电控技术、车载网络技术、新能源汽车等高新技术的教学需求，开发了相应的教材。

第二，反映技术发展，适应岗位职业能力需求变化。

随着汽车制造水平的不断提高，汽车维修的内容和工艺发生了相应变化；伴随着私家车保有量的不断增长，汽车营销、汽车美容等相关从业人员的职业能力要求也在发生相应变化。因此，本次修订工作注重在教材中增加新知识、新技术、新材料、新工艺等方面的内容，体现教材的先进性。同时，根据中级工从事相关岗位工作的实际需要，合理确定学习目标，对教材内容的深度、难度做了适当调整，同时注重综合职业能力的培养。

第三，融入先进教学理念，创新教材表现形式。

专业通用基础教材的编写以汽车及其零部件为载体，充分体现专业特色；专业方向教材的编写根据学校教学实际，充分体现一体化教学思路，增加了实训内容在教材中的比重。为了增强教材的表现效果，提高学生的学习兴趣，教材中使用了大量高质量的实物图片，部分教材采用双色或彩色印刷。

第四，开发辅助产品，提供教学服务。

为了方便教学，配套开发了习题册、教学参考书和电子课件。电子课件可通过职业教育教学资源和数字学习中心（http://jg.class.com.cn）免费下载。

本次教材修订工作得到了河北、江苏、浙江、山东、山西、广东、广西、陕西等省、自治区人力资源和社会保障厅及有关学校的大力支持，在此表示诚挚的谢意。

人力资源社会保障部教材办公室

2018 年 7 月

目　录

项目一　保险基础知识

任务1　认识风险与保险

知识目标

1. 了解风险的概念与特性。
2. 熟悉风险管理的概念与内容。
3. 掌握保险的概念、分类与职能。
4. 掌握机动车保险的概念与特点。

能力目标

能够对风险进行分类，并且根据不同种类的风险提出相适用的保险种类，降低财产损失，保障客户利益。

情景描述

王某和张某为江苏某大学的一年级新生。入学后王某除投保了医疗保险以外，还投保了学生意外保险；而张某认为自己不会发生意外，仅投保了医疗保险。王某和张某在校期间都曾意外摔倒而导致骨折，王某因为投保了医疗保险和学生意外保险，治疗费用获得了约90%的赔偿；而张某因只投保了医疗保险，所以治疗费用仅获得了约60%的赔偿。同样是在学校意外受伤，为什么赔偿金额会有如此大的差距呢？

任务剖析

常言道：天有不测风云，人有旦夕祸福。在日常生活和生产活动中，任何个人、单位都有可能遭受意外而蒙受各种损失，为规避风险、自我保护，人们采取了多种措施，比如对风险事故采取预防措施、发生事故后采取减损措施等。那么，如何全面地识别风险类别、合理地选择风险处理方式呢？

相关知识

一、风险

1. 风险的定义

风险是指人们在生产、生活或对某一事项做出决策的过程中，对于未来结果预测的不确定性，包括正面效应和负面效应的不确定性。从经济角度而言，正面效应为收益，负面效应为损失。保险中的风险通常为后者。

风险是一种客观存在，不以人的意志为转移。它的存在与客观环境及一定的时空条件有关，并伴随人类的活动，没有人类的活动，也就不存在风险。

2. 风险的构成要素

风险是由多种要素构成的，这些要素相互作用，共同决定了风险的存在、发展和变化。一般认为，风险的构成包括风险因素、风险事故和风险损失。

(1) 风险因素

风险因素是指引起和促使风险事故发生的条件和原因，是造成损失的内在或间接原因。可分为实质风险因素、道德风险因素和心理风险因素三种。

实质风险因素是指有形的并能直接影响事件物理功能的因素，如建筑物使用了不合格的建材、车辆制动系统存在故障等；道德风险因素是指与人的品行有关的无形因素，如抢道行驶、违规超车等；心理风险因素是指与人的心理有关的无形因素，如疏忽大意、疲劳驾驶等。

实质风险因素也称物质风险因素，一般与人无关。道德风险因素和心理风险因素与人的行为有着密切的关系，并且道德风险因素侧重于故意行为，而心理因素侧重于过失行为。

(2) 风险事故

风险事故是指造成人身伤亡或财产损失的偶然事件，是造成风险损失的直接的、外在的原因，也是风险因素诱发的结果。例如，汽车制动失灵酿成车祸而导致车毁人亡，其中制动失灵是风险因素，车祸是风险事故。如果仅有制动失灵而无车祸，就不会造成人员伤亡。如果说风险因素还只是损失发生的一种可能性，那么风险事故则意味着风险的可能性转化为现实性，即风险的发生。因此，它是直接引起损失后果的意外事件。

(3) 风险损失

在风险管理中，损失是指非故意的、非预期的和非计划的经济价值的减少，这是狭义损失的定义。显然，风险管理中狭义的损失包括两个方面的条件：一为非故意的、非预期的和非计划的；二为损失必须符合经济价值的观念，即能以货币来衡量，二者缺一不可。如有人因病使其智力下降，虽然符合第一个条件，但不符合第二个条件，不能把智力下降定为损失。

广义的损失既包括精神上的耗损，又包括物质上的损失。例如，记忆力减退、时间的耗费、车辆的折旧和报废等属于广义的损失，不能作为风险管理中所涉及的损失。因为，它们是必然发生的或是计划安排的。

在保险实务中，损失分为直接损失和间接损失。前者是直接的、实质的损失；后者包括额外费用损失、收入损失和责任损失。

（4）风险构成要素之间的关系

风险是由风险因素、风险事故和风险损失三者构成的统一体。它们之间存在一种因果关系，简单表述如图1—1—1所示。风险因素是发生事故的隐患，它在一定的内部条件下转变为现实结果；风险事故是从风险因素到风险损失的一个中间环节，是导致风险损失的直接因素；风险损失则是风险事故的直接结果。通常情况下，通过对风险因素的控制和防范，可有效避免事故的发生；通过对风险事故的控制和施救，可有效降低风险损失。

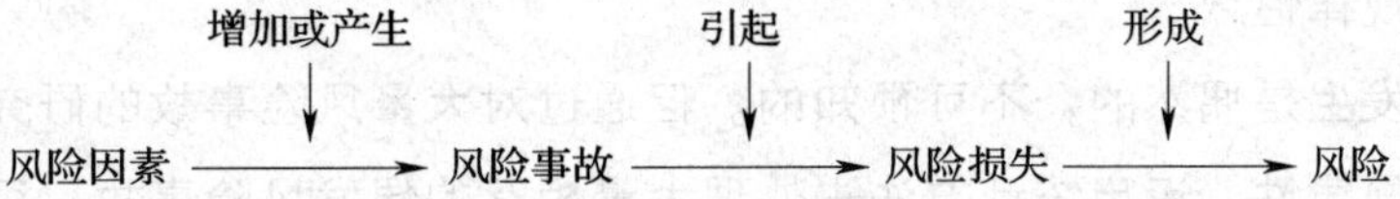

图1—1—1　风险要素之间的因果关系

3. 风险的特性

（1）风险的客观性

自然界的地震、台风、洪水，以及社会领域的战争、冲突、恐怖活动、意外事故等，都不以人们的意志为转移，它们是独立于人的意识之外的客观存在。人们只能在一定的时间和空间内改变风险存在和发生的条件，降低风险发生的频率和损失程度，但从总体上看，风险是不可能彻底消除的。

（2）风险的普遍性

自从人类出现后，就面临着各种各样的风险，如自然灾害、意外事故、疾病、伤害、战争等。随着科学技术的发展、生产力的提高、社会的进步，又会产生新的风险。在人类社会中，个人面临生老病死、意外伤害等风险，企业则面临着自然风险、意外事故、市场风险、技术风险和政治风险等，甚至国家和政府机关也面临各种风险。总之，风险已渗入社会、企业和个人生活的方方面面，风险无处不在、无时不在。

（3）风险的社会性

风险与人类社会的利益密切相关，即无论风险源于自然现象、社会现象，还是源于生理现象，它必须是相对于人身及其财产的危害而言的。就自然界本身而言，无所谓风险，如地震对大自然来说只是自身运动的表现形式，也可能是自然界自我平衡的必要条件；只是由于地震会对人们的生命和财产造成危害和损失，所以才对人类形成一种风险。因此，风险是一个社会范畴。没有人，没有人类社会，就无风险可言。

（4）风险的不确定性

风险及其所造成的损失总体上来说是必然的、可知的，但在个体上却是偶然的、不可知的，具有不确定性。正是风险的这种总体上的必然性与个体上的偶然性的统一，才构成了风险的不确定性，主要表现为三个方面。

1）空间上的不确定性。如火灾，就总体来说，所有的房屋都存在发生火灾的可能性，而且在一定时间内必然会有房屋发生火灾，并且必然会造成一定的经济损失，但是具体到某一幢房屋来说，是否发生火灾，则是不一定的。又如，交通事故每年每月都会发生，但人们却无法预知在何地发生交通事故。

2）时间上的不确定性。例如，死亡是人生的必然现象，但是何时死亡，又是不可能预知的。

3）结果上的不确定性，即损失程度上的不确定性。例如，各类安全生产事故时有发生，但人们却无法预知事故的损失程度以及是否会造成财产损失或人身伤亡。

(5) 风险的规律性

个别风险的发生是偶然的，不可预知的。但通过对大量风险事故的研究会发现，风险往往呈现出明显的规律性。运用统计方法去处理大量相互的偶发风险事故，可以比较准确地反映风险的规律性。根据以往的资料，利用概率论和数理统计的方法可测算出风险事故发生的概率及损失程度，并且可建立损失分布的数理模型，成为风险估测的基础。

比如，死亡对于个人来说是偶然的不幸事件，但是经过对某一地区人的各个年龄段死亡率的长期观察统计，就可以准确地编制出该地区的生命表，从而可测算出各个年龄段人的死亡率。又如，交通事故对于每一个驾驶员来说是偶然的不幸事件，但是经过对某一地区发生各种交通事故进行长期观察统计，就会发现驾驶员的驾龄、年龄、性别、婚否与交通事故发生率有一定的规律性，从而可以测算出各类驾驶员的交通事故率。

(6) 风险的发展性

风险会因时间、空间因素的发展变化而变化。人类社会在自身进步和发展的同时，也创造和发展了风险。如汽车的产生和发展，导致交通事故的危害性逐渐增大。又如，计算机和互联网的广泛应用和发展，导致用户遭受黑客和计算机病毒攻击的风险也明显加大，尤其是当代高新科学技术的发展和应用，使风险的发展性更加突出。

二、风险管理

风险管理是指经济单位当事人通过对风险进行识别和度量，采用合理的经济和技术手段，主动、有目的、有计划地对风险加以处理，以最小成本去争取最大的安全保障和经济利益的行为。

风险管理的主要内容包括识别风险、评估风险和处理风险。

1. 识别风险

识别风险是风险管理工作的基础，包括感知风险与分析风险两个方面。感知风险是通过对风险的调查、了解，对可能存在的风险做出判断；分析风险是通过对风险的分类、归纳，找出风险产生的原因和条件，确定风险的类别与性质，为评估风险提供依据。

2. 评估风险

评估风险包括风险估算和风险评价。风险估算即风险衡量，是指对某特定风险的发生概率和损失程度进行估算，用以评价风险对预定目标的不利影响及其程度。其内容包括估计潜在风险事件发生的频数和损失程度。风险频数是指一定时期内风险可能发生的次数。损失程度是指每次风险发生可能带来的经济损失大小。风险估算使风险分析定量化，为风险管理者进行风险决策和选择最佳的风险处理方式提供了科学依据。

在识别风险与风险估算的基础上，根据风险发生的概率和损失程度以及处理风险的经济投入进行的综合分析与比较，称为风险评价。风险评价的主要目的是测算处理风险所需人力、物力和财力等方面的投入，并与可能出现的风险损失相比较，以确定风险是否需要处理、在经济上是否合算，以及如何处理效果最佳。

3. 处理风险

处理风险是指应对风险的办法。人们在同各种自然灾害、风险事件的抗争中，不断地总结经验教训，创造出了不少预防与处理风险的办法，归纳起来主要有以下几点。

(1) 规避风险

规避风险即决策中直接设法避免风险事故的发生。例如，某路段因洪水冲毁了部分桥梁与路基，虽然可以采用临时便道通行，但比较危险。为了安全起见，过往车辆完全可以选择其他路线绕道通行。绕道通行虽然增加了运行费用和时间，但达到了避免风险发生的目的，这就是规避风险的处理办法。又如，乘坐旅游缆车上山有一定安全风险，为了避免人身安全事故的发生，可以选择不乘坐旅游缆车，步行上山，这同样也是规避风险的处理办法。这些处理办法虽然比较简单，但都是很有效的风险处理方式。通常，采用规避方式处理风险虽然有效，却容易给人们的生活和工作带来新的不便和困难。因此，规避的方式是消极的，是有局限性的。

(2) 预防风险

多数风险事故都有一定的成因和规律，及时、有针对性地采取各种预防措施，就会控制风险的发生。预防风险的目的是要尽可能地采取各种控制风险发生的措施，以使发生风险事故的频率及其损失程度降到最低。预防风险通常分为防损和减损两类。防损是指通过对风险因素的分析，采取预防措施，以防止损失的发生。减损则是尽量减小风险造成的损失，并控制损失的扩大。防损的目的在于努力减少发生损失的可能性，而减损的目的则在于尽量减轻损失程度。

(3) 分散风险

分散风险是指联合存在同类风险的众多单位，建立风险分摊机制。当风险损失发生时，由众人共同承担，从而达到分散风险、分摊损失的目的。

(4) 转移风险

转移风险是指通过一定的方式，将风险由一个主体转移给另一个主体。转移风险与规避风险有实质上的区别。规避风险是要回避风险产生的行为或环境。转移风险则不同，人们仍参与有风险的事情，只不过是将可能的风险损失转移给他人来承担。

小提示：

现代保险实际上就是运用了分散和转移风险的办法，组织众多的单位和个人参保，将这些单位和个人的风险转移给保险公司。保险公司再通过收取保险费与损失补偿的方法，分摊损失达到分散风险的目的。

三、可保风险

可保风险即人们通常所说的保险。风险管理与保险在理论上关系密切，在实践上也有联系，两者所研究的对象是一致的。从理论起源看，风险管理源于保险，保险作为一门学科，先于风险管理产生，在风险管理的发展过程中，很大程度上得益于对保险理论与实务研究的深入；保险作为风险管理的一种重要方法，也由于风险管理理论的发展而促进了自身的发展。

但是，不是所有的风险都是可保的，保险一般只承担纯粹风险，对有可能获利的投机风险一般不承保。当然，也并不是所有的纯粹风险都可以承保，作为纯粹风险，需要满足有关条件才能构成可保风险。

1. 可保风险应具备的条件

(1) 可能性

风险发生必须具有客观上的可能性。保险的动机在于以防万一，以求补偿。若已知没有发生风险的可能，就失去了投保的实际意义。《中华人民共和国保险法》（以下简称《保险法》）第二条关于“保险定义”中所使用的“可能发生的事故”即为此含义。

(2) 偶然性

偶然性是指事先无法预知风险发生的时间、地点、损失程度等。事先可以预知的、必然会发生的损失，如自然损耗、折旧等，保险公司是不会承保的。

(3) 意外性

意外性包含两方面的含义：一是风险的发生是不可预知的，可预知的风险带有必然性，保险人不予赔偿；二是风险的发生及损失后果的扩展不是被保险人的故意行为所致，即对于被保险人故意行为或不采取合理预防措施所造成的损失，保险人不予赔偿。

(4) 纯粹性

保险人承保的风险只能是纯粹风险，而不能是投机风险。因为承保投机风险有可能会引起道德风险，使被保险人因投保获取额外收益而违反保险的基本原则。

(5) 同质性

可保风险应该是大量存在的同质风险，即大量标的均有遭受同样或者近似损失的可能性。这一条件是为了满足保险经营大数法则的要求。保险依据大数法则为保险人建立稳定的保险基金，来赔付少数实际出险标的损失。因此，可保风险的一个重要条件是必须有某种同质风险的大量存在。同时，风险发生的概率和损失应该是可以计算的，这是保险人计算保险费率的依据。

以上条件具有相互关联性，确定可保风险时应综合分析，以免发生承保失误。

2. 可保风险与不可保风险的转化

可保风险与不可保风险按上述条件划分，也是从商业保险的角度出发，考虑了保险公司自身的经营和发展。但可保风险与不可保风险的范围及内容的划分并非是固定不变的。风险无处不在，但完全满足上述条件的风险并不多，对于不满足上述条件的风险可以通过采取一定的技术手段，使之满足可保风险的条件。另外，随着保险公司资本的扩大，保险新技术的不断出现，以及再保险市场规模的扩大，可保风险的范围也会不断扩大，许多原来不可保风险可以转化为可保风险。

四、保险概述

1. 保险的概念

《中华人民共和国保险法》第二条规定："本法所称保险，是指投保人根据合同约定，向保险人支付保险费，保险人对于合同约定的可能发生的事故因其发生所造成的财产损失承担赔偿保险金责任，或者当被保险人死亡、伤残、疾病或者达到合同约定的年龄、期限等条件时承担给付保险金责任的商业保险行为。"因此，保险定义可从以下两方面理解：

(1) 从经济角度理解

保险是分摊意外事故损失的一种财务安排。投保人参加保险，实质上将他不确定的大额损失变成确定的小额支出，即保险费。而保险人集中了大量同质风险，能借助大数法则来正确预见损失的发生额，并根据保险标的的损失概率制定保险费率。通过向所有被保险人收取保险费的方式建立保险基金，用于补偿少数被保险人遭受的意外事故损失。因此，保险是一种有效的财务安排，并体现了一定的经济关系。

(2) 从法律角度理解

保险是一种合同行为，体现的是一种民事法律关系。根据合同约定，一方承担支付保险费的义务，换取另一方为其提供经济补偿或给付的权利，这正好体现了民事法律关系的内容——主体之间的权利和义务关系。

2. 保险的要素

(1) 可保风险是保险人可以接受承保的风险

尽管保险是人们处理风险的一种方式，它能为人们在遭受损失时及时提供经济补偿，但并不是所有破坏物质财富或威胁人身安全的风险保险人都要承保。

(2) 多数人的同质风险的集合与分散

保险的过程，既是风险的集合过程，又是风险的分散过程。众多投保人将其所面临的风险转嫁给保险人，保险人通过承保将众多风险集合起来。当发生保险责任范围内的损失时，保险人将少数人发生的风险损失分摊给全部投保人，即通过保险的补偿行为分摊损失，将集合的风险予以分散转移。保险风险的集合与分散应具备两个前提条件：一是多数人测定，大数法则能有效地发挥作用；二是同质风险，如果风险为不同质风险，那么风险损失发生的概率就不同，风险也就无法进行集合与分散。

(3) 费率的合理厘定

保险在形式上是一种经济保障活动，而实质上是一种商品交换行为。因此，厘定合理的费率，即制定保险商品的价格，便构成了保险的基本要素。保险的费率过高，则保险需求会受到限制；反之，费率厘定得过低，保险供给就得不到保障，这都不能称为合理的费率。费率的厘定应依据概率论和大数法则的原理进行计算。

(4) 保险基金的建立

保险的分摊损失与补偿损失功能是通过建立保险基金实现的。保险基金是用以补偿或给付因自然灾害、意外事故和人体自然规律所导致的经济损失和人身损害的专项货币基金。它主要来源于开业资金和保险费。就财产保险准备金而言，表现为未到期责任准备金、赔款准备金等形式。

(5) 订立保险合同

保险体现了一种经济关系，是投保人与保险人之间的经济关系。这种经济关系是通过合同的订立来确定的。

3. 保险分类

(1) 按保险性质分类

按保险的性质，可将保险分为商业保险、社会保险和政策保险。

1) 商业保险。商业保险是指投保人与保险人依法订立保险合同，根据合同约定，投保人向保险人支付保险费，保险人对可能发生的事故发生时造成的损失承担赔偿责任，或者当被保险人死亡、疾病、伤残或者达到约定的年龄期限时承担给付保险金责任的保险。商业保险既是一种经济行为，又是一种法律行为。目前，一般保险公司经营的财产保险、人身保险、责任保险、保证保险等均属于商业保险的范畴。商业保险一般采用自愿保险的原则。

2) 社会保险。社会保险是社会保障的重要组成部分，是指国家通过立法对社会劳动者暂时或永久丧失劳动能力或失业时，由政府指定的专门机构为其提供物质帮助，以保障其基本生活的社会保障制度。我国目前实行的社会养老保险、医疗保险、失业保险等均属社会保险的范畴。社会保险与商业保险不同，社会保险一般是强制性的，且在保险费的缴纳和保险金的给付方面，也不遵循完全对等的原则。

3) 政策保险。政策保险是指政府为了适应某项特定政策的要求，以商业保险的一般做法来开办的保险。例如，为扶持农、牧、渔业而设立的种植业保险；为了促进出口贸易而特设的出口信用保险等。政策保险通常由国家设立的专门机构或委托官方或半官方的保险公司具体承办。

(2) 按保险标的分类

保险标的或称保险对象，是指保险合同中所载明的投保对象。按不同的标的，保险可分为财产保险、责任保险、信用保证保险和人身保险四类。

1) 财产保险。财产保险是指以各种有形财产及其相关利益为保险标的的保险。保险人承担各种保险财产及其相关利益因遭受保险合同承保责任范围内的自然灾害、意外事故等风险，对其发生所造成的损失负赔偿责任。财产保险的种类繁多，主要有海上保险、运输货物保险、运输工具保险、火灾保险、工程保险、盗窃保险、农业保险等。

2) 责任保险。责任保险的标的是被保险人依法应对第三者承担的民事损害赔偿责任。在责任保险中，凡根据法律或合同规定，由于被保险人的疏忽或过失造成他人的财产损失或人身伤害所应负的经济赔偿责任，由保险人负责赔偿。常见的责任保险有公众责任保险、雇主责任保险、产品责任保险和职业责任保险。

3) 信用保证保险。信用保证保险的标的是合同双方权利和义务约定的经济信用。信用保证保险是一种担保性质的保险。按照投保人的不同，信用保证保险又可分为信用保险和保证保险两种类型。信用保险的投保人和被保险人都是权利人，所承担的是签约的一方因另一方不履约而遭受的损失。例如，在出口信用保险中，保险人对出口人（投保人、被保险人）因进口人不按合同规定支付或有不法行为遭受的损失负赔偿责任。保证保险的投保人是义务人，被保险人是权利人，当保证保险的投保人不履行合同义务或有不法行为使权利人蒙受经济损失时，由保险人承担赔偿责任。例如，在履约保证保险中，保险人在承包工程业务中的工程承包人不能如期完工或工程质量不符合规定致使权利人遭受经济损失时，承担赔偿责任。综上所述，无论是信用保险还是保证保险，保险人保障的都是义务人的信用，最终获得补偿的都是权利人。目前，信用保证保险的主要险种有雇员忠诚保证保险、履约保证保险、出口信用保险和投资保险等。

4) 人身保险

人身保险是以人的身体或生命作为标的的一种保险。人身保险以伤残、疾病、死亡等人身风险为保险内容，被保险人在保险期间因保险事故发生或生存到保险期满，保险人应依照合同规定对保险人给付保险金。由于人的价值无法用金钱衡量，具体的保险金额依据被保险人的生活需要和投保人所支付的保险费，由投保人和保险人协商确定。人身保险主要包括人寿保险、健康保险和人身意外伤害保险。

(3) 按保险实施形式分类

按保险实施形式不同，保险可分为强制保险和自愿保险。

1) 强制保险。强制保险又称法定保险，是指国家对一定的对象以法律或行政法规的形式规定其必须投保的保险。这种保险是依据法律或行政法规的效力，而不是从投保人和保险人之间的合同行为产生的。例如，2006 年 7 月 1 日起执行的《机动车交通事故强制责任保险条例》就要求上路行驶的所有机动车辆都必须投保机动车交通事故强制责任保险（简称交强险）。

2）自愿保险。自愿保险又称任意保险，是由投保人和保险人双方在平等自愿的基础上，通过协商订立保险合同并建立起保险关系。在自愿保险中，投保人对于是否参加保险、向哪家保险公司投保、投保何种险别，以及保险金额、保险期限等均有自由选择的权利。在订立保险合同后，投保人还可以中途退保，终止保险合同。同样保险人也有权选择投保人，自由决定是否接受承保和承保金额。在决定接受承保时，对保险合同中的具体条款，如承保的责任范围、保险费率等也均可通过与投保人协商确定。自愿保险是商业保险的基本形式。

4. 保险的职能

(1) 保险的基本职能

保险的基本职能是指保险在一切经济条件下都具有的职能，不会因经济条件等客观环境的变化而变化，是保险原始的、固有的职能。保险的基本职能有两种，即补偿损失和给付保险金。当被保险人遭受损失时，在保险金额幅度内，用保险基金进行赔付，从而被保险的财产损失因保险人的赔付而得到补偿。保险的这一基本职能实际上就是用所有投保人的钱来补偿一部分投保人的损失，将一部分投保人面临的风险分摊给所有投保人，从而从整体上提高了对风险的承受能力。而给付保险金的职能更偏向于大多数的人身保险，尤其是其中的人寿保险。因为人的生命价值不能用货币来衡量，并且人身保险具有返还性，所以人身保险的基本职能是给付保险金。

(2) 保险的派生职能

保险的派生职能是指保险随着社会经济的发展、经济制度的演进而逐渐具有的职能，主要有防灾防损职能和投资职能。防灾防损职能主要指保险人积极参与、配合防灾防损活动，提高了社会的防灾防损能力。保险的投资职能是指保险公司将保险基金的暂时闲置部分加以运用，以使保险基金保值增值，确保偿付能力。

五、机动车保险概述

1. 机动车保险的含义

机动车保险，是指对机动车由于自然灾害或意外事故所造成的人身伤亡或财产损失负赔偿责任的一种商业保险。

机动车保险以机动车本身、机动车所有人或驾驶人因驾驶机动车发生意外事故所负的责任为保险标的，所以它既属于财产保险范畴，又属于责任保险范畴，是一个综合性的险种。

机动车保险为不定制保险，分为主险和附加险，其中附加险不能独立保险。主险一般包括第三者责任险、机动车损失险、车上人员责任险、盗抢险；附加险包括车身划痕损失险、车上货物责任险、车载货物掉落责任险、玻璃单独破碎险、车辆停驶损失险、自燃损失险、新增设备损失险、不计免赔率特约（也称不计免赔率险）等。

未投保主险的，原则上不得投保相应的附加险。主险保险责任终止时，相应附加险保险责任随之终止；附加险条款解释与主险条款解释相抵触之处，以附加险条款解释为准。

2. 机动车保险的作用

我国自1980年恢复保险业务以来，机动车保险业务取得了长足进步，在社会生产和生活中所发挥的作用越来越突出，主要表现为：

(1) 扩大了机动车需求

人们使用机动车，面临着交通事故、盗抢、火灾、水灾、雹灾等风险。机动车保险的出现，使人们可以把用车风险转嫁给保险公司，解除了后顾之忧，一定程度上提高了购车欲望，扩大了机动车需求。

(2) 稳定了公共秩序

有了机动车保险，发生交通事故后，能比较轻松地履行对第三者的赔偿，有利于维护受害者的权益，稳定了公共秩序。

(3) 促进了机动车安全技术的发展

保险公司运营者为降低经营风险，会想方设法预防风险、控制损失。他们联合汽车生产厂家开展机动车事故原因的统计分析和研究，开发更加安全的机动车。保险公司的主动参与，加上为此投入的大量人力、财力，极大地促进了机动车安全性能的提高。

3. 机动车保险的特点

(1) 自身特点

1）标的可流动。作为运输工具，机动车的基本功能是实现位移，这就决定了其大多数时间处于动态。保险标的所处状态直接影响其面临的风险大小及种类。

机动车大多数时间处于动态的特点，对其风险控制、核保、检验、理赔等提出了更高要求。这既增大了风险概率，增加了经营的不确定性，使得保险人在研究条款和费率的同时，更应注重核保、核赔以及风险防范；也加大了核保时“验标承保”的难度，保险人对承保风险的实际控制能力减弱，更应防范道德风险和完善监控机制；还增加了保险责任事故发生时检验和理赔难度。保险人应建立和完善保险事故查勘检验规程和代理网络。

2）出险频率高。根据国家统计局发布的《2016年国民经济和社会发展统计公报》，2016年全国民用汽车保有量持续增长，已达到了17 228万辆（其中含三轮汽车和低速货车955万辆），比2015年的15 447万辆，增长了约11.5%。汽车保有量的持续增长无疑是我国人民生活水平进一步提高的表现，但是众多车辆带来的巨大交通运输量也给交通运输环境带来了前所未有的压力。在我国，大大小小的交通事故屡见不鲜，因事故发生带来的损失难以估量。以死亡人数来说，2014年，全国道路交通事故万车死亡人数为2.22人，具体为34 292人，比2013年死亡人数增长了8.5%；2015年万车死亡人数为2.10人，具体为36 179人，比2014年死亡人数增长了5.5%。比较2013年、2014年、2015年的交通事故死亡人数可知，我国道路交通事故死亡人数呈现小幅度逐年上升趋势。

3）影响因素多。影响机动车出险的因素较多，一般包括以下几个方面：

①机动车自身因素。机动车由于大多数时间处于动态，容易出险。

②外部环境因素。主要体现在机动车的使用环境上，即行驶和停放环境，尤其是机动车行驶的道路环境对其风险影响最大。

③使用因素。如车况风险，包括车辆性能、技术参数、防盗性能、使用年限、保养情况等；再如车辆用途风险，不同用途的机动车风险显然不同，出租车、公司用车和私家车的使用频率和状态都有很大差异；又如车辆驾驶人员风险，不同驾驶人的风险也有较大差异，主要包括驾驶人的年龄、性别、性格、驾驶年限、驾驶技术等。

（2）比较特点

机动车保险相对于其他财产保险而言，具有以下特点：

1）占财产险比重大。目前，大多数发达国家的机动车保险业务在整个财产保险业务中占有十分重要的地位。美国机动车保险费收入占财产保险总保费的45%左右，占全部保费的20%左右。亚洲地区的日本，其机动车保险的保费占整个财产保险总保费的比例更是高达58%左右。在我国，机动车保险业务保费收入均占其财产保险业务总保费收入的60%以上，已成为财产险公司的“支柱险种”（见表1—1—1）。车险经营的盈亏，直接关系到整个财产险行业的经济效益。

表1—1—1　　2004—2012年中国财产保险行业产品结构　　（单位：%）

年份	2004	2005	2006	2007	2008	2009	2010	2011	2012
机动车保费占比	62.1	68.4	69.5	73.4	74.3	72.9	77.1	75.9	75.1
企业财产保费占比	14.4	12.3	12.1	10.4	9.4	9	7	7.1	7.3
其他保费占比	23.5	19.3	18.4	16.2	16.3	18.1	15.9	17	17.6

2）对象（包括被保险人和保险标的）广泛且差异大

①被保险人方面。机动车与每个人的生活息息相关，且大多数人为转嫁风险自愿投保，这决定了被保险人的广泛性，而广泛性则决定了差异性。

②保险标的方面。机动车已逐步摆脱了单一生产工具的属性，这决定了其使用的广泛性。同时，机动车的差异性逐步体现，如车型逐年增多、生产厂家多样、价格差异较大等。

（3）发展特点

1）费率自由化。2003年1月1日前，我国在全国范围内实行统一的车辆保险费率。自2003年1月1日起，在全国范围内实施新的车辆保险条款和费率管理制度后，各保险公司纷纷调整机动车保险产品价格，展开价格竞争。2006年7月1日，国务院发布《机动车交通事故责任强制保险条例》，全国价格统一，同时推出商业保险A、B、C三套条款，各保险公司从中选择一套执行，并自行开发附加险条款，因而各保险公司主险的费率基本一致，附加险的费率差别较大。2007 年 4 月，保险行业协会对已有的商业险 A、B、C 三套条款进行完善，主要的附加险也进行了统一，此时主险、主要的附加险费率都基本一致，只有其他的附加险费率由各保险公司自行制定。2008 年 2 月，强制保险责任限额调整，价格有一定幅度降低；与此相对应，商业机动车保险的价格也进行了调整。总之，我国机动车保险费率变革的目的是逐步实现市场化费率。

从各国实践看，费率厘定大都经历过从无序竞争到在相当长的时期内实行刚性管理的过程，然后在条件成熟时再过渡到在确保保险人偿付能力的基础上实行自由费率的管理体系。

2）继续为机动车产业发展保驾护航。机动车产业对推动我国经济的持续、稳定发展具有重要作用。机动车产业要想获得更大发展，必须解决好使用机动车带来的各种问题，如交通事故问题，如果处理不好，势必影响机动车产业的发展，机动车产业的发展离不开机动车保险的配套服务。

任务实施

通过以上知识的学习，分析王某和张某各自购买了哪种类型的保险。采取角色扮演的方式，模拟保险业务员向王某和张某解释赔付的差异。

强化训练

搜集风险和保险相关案例并进行分析，认识风险和保险。从风险管理的角度看，你觉得作为在校生应该购买哪些保险？为什么？

【步骤】

(1) 分组。将教学班级按每组 5～8 人分为不同的学习小组。

(2) 研讨。以学习小组为单位组织研讨案例中的问题，在充分讨论的基础上，形成各小组的课题报告，并进行汇报。

(3) 点评。学生自评，小组互评，最后由指导教师对操作过程进行点评，然后综合评定各学习小组本次实训的成绩。

任务 2　机动车的风险识别与控制

知识目标

1. 了解机动车自身风险因素、驾驶人风险因素和地理环境风险因素。
2. 熟悉社会环境风险因素和经营管理风险因素。
3. 掌握风险控制的方法和途径。

能力目标

通过与客户交流，能帮助客户分析使用车辆有哪些潜在的风险，寻找化解风险的最佳途径，从而引入投保车辆保险，进一步指导客户对车辆风险进行管理。

情景描述

客户王先生是一家上市公司的副经理，现年 43 岁，驾龄 20 年。今年新购买了一款奔驰 S400L 高级轿车，主要是平常上下班代步用；王太太是一名全职家庭主妇，偶尔也会开车；家里还有一个上小学三年级的女儿。节假日也经常全家外出自驾游。王先生家中有私人车库，公司也有专用停车位。保险工作人员需帮助王先生分析车辆使用中的风险，进行风险识别与风险控制。

任务剖析

风险因素的认识是风险管理的基础。人们在想办法应付风险之前，首先必须意识到它的存在，因其存在是一种客观状态，无论是否被意识到，风险都是存在的。找出各种风险因素，识别风险类型才能正确地选择风险处理方式。只有认识风险，才能有效地评估和处理风险，实现管理和控制风险的目的。

相关知识

一、机动车自身风险

1. 车龄

车龄是指从新车购置之日至投保之日期间的年限。车辆状况同车龄有着直接关系，车龄越大，则车的使用年限越长，车辆的磨损与老化程度就越高，从而导致车况越来越差，发生车辆事故的概率也会同步上升。

2. 厂牌车型

由于世界各国车辆制造生产厂家众多，不同的厂家生产的车辆特点不同，车辆的安全性能也就不同。因此，评估机动车辆风险时要考虑到同一行驶区域、同一使用性质条件下不同厂牌、不同车型的车辆风险，在确定承保条件及费率上也应有所不同。

3. 排气量

排气量越大，机动车的动力性能就越好；对于同一类机动车而言，意味着速度会越快。在同一事故原因下，速度越快，其损失程度也就越大，即风险越高。

核保时要考虑排气量的因素，尤其是大排量车辆，在承保时要认真做好风险评估工作。

4. 车辆类型

目前，国内主流的投保机动车辆可分成5类，即客车、货车、特种车、摩托车和拖拉机。

(1) 客车

主要用来运送人员，运客能力主要以座位数来衡量。座位数是指车辆拥有的可供乘坐的标准（核定）座位的数量，它所反映的是车辆的客运能力。

座位数的多与少直接关系到两个方面的风险。一是乘客责任的风险。一般情况下，座位数越多，对于乘客的责任险而言，其风险就会越大。因此，在承保乘客责任险时，要充分考虑车辆的座位数量。二是第三者责任的风险。座位数多的车辆，车体较大，车辆也就越不好控制。因此在承保第三者责任险时，应予以适当考虑。

(2) 货车

主要是指那些用来运送货物的车辆，其货运能力主要以吨位数来衡量。吨位数与座位数的特点较为相似，前者是针对货物，后者是针对人。因此，在承保时，要充分考虑吨位数。

(3) 特种车

主要是指具有特殊使用性质的各种专用车，具有特殊的风险性。例如，油罐车、气罐车、液罐车一般以装载危险品为主；起重车、装卸车存在较大的作业风险；冷藏车一旦发生损失，其修复费用通常比一般车辆要高。

(4) 摩托车

一般情况下，摩托车在具有操纵灵活性的同时，适应性和安全性均较差。据统计，摩托车的事故率相当高，且一旦发生事故，造成损失的可能性也较大。

(5) 拖拉机

按用途划分，拖拉机可分为农业机械和运输工具两种。拖拉机的风险除了由其设计使用功能决定之外，拖拉机驾驶人的技术水平也是一个主要影响因素。

5. 行驶区域

行驶区域是指车辆行驶的地域范围。通常可将车辆行驶区域分为五类，即出入境行驶、国内行驶、省内（自治区、直辖市）行驶、固定线路行驶和场内行驶。其中，固定线路行驶指车辆在事先约定的线路内行驶；场内行驶指车辆仅在工地、机场、厂区、码头等固定范围内行驶。

小提示：

由于车辆行驶范围不同，驾驶人对不同地区的交通规则、地形、地貌等熟悉程度不同，以及在不同地区造成损失承担的赔偿责任不同，车辆的风险状况也就不同。整体而言，随着行驶地域的扩大，风险程度越大，即省内行驶风险＜国内行驶风险＜出入境行驶风险。

6. 使用性质

不同的车辆有不同的用途，不同的使用性质具有不同的风险。根据车辆的使用性质不同，目前国内将车辆分为营运车辆和非营运车辆。

小提示：

由于车辆的使用性质不同，导致车辆所面临的风险不同。整体而言，因为营运车辆长时间运行，车辆磨损率及事故概率要比非营运车辆高。因此，营运车辆风险比非营运车辆风险要高，即非营运车辆风险<营运车辆风险。

二、驾驶人风险

在进行机动车辆风险研究的过程中，研究人员发现机动车辆事故发生的概率与驾驶人本身有着密切的关系。通过对大量事故数据的研究和分析，发现影响驾驶人安全驾驶的主要因素包括：年龄、性别、经验、职业、婚姻状况、品行和肇事记录等。

1. 年龄

美国相关研究数据表明，驾驶人的年龄分组与机动车辆事故的概率呈现出显著的相关特征（见表1—2—1）。保险公司针对这种情况，可对不同年龄组的驾驶人设定不同的费率系数，并按不同的系数收取保险费。

表1—2—1　　美国交通事故分析（按年龄分类）

年龄段	驾驶人人数所占比例/%	发生事故所占比例/%	致命事故所占比例/%
20岁以下	5.1	13	11.6
20～24岁	9.6	15	14.6
25～34岁	22.7	25.6	24.4
35～44岁	22.1	20	18.8
45～54岁	15.7	12	12.1
55～64岁	10.9	6.7	7.4
65～74岁	9.6	4.8	5.8
74岁以上	4.3	2.9	5.3
合计	100	100	100

2. 性别

对驾驶人进行分组研究的另一个明显发现是：交通肇事记录同性别有密切关系。就整体情况而言，男性驾驶人员的重大事故的肇事概率较女性要高。国外保险公司也因此根据驾驶人员的性别设定不同的费率系数，并按不同的系数收取保险费。

3. 经验、职业及婚姻状况

研究还表明，驾驶人的驾车经验、职业及婚姻状况与其驾驶的安全性也存在一定的关联性。统计分析结果显示：有一定驾驶经验、白领职业及已婚驾驶人的肇事记录明显较低。

4. 品行与肇事记录

所谓品行，主要是指有犯罪记录的人员，尤其是有保险诈骗犯罪记录的人员。对于续保业务，在采用从人费率体系条件下确定费率时已经考虑了肇事记录这一因素。但是，对于首次投保的驾驶人就应对其以往的肇事记录进行了解，以便加强风险控制。目前，我国在对机动车驾驶人的管理中普遍推行了记分制度，在采用从人费率的条件下可以将这一制度作为确定被保险人风险等级的一个重要依据。

三、地理环境风险

由于机动车是流动的标的，因此其活动范围内的地理环境对机动车的风险具有相当大的影响。这些地理环境风险因素主要包括气候、地形地貌及路面状况等。

1. 气候

我国幅员辽阔，气候各有特色，具有很大的差异性。东部与南部地区的气候温暖湿润，雨水较多。西部与北部地区气候干燥、风沙大、冬季寒冷。由于气候的差异，对车辆构成的风险也有很大区别。总体而言，由于东部与南部雨水多，车辆水浸的现象也较多，导致车辆锈蚀和发动机进水的可能性增大；另外，由于雨季时间较长，长期路面泥泞，事故也会增多；夏季温度较高，更易发生车辆自燃。西部与北部则因冬季气候寒冷，降雪较多，路面较滑，在冬季事故明显增多；同时，个别地区因异常寒冷，有车内生火取暖情况，容易导致车辆燃烧。气候与交通事故的关系见表 1—2—2。

表 1—2—2　　气候与交通事故的关系

气候类型	事故次数/次	占总数/%	经济损失/元	占总数/%
雨	12 831	18.23	50 943 392	24.23
雪	231	0.33	1 077 939	0.51
雾	236	0.34	1 380 054	0.66
晴	44 656	64.10	133 067 440	63.31
大风	34	0.05	71 972	0.03
阴	6 973	10.01	20 565 147	9.78
其他	4 708	6.94	3 100 935	1.48
合计	69 669	100	210 206 879	100

注：此表数据来自 2000 年上海市道路交通事故年鉴。

2. 地形地貌

我国地域广阔，地形地貌差异也非常大，有平原、丘陵、山地等各种复杂的地形地貌。不同的地形地貌，道路的总体情况差异很大。平原地区由于地势平缓，视野开阔，行车比较安全。山地则因地势高低不平，道路曲折，路面狭窄，以及隧道和桥梁较多，容易发生交通事故，特别是恶性交通事故。

3. 路面状况

路面状况通常是按道路的等级来划分的，不同的道路等级反映不同的路面设计标准和施工工艺。路面状况对机动车的行车安全及车辆损耗有直接影响，路面状况较好的地段，车辆事故率相对要低一些；路面状况较差的地段，车辆事故率则明显要高。

四、社会环境风险

影响机动车风险的因素不仅涉及车辆本身和自然环境，更重要的还涉及机动车使用的社会环境。社会环境因素对机动车的风险具有很大的影响，具体体现在以下几个方面。

1. 法治环境

法治环境良好的地区被保险人和驾驶人的法治观念均较强，在经营和驾驶上均能够自觉遵守国家的有关法律法规，对于机动车的维护能够按照有关规定定期进行，能确保车辆处于良好的状态。营运车辆能够按照法规要求进行营运，超载和违章现象少，相对降低了事故风险。驾驶人和行人均能够按照交通法规规范自己的行为，是降低和避免交通事故的关键所在。

2. 治安情况

机动车的另一个显著风险就是盗窃抢劫风险，而这种风险的大小与机动车所在地区的社会治安状况关系最为密切。

3. 市场情况

市场情况可以分为市场监管情况和行业自律情况。它们都是规范市场、防止保险中道德风险的有效手段。

4. 人文环境

机动车的风险也与人文环境有着密切的关系，其人文环境包括构成交通环境的人对交通法规的熟悉程度、安全意识等。

五、经营管理风险

在机动车保险的风险中，被保险人的经营管理是一个重要的风险因素，特别是那些经营型的车队被保险人。对于被保险人的经营管理风险的评估可以分为三个方面：经营基本情况、管理技术和以往赔付记录。

1. 经营基本情况

被保险人的基本情况是决定其经营管理基本价值取向的关键。经营模式是一个主要因素。有的企业不关心车辆的安全状况以及驾驶人的安全教育，使被保险人的风险大大增加；有的企业片面追求短期效益，势必减少对安全生产的投入，甚至采用超速、超载、“带病”上路等手段，都将增大风险。

2. 管理技术

管理技术包括管理经验和管理制度。管理经验是指被保险人拥有一批熟悉车辆安全行驶和管理的技术人员，这些人具有相当的技术和经验，能够胜任对车队安全行车的管理工作。管理制度是指被保险人具有一整套健全和完善的车辆安全管理制度，通过这些制度能够全面规范车辆使用管理中的各个环节，同时能够确保各项安全制度均得到严格、有效的执行。

3. 以往赔付记录

被保险人的以往赔付记录是其经营管理情况的直接反映。注重对被保险人以往损失情况的收集并对其进行分析和研究，就能够对被保险人的经营管理情况、存在的问题有一个较全面和科学的认识。一方面可以协助保险人科学地决定是否承保，有针对性地制定承保的条件并合理地确定费率；另一方面能够让被保险人了解自身风险的情况，便于改进。

六、控制车辆风险

1. 机动车拥有者控制车辆风险的措施

对于机动车拥有者而言，控制车辆的风险、减少车辆风险的发生以及降低损失幅度，主要有以下几种方法。

(1) 尽量减少使用车辆

只要使用车辆，就有发生交通事故的可能性。为了尽量避免风险，应尽可能地减少车辆的使用。

(2) 在使用车辆的过程中，采取有效措施减少风险事故发生的概率

如谨慎、文明驾驶，严格遵守交通安全法规；加强车辆的维护，提高车辆的安全性能；增加车辆安全设施，如倒车防撞雷达、安全气囊等，都可以在一定程度上控制车辆风险。

(3) 转移车辆风险

保险是转移车辆风险最常见的一种方式，也是现阶段进行车辆风险控制最重要的一种方式。我国规定，所有上路行驶机动车均需要购买交通事故责任强制保险。在选择保险作为控制车辆风险的方法时，可根据车辆的具体情况，分析各种影响车辆风险的因素，正确评价车辆风险，有选择地转移车辆的风险，以最小的成本获得最高的风险保障。

2. 保险经营主体控制风险措施

(1) 建立与气象部门和地质灾害预测部门的紧密联系，采取合理有效的办法，将这些信

息及时告知被保险人，组织个人和社会团体自愿建立抢险救灾预警机制。

(2) 提醒机动车所有者和管理者及时保养车辆，使车辆保持良好的技术状态。

(3) 鼓励机动车安装超速报警装置。如安装GPS系统，在承保时给予足够的费率优惠，用价格杠杆引导投保人的消费行为和安全意识。

(4) 利用各种媒体和多种形式宣传道路交通安全法规，制作典型案例宣传材料，用实际案例警示交通参与者。

(5) 加强基础数据的积累和研究，为车辆主、被动安全设备的研制和推广提供数据支持和资金支持。

3. 从社会整体层面上控制车辆风险

(1) 加大投入，加快建设公路及其基础设施。如继续完善国道、省道干线公路网络，打通省际通道。

(2) 在交通基础设施中应用新技术、新材料，如高速公路上反光材料的应用大大提高了车辆夜间通行能力，公路两旁防撞吸能材料的使用大大降低了交通事故对车辆的伤害。

(3) 加强对驾驶人的驾驶行为规定。如《中华人民共和国道路交通安全法》中明文规定了驾驶人饮酒、服用国家管制的精神药物或者麻醉药品，或者患有妨碍安全驾驶机动车的疾病，或者过度疲劳影响安全驾驶的，不得驾驶机动车。

(4) 采取专项治理措施。如国家道路交通管理部门及其他机关的联合“治超”行动。

任务实施

王先生的车辆在使用过程中有多种因素会对车辆的风险事故产生影响，因此在对王先生车辆进行风险识别和控制过程中，可以按以下步骤进行。

1. 识别车辆本身的风险

王先生拥有的这辆奔驰S400L轿车是今年刚购置的新车，车龄不足一年，车辆的售价在100万元以上。虽然王先生家中只有这一辆轿车，但是王太太很少使用，多数时间车辆由王先生上下班代步使用；除此之外，该车还用于节假日时自驾游，所以就该车本身的风险而言风险级别较小。

2. 识别驾驶人风险

王先生现年43岁，有20年的驾龄，有着较为丰富的驾驶经验；他的职业是上市公司副经理，有着良好的职业背景；而且王先生已婚并拥有一个上小学三年级的女儿，有着很强的家庭责任感。综上所述，驾驶人的风险级别也较小。

3. 识别环境风险

平时王先生的行驶范围多是单位至家，以及偶尔的周边城市自驾游，行驶的路段以城市道路、省道和高速公路为主，道路环境较好。

4. 评价车辆风险

在识别完王先生的车辆风险之后，可以根据该辆汽车的风险发生概率、损失程度、道路因素、天气因素来评估车辆面临的各种风险发生的可能性及危害程度。王先生车辆的风险可能性及危害性与公认的安全指标相比较，风险程度较小；但是就车辆本身而言，该车的售价较高，一旦发生事故维修成本较一般车辆高。

5. 控制车辆风险

针对王先生的车辆可以提出以下建议来控制风险事故的发生频率、损失程度，以及自身所需承担的经济压力。一是王先生和王太太平时要谨慎驾驶，严格遵守交通安全法规；二是加强车辆的维护，确保车辆状况良好；三是如需长途跋涉可以选择其他的交通工具，如高速铁路、飞机等以避免在不熟悉的道路上行驶引发交通事故；四是王先生的车辆售价较高，为了避免在发生事故时产生高昂的维修费用，王先生可以适当为车辆投保一些附加险，以降低风险带来的损失。

强化训练

田女士任某公司主管，未婚，27 岁，驾龄 3 年。今年以 16.88 万元购买了一辆大众帕萨特轿车，作为上下班的代步工具，只限于她本人使用，驾驶区域相对比较稳定，有固定停车地点。作为保险业务员，请你通过与田女士的交流，帮助其分析使用车辆有哪些潜在的风险，寻找化解风险的最佳途径，从而引入为什么要购买保险，进一步指导田女士对车辆风险进行管理。

【步骤】

(1) 分组。将教学班级按每小组 5～8 人分为不同的学习小组。

(2) 研讨。以学习小组为单位组织研讨案例中的问题，在充分讨论的基础上，形成各小组的课题报告，并进行汇报。

(3) 点评。学生自评，小组互评，最后由指导教师对操作过程进行点评，然后综合评定各学习小组本次实训的成绩。

任务 3　分析保险的基本原则

知识目标

1. 了解最大诚信原则的含义和内容。
2. 熟悉保险利益原则的确立条件、近因原则的基本内容。
3. 掌握损失补偿原则及相关计算方法。

能力目标

能够在全面理解机动车保险“四大原则”的基础上，向客户进行机动车保险“四大原则”的解释和说明，并且在实际业务中掌握各个原则的运用，从而判断保险案件是否赔付。

情景描述

2018年年初，某城镇的王某购置了一辆金杯中型客车用来承接幼儿园学生接送业务。同年2月，王某到保险公司以家庭自用车的名义，为该车投保了1年期的保险。同年12月2日下午，王某驾驶该车装载13名儿童从城镇开往郊区，因操作不当，致使车辆翻入河沟中致2人死亡，7人受伤，车辆严重受损。事故发生后，王某对死伤幼儿给予了共计19万余元的赔偿，并要求保险公司按双方签订的保险协议予以赔偿。保险公司在了解了案件之后，拒绝了赔偿。王某就不明白了自己支付了保险费用，现在发生了交通事故造成了经济损失，但为什么得不到保险公司的赔偿呢？

任务剖析

机动车保险过程中，遵循的基本原则是《保险法》的基本原则，即集中体现《保险法》本质和精神的基本原则。它既是保险立法的依据，又是保险活动中必须遵循的准则，是制定、解释、执行和研究机动车保险的出发点和依据。

相关知识

一、最大诚信原则

1. 最大诚信原则的基本含义

保险合同当事人双方在签订和履行保险合同时，必须以最大的诚信，履行自己应尽的义务，互不欺骗和隐瞒，恪守合同的承诺和义务，否则合同无效。最大诚信原则对保险人和投保人具有同样效力。对保险人而言，应清楚说明合同内容、正确解释条款含义，以使投保人决定是否投保；对投保人而言，应如实告知保险标的的相关情况，以使保险人能合理承保。只有双方都坚持了最大诚信原则，合同才有效。

2. 最大诚信原则的内容

(1) 保险人说明义务

保险人说明义务的具体内容主要包括：

1) 合同签订时，保险人应当主动向投保人说明保险条款中保险责任、责任免除，以及投保人、被保险人义务等内容，尤其是要明确说明责任免除部分。

2）合同订立时，保险人应向投保人说明费率档次和保险费用的交付情况。

3）保险人还应当向投保人说明其他可能会影响投保人做出投保决定的事实。

保险人说明形式包括两种：明确列明和明确说明。在国际上，通常只要求保险人采用明确列明的告知形式。我国为更好地保护被保险人的利益，要求保险人在采取明确列明形式的基础上履行明确说明的告知义务，即需要对保险条款、责任免除等部分加以解释。

(2) 投保人告知义务

投保人告知义务的具体内容包括：

1）合同订立时，根据询问，投保人对于已知的与保险标的及其危险有关的重要事实(包括机动车的类型、厂牌型号、识别代码、牌照号码、使用性质和机动车所有人或者使用人的姓名、性别、年龄、住所、驾龄、肇事记录等事项）作如实回答。一般是投保人如实填写投保单即可。

2）保险合同订立后，如果保险标的的危险程度增加，被保险人应当及时通知保险人。

3）保险事故发生后，被保险人应及时通知保险人。

4）重复保险的投保人，应将重复保险的相关情况通知保险人。

5）保险标的转让，投保人应及时通知保险人，经保险人同意继续承保后，方可变更合同。

(3) 投保人或被保险人的保证义务

保证是指投保人或被保险人根据保险合同的规定，在保险期间内对某一投保事项的作为或不作为，或某种事态的存在或不存在做出的承诺。对于保证条款，投保人或被保险人应严格遵守，一旦违反，无论是否给保险人造成伤害，保险人均有权解除合同，并不承担赔偿或给付保险金的责任。保证的目的和作用在于控制风险。

小提示：

在保险实际业务中较为突出的问题是，保险人或者其代理人替保险人填写保险单，或者是在续保业务中沿用上一年度投保单。在这种情况下，一旦发现投保单没有如实反映事实，即保险人没有履行告知义务，则容易出现责任追究的问题。

二、保险利益原则

1. 保险利益原则的基本含义

保险利益是指投保人对保险标的具有的法律上承认的利益。保险利益原则是指在签订和履行保险合同中，投保人或被保险人对保险标的必须具有保险利益，如果投保人或被保险人对保险标的失去了保险利益，保险合同也随之失效。

2. 保险利益原则的意义

(1) 防止道德风险的发生

如果投保人对标的不具有保险利益，与保险人订立保险合同后，极易发生道德风险。如果要求投保人在签订合同和履行合同时具有保险利益，当保险标的因事故受损时，被保险人获得的赔偿最多填补原有利益，不会出现被保险人因较小损失而获得较大赔偿的“利益引诱”。

(2) 限制保险补偿的程度

财产保险以经济损失补偿为目的，当发生保险事故后，被保险人所主张的赔偿金额不得超过其对保险标的所具有的保险利益的金额。换言之，投保人或被保险人对超过保险标的实际价值的部分，不具有保险利益。

3. 保险利益构成的条件

(1) 保险利益必须是合法利益

合法利益是指投保人或被保险人对保险标的的利益必须是法律上承认的利益，即能得到法律认可和保护的利益。违法行为产生的利益，不能构成保险利益。

(2) 保险利益必须是经济利益

保险利益必须是可以用货币计算和估价的利益，保险不能补偿被保险人遭受的非经济上的损失。其他利益如政治利益、精神创伤等不能构成保险利益。

(3) 保险利益必须是确定利益

确定利益包括已经确定利益和即将确定利益。已经确定利益是指事实上的利益即现有的利益。即将确定利益是指客观上可以实现的利益即预期利益。预期利益是基于现有利益未来可以实现的利益，其必须具有客观标准，不能凭当事人主观预测或想象获得。现有利益比较容易确定，预期利益容易引起争议。对于机动车保险，其保险利益多偏重于现有利益。

4. 机动车保险利益形式

(1) 机动车财产利益

机动车财产利益包括机动车的所有利益、占有利益、抵押利益等。

(2) 机动车收益利益

机动车收益利益包括对机动车的营运收入利益、租金利益等。

(3) 机动车责任利益

机动车责任利益包括机动车的民事损害赔偿责任利益等。

(4) 机动车费用利益

机动车费用利益是指施救费用利益即救助费用利益等。

机动车保险利益具体表现形式多样，但投保时比较集中的利益形式是民事损害赔偿责任利益、所有利益、营运收入利益和抵押利益等。

小提示：

在实际的业务中，会遇到特殊情况，如出租车号牌经营权的问题。理论上，经营权人应该是车辆所有人（车主）。但是，在经营权的许可使用期内，由于各种原因常常发生经营权转让。但这种转让大多没有履行必要的变更手续，从而出现出租车的实际经营人和所有人并不是名义上的经营权和行驶证上车辆所有人的现象。这种现象的存在，使在确认保险利益时会出现名义和实际的差异问题。

三、近因原则

1. 近因原则的基本含义

近因是指造成保险标的损失的最直接、最有效、起决定性作用的原因，而不是指在时间上最接近损失的原因。

近因原则是指保险人承担赔偿，或给付保险金的条件是造成保险标的损失的近因，必须属于保险责任。只有当保险事故的发生与损失的形成有直接因果关系时，才构成保险人赔付的条件。

近因原则是保险理赔过程中必须遵循的重要原则。按照这一原则，只有当被保险人的损失是直接由于保险责任范围内的事故造成的，保险人才能予以赔偿。

2. 近因的认定方法

认定近因主要是确定损失的因果关系。如果因果关系一旦确定，导致其结果的近因是什么自然就十分清楚了。认定因果关系有两种基本方法，即顺序法和逆推法。

（1）顺序法

顺序法是指由原因推断结果的方法。该方法是按照逻辑推理，从第一个事件出发，分析判断下一个事件可能是什么，然后再从下一个事件出发分析判断再下一个事件是什么，如此推进，直至分析到损失为止。最初事件发生的原因就是最终损失的近因。

（2）逆推法

逆推法是指从结果推断原因的方法。该方法的推断顺序正好与顺序法相反。

3. 保险责任的确定

（1）保险标的损失由单一原因所致

保险标的的损失由单一原因所致，则该原因即为近因。若该原因属于保险责任，保险人应负赔付责任；若该原因属于责任免除范围，保险人不负赔付责任。

（2）保险标的损失由多种原因所致

1）多种原因同时发生导致损失。导致损失原因同时发生而无先后之分，且均为保险标的损失的近因。这时将存在三种可能：①所有近因均属保险责任，保险人理应承担全部责任；②所有近因均属责任免除范围，保险人对该事件不承担任何责任；③所有近因不全是保险责任，则应严格区分。对能区分保险责任和责任免除的，保险人只负保险责任范围所致损失的赔付责任；对不能区分的，可以协商赔付。

2）多种原因连续发生导致损失。导致损失原因连续作用下造成的损失，各个原因之间没有间断，前后之间互为因果。因此，如果这些原因均为保险责任范围，保险人承担赔付责任；如果这些原因有些是保险责任范围内的，则以保险风险因素为初始原因，保险人负责赔付；有些不是保险责任范围内的，保险人不承担赔付责任。

3）多种原因间断发生导致损失。导致损失原因间断发生，致使原有的因果关系断裂，形成一种相互独立关系，此时也应严格区分。保险人是否承担赔付责任，其根本依据是看导致损失的原因是否为保险责任，如果是则承担，不是则不承担。

四、损失补偿原则

1. 损失补偿原则的含义

损失补偿原则是指保险标的发生保险责任范围内的损失时，保险人按照合同规定，以货币形式赔偿被保险人所受的损失，或以实物赔偿，或修复原标的。

这里的“补偿”有两层含义：一是保险人对风险损失的赔偿可能是充分的，也可能是不充分的。若风险损失属保险责任范围内，即补偿金额应等于保险标的的实际损失，那么补偿是充分的；若风险损失超过了保险责任范围，则补偿限于保险标的的实际损失，补偿则为不充分的。二是补偿不能使被保险人获取超过实际损失的经济利益，即保险人支付的赔偿金额不应超过被保险人的实际经济损失。补偿原则是财产保险理赔的基本原则，该原则的实现方式通常有现金赔付、修理、更换和重置。补偿原则一般不适用于人身保险，尤其不适用于人寿保险。

2. 损失补偿的限度

在具体赔偿时，应掌握以下三个限度。

(1) 以实际损失为限

它是保险补偿最基本的限制条件。当被保险人遭受损失后，不论其保险合同约定的保险金额为多少，其所能获得的保险赔偿以标的的实际损失为限。

(2) 以保险金额为限

它是保险人收取保险费的基础和依据，也是其发生赔偿责任的最高限额。因此，保险人的赔偿金额在任何情况下，均不能超过保险金额。

(3) 以被保险人对保险标的的保险利益为限

在被保险人的保险利益发生变更减少时，则应以被保险人实际存在的保险利益为限。发生风险时，一般对被保险人已经丧失的保险利益，保险人将不予赔偿。

3. 损失补偿原则的派生原则

(1) 代位原则

代位原则是指保险人依照法律或保险合同的约定，对被保险人遭受的损失进行赔偿后，依法取得向对财产损失负有责任的第三者进行追偿的权利或取得被保险人对保险标的的所有权。它包括代位求偿和物上代位。

1）代位求偿。是指当保险标的遭受保险风险损失，依法应当由第三者承担赔偿责任时，保险人自支付保险赔偿金之时，在赔偿金额的限度内，相应取得对第三者请求赔偿的权利。

小提示：

机动车出险后，如果是对方的责任，不能因为嫌麻烦而放弃向对方要求赔偿的权利，因为这等于放弃了向保险公司要求赔偿的权利。一旦出险且责任在对方，一定要先找对方索赔，未果时再找保险公司，并将追偿权移交给保险公司。另外，交通事故应尽量通过交通警察解决，《道路交通事故认定书》是保险理赔的重要依据。

2）物上代位。是指保险标的遭受风险损失后，一旦保险人履行了对被保险人的赔偿义务，即可拥有对保险标的的所有权。

保险的目的是保障被保险人的利益不因风险损失而丧失。因此，被保险人在获得对保险标的所具有的保险利益的补偿后，就达到了保险的目的，保险标的理应归保险人所有。若保险金额低于保险价值时，保险人应按照保险金额与保险价值的比例，取得受损保险标的的部分权利。

(2) 分摊原则

分摊原则仅适用于财产保险中的重复保险。它是指在同一投保人对同一保险标的、同一保险利益、同一保险事故分别与两个以上保险人订立保险合同的情况下，被保险人所得到的赔偿金，由各保险人采用适当的方法进行分摊。比例责任制和责任限额制是保险分摊常用的两种方法。

1）比例责任制分摊方法：是以每个保险人所承保的保险金额比例来分摊损失赔偿责任。

比例责任制分摊方法计算公式：

某保险人承担的赔偿责任＝该保险人的保险金额÷所有保险人的保险金额总和×实际损失

2）责任限额制分摊方法：是指每个保险人对损失的分摊并不以其保险金额作为分摊基础，而是按照他们在无他保的情况下单独应负的限额责任比例分摊。

责任限额制分摊方法计算公式：

某保险人承担的赔偿责任＝该保险人单独承保时的赔偿金额÷所有保险人的赔偿金额总和×实际损失

例如，甲、乙两个保险人承保某单位同一财产，甲保险人承保 4 万元，乙保险人承保 8 万元，在保险期内发生了 6 万元的损失。

按比例责任制分摊为：

甲保险人赔付＝4÷12×6 万元＝2 万元

乙保险人赔付＝8÷12×6 万元＝4 万元

按责任限额制分摊为：

甲保险人赔付＝4÷10×6 万元＝2.4 万元

乙保险人赔付＝6÷10×6 万元＝3.6 万元

小提示：

在以上两种分摊方法中，我国主要采用比例责任制分摊方法。

4. 机动车保险人履行损失赔偿责任的方式

机动车保险的损失补偿有现金给付、重置和修理三种方式。

(1) 现金给付

现金给付是财产保险最常见的损害补偿方式，其简单方便，结案迅速，深受欢迎。机动车保险中的第三者责任保险常采用这一补偿方式。

(2) 重置

重置是指保险人重新购置与保险标的相应或相似的物品，作为损害的补偿。机动车保险中的玻璃单独破碎险一般采用这一补偿方式。

(3) 修理

修理是指当保险标的受损时，保险人采用修理的办法，将保险标的的性能恢复到未受损时的状况。车辆损失险一般采用这一补偿方式。

目前的机动车保险条款中一般都规定：因保险事故损坏的被保险机动车和第三者财产，应当尽量修复；修理前被保险人应当会同保险人检验，协商确定修理项目、方式和费用。

任务实施

保险公司以王某的车辆改变了使用性质为由拒赔。王某将家庭自用性质的投保车辆用于营运，擅自改变了保险车辆用途，应属保险标的发生了重大变化，违背了保险诚信原则，所以保险公司不予承担赔偿责任。

营运车辆以家庭自用车辆投保，这是一种很常见的投保人不履行诚信原则的现象，投保人隐瞒实情的目的就是为了节省保费。比如，一辆价值 10 万元的车辆，家庭自用车投保只需 3 000 多元保费；若以营运车投保，可能需要 6 000～7 000 元保费。殊不知王某的行为违背了保险的诚信原则，出险后会导致保险公司拒赔。

此类案件中，保险公司能成功拒赔的关键是获得车辆从事营运的证据。机动车保险条款中对“营业运输”术语的含义界定为：经由交通运输管理部门核发营运证书，被保险人或其允许的驾驶人利用被保险机动车从事旅客运输、货物运输的行为。未经交通运输管理部门核发营运证书，被保险人或其允许的驾驶人以牟利为目的，利用被保险机动车从事旅客运输、货物运输的，也视为营业运输。所以，若王某的车有正式营运手续，则为最有力的证据。若王某的车没有正式营运手续，即通常所说的“黑出租”，则保险公司必须取得相关的营运证据。比如，与车上乘坐人员交谈，询问是否认识驾驶人，此次出行有何目的，为何 13 名儿童同行等。以此获得车辆从事营运的证据，为拒赔做好准备。

强化训练

2018 年 5 月 27 日 14 时，某运输公司甲乙两台起重机在车站货运处共同吊装一件发电设备。甲、乙起重机吊装吨位分别为 25 吨、16 吨，被吊设备约重 30 吨。当货物被吊离地面约 60 cm 时，乙起重机吊绳突然崩断，货物失去平衡，造成甲起重机负重侧翻，甲起重机及货物俱受损。甲、乙起重机均在同一保险公司投保了车辆保险及第三者责任保险。甲乙两车可以得到保险公司赔偿吗？

【步骤】

（1）分组。将教学班级按每小组 5～8 人分为不同的学习小组。

（2）研讨。以学习小组为单位组织研讨案例中的问题，在充分讨论的基础上，形成各小组的课题报告，并进行汇报。

（3）点评。学生自评，小组互评，最后由指导教师对操作过程进行点评，然后综合评定各学习小组本次实训的成绩。

课后练习

1. 什么是风险？风险的要素及其特征分别是什么？
2. 处理风险的方法有哪些？
3. 机动车保险的作用是什么？
4. 机动车保险的特征有哪些？
5. 最大诚信原则的内容包括哪些？
6. 保险利益有哪些确立条件？
7. 近因原则在保险实务中如何应用？
8. 影响保险补偿的因素有哪些？
9. 损失补偿原则的两个派生原则是什么？

项目二 机动车交通事故责任强制保险

任务1 认识机动车交通事故责任强制保险

知识目标

1. 了解我国机动车交通事故责任强制保险的含义及特点。
2. 熟悉机动车交通事故责任强制保险与商业第三者责任险的区别。
3. 掌握投保机动车交通事故责任强制保险的业务流程。

能力目标

能够对机动车保险理赔案件中交通事故责任强制保险部分依据责任判定做出合理的赔偿。

情景描述

2018年3月，田女士购买了一辆大众帕萨特轿车，并购买了交强险。某天在路口红灯停车时被一辆宝马车追尾，帕萨特后保险杠被撞坏，宝马的前保险杠与前照灯也出现了损坏。交警认定宝马车车主负全部责任。宝马车车主应赔付帕萨特车修理费380元；但田女士也要向宝马车主赔偿损失100元。田女士很纳闷，明明是对方撞了自己，自己反而还要赔偿对方损失，这到底是为什么呢？

任务剖析

机动车交通事故责任强制保险（简称交强险）自2006年7月1日起开始实施。有很多的车主平时并不关注交强险所涉及的责任和义务，往往是保险公司告诉车主要交多少钱车主就交多少。但是一旦出险，车主在责任赔偿时却弄不清自己该赔偿多少，赔偿过后如何追偿等；有的甚至责怪保险公司只收钱，到正式赔偿时却赔付不了。作为保险业务员要清楚地了解我国机动车交通事故责任强制保险的含义及特点，以及与商业第三者责任保险的区别，这样才能为车主做好交强险的解释和赔偿工作。

相关知识

一、机动车交通事故责任强制保险的产生

2003 年 10 月 28 日，第十届全国人民代表大会常务委员会第五次会议通过了《中华人民共和国道路交通安全法》(以下简称《道路交通安全法》)，该法规定："国家实行机动车第三者责任强制保险制度，设立道路交通事故社会救助基金。具体办法由国务院规定。""机动车发生交通事故造成人身伤亡、财产损失的，由保险公司在机动车第三者责任强制保险责任范围内予以赔偿。"与《道路交通安全法》配套，最高人民法院于 2003 年 12 月 4 日通过了《最高人民法院关于审理人身损害赔偿案件适用法律若干问题的解释》。2004 年 5 月 1 日，《中华人民共和国道路交通安全法》开始施行，《最高人民法院关于审理人身损害赔偿案件适用法律若干问题的解释》也于同日施行。

在《道路交通安全法》颁布实施的同时，国务院相关部门开始着手制定"机动车交通事故责任强制保险条例草案"，以规范机动车第三者责任强制保险。国务院法制办、中国保险监督管理委员会①（以下简称保监会）经过反复研究和论证，多次通过各种媒体向社会各界广泛征求意见和建议。2005 年 2 月，保监会组织两次专题研讨会，听取国内外专家学者的意见。在征求意见过程中，社会关注的焦点主要集中在赔偿原则、责任限额、保险条款和费率、救助基金来源以及税收政策等方面。针对这些问题，国务院法制办、保监会等有关部门经过深入的分析研究，在严格遵守《道路交通安全法》有关规定的前提下，充分吸收了各方面的意见和建议，对该条例草案进一步予以修改和完善。

经过两年多的努力，国务院于 2006 年 3 月 21 日正式发布了《机动车交通事故责任强制保险条例》，该条例于 2006 年 7 月 1 日起施行。

根据《机动车交通事故责任强制保险条例》（以下简称《交强险条例》）的规定，从 2006 年 7 月 1 日起，各中资保险公司经保监会批准，可以从事机动车交通事故责任强制保险业务。

2007 年 12 月 14 日，保监会对交强险费率调整方案进行了听证。2008 年 2 月 1 日零时起，全国实行新的交强险责任限额和费率方案。

机动车交通事故责任强制保险也称为法定汽车责任保险，是在机动车保有量不断增加与交通事故的矛盾日益突出的情况下，国家基于维护社会大众利益的考虑，为保障交通事故受害者能获得基本的赔偿，以颁布法律或行政法规的形式实施的机动车责任保险。

① 中国保险监督管理委员会已于 2018 年 3 月撤销，相关职能已并入新组建的中国银行保险监督管理委员会。

二、交强险的定义和特点

1. 交强险的含义

交强险是指当被保险机动车发生道路交通事故对本车人员和被保险人以外的受害人造成人身伤亡和财产损失时，由保险公司在责任限额内予以赔偿的一种具有强制性质的责任保险。交强险的保障对象是被保险机动车发生道路交通事故的受害人，但不包括被保险机动车本车人员、被保险人。其保障内容包括受害人的人身伤亡和财产损失。

因此，在《交强险条例》规定下，不管被保险人是否愿意，机动车所有人必须依法投保交强险，以保障交通事故受害者能获得法律支持的基本赔偿。

2. 交强险的特点

与商业保险中机动车第三者责任保险（以下简称商业三责险）相比，交强险具有以下特点。

(1) 实行强制性

交强险的强制性体现在所有上道路行驶的机动车的所有人或管理人必须依法投保该险种。

我国通过立法，由国家强制力保障交强险的实施，这在 2004 年 5 月 1 日起施行的《中华人民共和国道路交通安全法》和 2006 年 7 月 1 日实施的《机动车交通事故责任强制保险条例》中均做出了明确规定。

在实施方式上，未投保交强险的车辆不得上路行驶，否则公安机关交通管理部门将予以扣留和处罚；而具备交强险业务资格的保险公司也不得拒绝或拖延承保；投保后，被保险人应在车辆的相应位置上粘贴或放置保险标志。

(2) 突出“以人为本”，保障范围宽

交强险将保障受害人得到及时有效的赔偿作为首要目标。除被保险人故意造成交通事故等少数几种情况外，其保险责任几乎涵盖了所有道路交通风险，保障范围更加宽泛，且不设免赔率和免赔额。

(3) 实行“限额内完全赔偿”的原则

交强险实施后，无论被保险人是否在交通事故中负有责任，保险公司均将按照《机动车交通事故责任强制保险条例》以及交强险条款的具体要求在责任限额内予以赔偿。

(4) 坚持社会效益，实行不盈不亏的经营原则

保险公司经营交强险业务不以营利为目的，并实行与其他保险业务分开管理、单独核算。保监会定期核查保险公司经营交强险业务的盈亏情况，以保护广大投保人的利益。不盈不亏原则主要体现在保险公司在厘定交强险费率时，不加入“利润因子”。

(5) 实行分项责任限额

交强险由法律规定实行分项责任限额，即分为死亡伤残赔偿限额、医疗费用赔偿限额、财产损失赔偿限额以及被保险人在道路交通事故中无责任的赔偿限额。

（6）实行统一条款和基础费率，并且费率与交通违章挂钩

《机动车交通事故责任强制保险条例》规定实行统一的保险条款和基础费率。此外，为了促进驾驶人安全驾驶，交强险实行保险费率与交通违章及交通事故挂钩的“奖优罚劣”的浮动费率机制。

3. 交强险的保单及统一标志

中国保监会统一规定了机动车交通事故责任强制保险的投保单格式及保险标志。

机动车交通事故责任强制保险投保单和机动车交通事故责任强制保险批单必须由计算机打印出单，而机动车交通事故责任强制保险定额保险单可手工填写，但保险公司必须在 7 个工作日内补录到计算机系统内。

机动车交通事故责任强制保险标志是保险公司向投保人核发的、证明其已经投保机动车交通事故责任强制保险的凭证，分为内置式保险标志和便携式保险标志两种，如图 2—1—1 所示。具有前风窗玻璃的投保车辆应使用内置式保险标志，不具有前风窗玻璃投保车辆（如摩托车、部分拖拉机等）则应使用便携式保险标志。

内置式标志

便携式标志

图 2—1—1　强制保险标志

除应注意粘贴或携带保险标志外，投保人在收到保险公司出具的《机动车交通事故责任强制保险单》和保险标志后，要认真阅读保险单中的“重要提醒”，核对机动车交通事故责任强制保险投保单和机动车交通事故责任强制保险标志中的各种信息是否正确，保管好“交投保人联”和“公安交管部门留存联”。投保交强险的车辆应依规定粘贴交强险标志（自 2018 年起，部分地区已取消交强险标志），如图 2—1—2 所示。

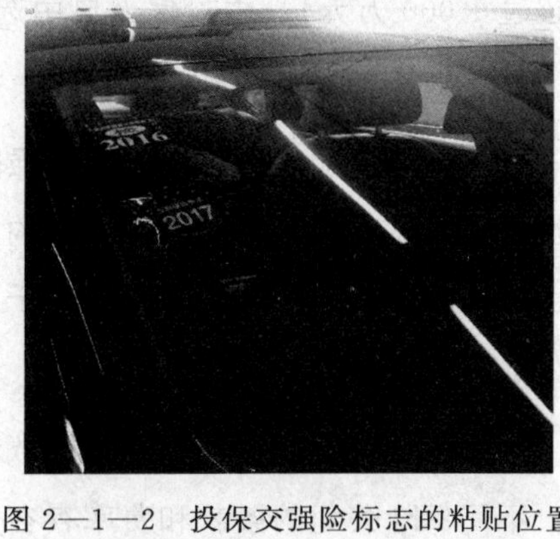

图 2—1—2　投保交强险标志的粘贴位置

三、交强险与商业三责险的区别

交强险与商业三责险在保险种类上属于同一个险种，都是保障道路交通事故中第三方受害人获得及时有效赔偿的险种。尽管保险种类一样，但交强险与商业三责险在赔偿原则、赔偿范围等方面有着本质的区别。

1. 投保的强制性不同

根据《交强险条例》规定，机动车的所有人或管理人都必须投保交强险；同时，保险公司不能拒绝承保、不得拖延承保和不得随意解除合同。而商业三责险不具有强制性，投保人与保险公司在自愿、平等的条件下订立保险合同。

2. 赔偿原则不同

根据《道路交通安全法》规定，交强险立足于保障受害人的利益，以便及时、合理地补偿其遭受的损失，采用了严格责任的赔偿原则，即“无过错责任”原则。只要发生交通事故，无论机动车方是否存在事故责任，无论事故责任大小，承保公司均需对受害人的损失承担赔偿责任。而商业三责险是为了保障投保人的责任风险，弥补投保人的损失，采用“过错责任”原则，即保险公司根据投保人或投保人在交通事故中应负的责任来确定赔偿责任。

3. 保障范围不同

除《交强险条例》规定的个别事项外，交强险的赔偿范围几乎涵盖了所有道路交通责任风险，且不设免赔率和免赔额，交强险赔偿范围较大。而商业三责险中，保险公司不同程度地规定有免赔额、免赔率或责任免除事项，责任赔偿范围较小。

4. 赔偿限额不同

机动车交通事故责任强制保险实行分项责任限额制，且责任限额固定，如交强险赔偿限额为12.2万元；而商业三责险只设定综合的责任限额，但责任限额可以分成不同的档次，如5万元、10万元、15万元、20万元、30万元、50万元、100万元和100万元以上（最高不超过1 000万元），由投保人自由选择。

5. 保险费率不同

根据《交强险条例》规定，交强险实行全国统一的保险条款和基础费率，保监会按照交强险业务总体上“不盈利不亏损”的原则审批费率。而商业三责险是以营利为目的，保险费率也较高。商业三责险的保费取决于多种因素，如保险金额、车型、车龄等。

6. 运营管理机制不同

交强险实行全国统一的保险条款和基础费率，并且费率与交通违章挂钩。在商业三责险中，不同保险公司的条款和费率存在差异。

四、投保交强险的业务流程

一般情况下，交强险按如下流程发挥作用：机动车所有人通过中介或4S店代理的方式向具备承办交强险资格的保险公司投保，并将交强险标志粘贴或放置在车内的相应位置，以供道路交通管理部门进行监督检查。当发生交通事故时，及时报告公安交通管理部门和保险公司，依照道路交通法规和保险合同规定进行处理，受害者可从保险公司或从道路交通事故社会救助基金获得相应的补偿或先行垫付。其中，投保交强险的业务流程如下：

(1) 车主携带有关证件到具备经营交强险资格的保险公司投保。

如果是新车，需携带的证件包括新车购买发票及车辆合格证；如果是旧车，需携带该车有效行驶证。自然人投保需提供投保人或被保险人的身份证；单位投保需提供组织机构代码或统一社会信用代码。

(2) 在保险公司的指导下，如实填写投保单。

(3) 保险公司经办人员验车、验证，保证承保车辆的保单内容与车辆行驶证、实际车辆信息相符。

(4) 根据车辆的使用性质、实际情况确定保险费额。保险人对投保单进行审核，确定交强险的保费标准、责任限额。

(5) 保险人根据投保单内容，通过保险、公安交通违章记录信息平台查询投保车辆违法和发生道路交通事故信息，确定对投保车辆的保险费上浮或下浮幅度。

(6) 保险人根据核实无误的投保单，将投保信息录入计算机系统中。

(7) 投保人一次支付全部保险费。

(8) 保险人打印交强险保险单、费率浮动告知书、交强险标志和保险发票后交给投保人。

(9) 投保人对保险单内容审核无误后，将交强险标志粘贴于车辆前风窗玻璃规定位置；无前风窗玻璃的车辆，将便携式交强险标志随身携带。

(10) 保险公司按规定日期将保单归档，并定期对投保人进行回访。

任务实施

《机动车交通事故责任强制保险条例》规定，2006年7月1日起，所有上路行驶的机动车都必须投保交强险。机动车交通事故责任强制保险正式实施，标志着我国第一个以立法形式设立的机动车强制险种开始出现在机动车保险领域。与以往机动车车辆保险相比，其最大的特点是强制性，即所有机动车如果要上路行驶，都必须投保此险种。

为了加强对受害人利益的保护，《交强险条例》规定机动车肇事后，即使自己一方无责也要赔偿对方一定的损失，以无责限额为赔偿限度。交强险的无责限额分为三项：①无责任死亡伤残赔偿限额为11 000元；②无责任医疗费用赔偿限额为1 000元；③无责任财产损失赔偿限额为 100 元。本案中，田女士的大众帕萨特被宝马追尾，无任何责任，因此只需在无责财产损失赔偿限额下赔偿对方部分修理费用 100 元即可。为此，保险公司应该加大宣传力度，在承保时向被保险人介绍交强险相关知识，在现场查勘定损时认真向被保险人解释，以消除被保险人的疑虑，使之明白“自己无责，还要赔偿对方”也是一种正常现象。

强化训练

2019 年年初，王先生为自己的车辆投保了交强险，5 月某日，王先生驾车上班途中，一辆电动车突然闯红灯，与王先生正常行驶的车辆发生了碰撞。虽然王先生在第一时间减速停车，但是电动车车主还是受了轻伤，并送医院治疗花费 1 000 元，王先生车辆的左前保险杠划伤。经交警判定电动车车主负全部责任，王先生无责任。那么，作为无责任一方的王先生及其投保的保险公司是否要赔偿电动车车主的损失呢？如是，该如何赔偿？

【步骤】

(1) 分组。将教学班级按每小组 5～8 人分为不同的学习小组。

(2) 研讨。以学习小组为单位组织研讨案例中的问题，在充分讨论的基础上，形成各小组的课题报告，并进行汇报。

(3) 点评。学生自评，小组互评，最后由指导教师对操作过程进行点评，然后综合评定各学习小组本次实训的成绩。

任务 2　分析机动车交通事故责任强制保险条款

知识目标

1. 熟悉机动车交通事故责任强制保险条款。
2. 掌握机动车交通事故责任强制保险费率的相关规定。

能力目标

能够按照机动车交通事故强制责任保险的业务流程，为客户办理机动车交通事故责任强制保险。

情景描述

田女士为某公司业务主管，未婚，27 岁，驾龄 3 年。今年年初以 16.88 万元购置了一辆大众帕萨特轿车，作为上下班的代步工具，有固定停车地点。现要为其爱车投保交强险，但是她对交强险知之甚少。作为保险业务员，请为田女士按章办理交强险业务。

任务剖析

交强险自 2006 年 7 月 1 日实施至今已有十多年的时间，虽然已被广大车主接受，但是真正了解交强险条款和费率的车主少之又少，特别是一些新车车主，对交强险可以说是一无所知。在车主投保交强险之前，保险业务员有义务和责任对车主宣传保险知识，说明相关保险条款，并根据每个车主的实际情况确定费率，计算保费，完成交强险的投保。

相关知识

一、机动车交通事故责任强制保险条款

《机动车交通事故责任强制保险条例》共分 10 部分，分别为：总则、定义、保险责任、垫付与追偿、责任免除、保险期间、投保人和被保险人义务、赔偿处理、合同变更与终止、附则。保险人向投保人介绍交强险条款时，应当对保险责任、各项赔偿限额、责任免除、投保人与被保险人义务、赔偿处理等内容进行说明，其中关于责任免除事项的内容必须明确说明，否则该责任免除条款无效。

1. 总则

总则主要是对条款制定的法律依据、合同的组织与形式、费率的影响因素、费用支付情况等内容进行阐述。其内容包括：

(1) 根据《中华人民共和国道路交通安全法》《中华人民共和国保险法》《机动车交通事故责任强制保险条例》等法律、行政法规，制定本条款。

(2) 机动车交通事故责任强制保险合同由本条款与投保单、保险单、批单和特别约定共同组成。凡与交强险合同有关的约定，都应当采用书面形式。

(3) 交强险费率实行与被保险机动车道路交通安全违法行为、交通事故记录相联系的浮动机制。签订交强险合同时，投保人应当一次支付全部保险费。保险费按照中国保险监督管理委员会（以下简称保监会）批准的交强险费率计算。

2. 定义

定义主要是对交强险合同中的被保险人、投保人、受害人、责任限额、抢救费用等术语做出解释。其内容包括：

(1) 交强险合同中的被保险人是指投保人及其允许的合法驾驶人。投保人是指与保险人订立交强险合同，并按照合同负有支付保险费义务的机动车的所有人、管理人。

(2) 交强险合同中的受害人是指因被保险机动车发生交通事故遭受人身伤亡或者财产损

失的人，但不包括被保险机动车本车车上人员、被保险人。

（3）交强险合同中的责任限额是指被保险机动车发生交通事故，保险人对每次保险事故所有受害人的人身伤亡和财产损失所承担的最高赔偿金额。责任限额分为死亡伤残赔偿限额、医疗费用赔偿限额、财产损失赔偿限额以及被保险人在道路交通事故中无责任的赔偿限额。其中，无责任的赔偿限额分为无责任死亡伤残赔偿限额、无责任医疗费用赔偿限额以及无责任财产损失赔偿限额。

（4）交强险合同中的抢救费用是指被保险机动车发生交通事故导致受害人受伤时，医疗机构对生命体征不平稳和虽然生命体征平稳但如果不采取处理措施会产生生命危险，或者导致残疾、器官功能障碍，或者导致病程明显延长的受害人，参照国务院卫生主管部门组织制定的交通事故人员创伤临床诊疗指南和国家基本医疗保险标准，采取必要的处理措施所发生的医疗费用。

3. 保险责任

主要规定了交强险的保险责任的具体内容和具体责任限额。其内容包括：

在中华人民共和国境内（不含港、澳、台地区），被保险人在使用被保险机动车过程中发生交通事故，致使受害人遭受人身伤亡或者财产损失，依法应当由被保险人承担的损害赔偿责任，保险人按照交强险合同的约定对每次事故在下列赔偿限额内负责赔偿。

2008 年 2 月 1 日起实行的机动车交通事故责任强制保险责任限额见表 2—2—1。

表 2—2—1　　机动车交通事故责任强制保险责任限额

责任限额	12.2 万元
机动车在道路交通事故中的赔偿限额	死亡伤残赔偿限额为 110 000 元
	医疗费用赔偿限额为 10 000 元
	财产损失赔偿限额为 2 000 元
机动车在道路交通事故中无责任的赔偿限额	死亡伤残赔偿限额为 11 000 元
	医疗费用赔偿限额为 1 000 元
	财产损失赔偿限额为 100 元

死亡伤残赔偿限额和无责任死亡伤残赔偿限额项下负责赔偿丧葬费、死亡补偿费、受害人亲属办理丧葬事宜支出的交通费用、残疾赔偿金、残疾辅助器具费、护理费、康复费、交通费、被抚养人生活费、住宿费、误工费，被保险人依照法院判决或者调解承担的精神损害抚慰金。

医疗费用赔偿限额和无责任医疗费用赔偿限额项下负责赔偿医药费、诊疗费、住院费、住院伙食补助费，必要的、合理的后续治疗费、整容费、营养费。

4. 垫付与追偿

主要规定了垫付的条件、标准和具体操作，同时规定了四种情形下保险人向受害人垫付抢救费用后有权向致害人追偿垫付费用。其内容包括：

被保险机动车在四种情形的任何一种情形下发生交通事故，造成受害人受伤需要抢救的，保险人在接到公安机关交通管理部门的书面通知和医疗机构出具的抢救费用清单后，按照国务院卫生主管部门组织制定的交通事故人员创伤临床诊疗指南和国家基本医疗保险标准进行核实。对于符合规定的抢救费用，保险人在医疗费用赔偿限额内垫付。被保险人在交通事故中无责任的，保险人在无责任医疗费用赔偿限额内垫付。对于其他损失和费用，保险人不负责垫付和赔偿。

对于垫付的抢救费用，保险人有权向以下四种致害人追偿。

(1) 驾驶人未取得驾驶资格的。

(2) 驾驶人醉酒的。

(3) 被保险机动车被盗抢期间肇事的。

(4) 被保险人故意制造交通事故的。

5. 责任免除

主要列明了交强险不负责赔偿和垫付的损失和费用，包括以下几个方面：

(1) 因受害人故意造成的交通事故的损失。

(2) 被保险人所有的财产及被保险机动车上的财产遭受的损失。

(3) 被保险机动车发生交通事故，致使受害人停业、停驶、停电、停水、停气、停产、通信或者网络中断、数据丢失、电压变化等造成的损失以及受害人财产因市场价格变动造成的贬值、修理后因价值降低造成的损失等其他各种间接损失。

(4) 因交通事故产生的仲裁或者诉讼费用以及其他相关费用。

6. 保险期间

除国家法律、行政法规另有规定外，交强险合同的保险期间为一年，以保险单载明的起止时间为准。但有下列情形之一的，投保人可以投保短期保险：

(1) 临时入境的境外机动车。

(2) 距报废期限不足一年的机动车。

(3) 临时上道路行驶的机动车（例如，领取临时号牌的机动车，以及到异地办理注册登记的新购机动车等）。

(4) 保监会规定的其他情形。

投保短期保险的，按照短期月费率计算保费，不足一个月按一个月计算。

短期基础保险费＝年基础保险费×短期月费率系数

交强险短期月费率系数见表 2—2—2。

表 2—2—2 交强险短期月费率系数

保险期间/月	1	2	3	4	5	6	7	8	9	10	11	12
短期月费率系数/%	10	20	30	40	50	60	70	80	85	90	95	100

7. 投保人和被保险人义务

投保人和被保险人在履行了相应义务后，才能获得保险的保障。投保人和被保险人应履行的义务有以下几种。

(1) 投保人投保时，应当如实填写投保单，向保险人如实告知重要事项，并提供被保险机动车的行驶证和驾驶证的复印件。重要事项包括机动车的种类、厂牌型号、识别代码、号牌号码、使用性质和机动车所有人或者管理人的姓名（名称)、性别、年龄、住所、身份证或者驾驶证号码（组织机构代码)、续保前该机动车发生事故的情况以及保监会规定的其他事项。

投保人未如实告知重要事项，对保险费计算有影响的，保险人按照投保单年度重新核定保险费计收。

(2) 签订交强险合同时，投保人不得在保险条款和保险费率之外，向保险人提出附加其他条款。

(3) 投保人续保的，应当提供被保险机动车上一年度交强险的保险单。

(4) 保险合同有效期内，被保险机动车因改装、加装、使用性质改变等导致危险程度增加的，被保险人应当及时通知保险人，并办理批改手续。否则，保险人按照投保单年度重新核定保险费计收。

(5) 被保险机动车发生交通事故，被保险人应当及时采取合理、必要的施救和保护措施，并在事故发生后及时通知保险人。

(6) 发生保险事故后，被保险人应当积极协助保险人进行现场查勘和事故调查。发生与保险赔偿有关的仲裁或者诉讼时，被保险人应当及时书面通知保险人。

8. 赔偿处理

主要规定了被保险人索赔时应提供的材料、人身伤亡和财产损失核定标准及赔偿方面的注意事项。其内容包括:

(1) 被保险机动车发生交通事故的，由被保险人向保险人申请赔偿保险金。被保险人索赔时，应当向保险人提供以下材料:

1）交强险的保险单。

2）被保险人出具的索赔申请书。

3）被保险人和受害人的有效身份证明、被保险机动车行驶证和驾驶人的驾驶证。

4）公安机关交通管理部门出具的事故证明，或者人民法院等机构出具的有关法律文书及其他证明。

5）被保险人根据有关法律法规规定选择自行协商方式处理交通事故的，应当提供依照《交通事故处理程序规定》填写的记录交通事故情况的协议书。

6）受害人财产损失程度证明、人身伤残程度证明、相关医疗证明以及有关损失清单和费用单据。

7）其他与确认保险事故的性质、原因、损失程度等有关的证明和资料。

(2) 保险事故发生后，保险人按照国家有关法律法规规定的赔偿范围、项目和标准以及交强险合同的约定，并根据国务院卫生主管部门组织制定的交通事故人员创伤临床诊疗指南和国家基本医疗保险标准，在交强险的责任限额内核定人身伤亡的赔偿金额。因保险事故造成受害人人身伤亡的，未经保险人书面同意，被保险人自行承诺或支付的赔偿金额，保险人在交强险责任限额内有权重新核定。

(3) 因保险事故损坏的受害人财产需要修理的，被保险人应当在修理前会同保险人检验，协商确定修理或者更换项目、方式和费用。否则，保险人在交强险责任限额内有权重新核定。

(4) 被保险机动车发生涉及受害人受伤的交通事故，因抢救受害人需要保险人支付抢救费用的，保险人在接到公安机关交通管理部门的书面通知和医疗机构出具的抢救费用清单后，按照国务院卫生主管部门组织制定的交通事故人员创伤临床诊疗指南和国家基本医疗保险标准进行核实。对于符合规定的抢救费用，保险人在医疗费用赔偿限额内支付。被保险人在交通事故中无责任的，保险人在无责任医疗费用赔偿限额内支付。

9. 合同变更与终止

主要规定了合同变更和解除的条件以及合同终止后保险的退还办法。其内容包括：

(1) 在交强险合同有效期内，被保险机动车所有权发生转移的，投保人应当及时通知保险人，并办理交强险合同变更手续。

(2) 在下列三种情况下，投保人可以要求解除交强险合同：

1）被保险机动车被依法注销登记的。

2）被保险机动车办理停驶的。

3）被保险机动车经公安机关证实丢失的。

交强险合同解除后，投保人应当及时将保险单、保险标志交还保险人；无法交回保险标志的，应当向保险人说明情况，征得保险人同意。

(3) 发生《机动车交通事故责任强制保险条例》所列明的投保人、保险人解除交强险合同的情况时，保险人按照日费率收取自保险责任开始之日起至合同解除之日止期间的保险费。

10. 附则

主要规定了合同争议的处理方式、适用法律等。

交强险合同争议解决有以下三种方式：

(1) 由合同当事人协商解决。

(2) 协商不成的，提交保险单载明的仲裁委员会仲裁。

(3) 保险单未载明仲裁机构或者争议发生后未达成仲裁协议的，可以向人民法院起诉。

交强险合同争议处理适用中华人民共和国法律。

本条款未尽事宜，按照《机动车交通事故责任强制保险条例》执行。

二、交强险费率

目前的交强险费率是以保险公司历史赔付数据为基础，在充分考虑当前环境下赔偿原则、保障范围、赔偿标准、强制性要求、机动车数量增加及投保面扩大等因素对出险频率和案均赔款的影响下，测算出来的。第一年实行全国统一价格，之后通过“奖优罚劣”的费率浮动机制，并根据各地区经营情况，逐步在费率中加入地区差异化因素等，进而实行差异化费率。

1. 交强险基础费率

(1) 第一年全国统一价格的交强险基础费率

目前使用的交强险费率（2008 版费率）于 2008 年 2 月 1 日零时起实行。交强险的费率调整遵循了三个原则：一是最大限度地减轻车主负担；二是对责任限额、费率水平进行“双调整”；三是基础费率“调低不调高”。具体费率见表 2—2—3。

表 2—2—3　　机动车交通事故责任强制保险基础费率

车辆大类	序号	车辆明细分类	保费/元
家庭自用车	1	家庭自用汽车 6 座以下	950
	2	家庭自用汽车 6 座及以上	1 100
非营业客车	3	企业非营业汽车 6 座以下	1 000
	4	企业非营业汽车 6～10 座	1 130
	5	企业非营业汽车 10～20 座	1 220
	6	企业非营业汽车 20 座以上	1 270
	7	机关非营业汽车 6 座以下	950
	8	机关非营业汽车 6～10 座	1 070
	9	机关非营业汽车 10～20 座	1 140
	10	机关非营业汽车 20 座以上	1 320
营业客车	11	营业出租租赁 6 座以下	1 800
	12	营业出租租赁 6～10 座	2 360
	13	营业出租租赁 10～20 座	2 400
	14	营业出租租赁 20～36 座	2 560
	15	营业出租租赁 36 座以上	3 530
	16	营业城市公交 6～10 座	2 250
	17	营业城市公交 10～20 座	2 520
	18	营业城市公交 20～36 座	3 020
	19	营业城市公交 36 座以上	3 140
	20	营业公路客运 6～10 座	2 350
	21	营业公路客运 10～20 座	2 620
	22	营业公路客运 20～36 座	3 420
	23	营业公路客运 36 座以上	4 690

续表

车辆大类	序号	车辆明细分类	保费/元
非营业货车	24	非营业货车 2 吨以下	1 200
	25	非营业货车 2～5 吨	1 470
	26	非营业货车 5～10 吨	1 650
	27	非营业货车 10 吨以上	2 220
营业货车	28	营业货车 2 吨以下	1 850
	29	营业货车 2～5 吨	3 070
	30	营业货车 5～10 吨	3 450
	31	营业货车 10 吨以上	4 480
特种车	32	特种车一	3 710
	33	特种车二	2 430
	34	特种车三	1 080
	35	特种车四	3 980
摩托车	36	摩托车 50CC 及以下	80
	37	摩托车 50～250CC（含）	120
	38	摩托车 250CC 以上及侧三轮	400
拖拉机	39	兼用型拖拉机 14.7 kW 及以下	按保监产险〔2007〕53 号实行地区差别费率
	40	兼用型拖拉机 14.7 kW 以上	
	41	运输型拖拉机 14.7 kW 及以下	
	42	运输型拖拉机 14.7 kW 以上	

注：座位和吨位的分类都按照“含起点不含终点”的原则来解释。

(2) 机动车类型含义及适用的交强险费率

2008 版费率表中（表 2—2—3）把机动车按种类、使用性质分为家庭自用车、非营业客车、营业客车、非营业货车、营业货车、特种车、摩托车和拖拉机 8 种类型，每种类型含义如下。

1）家庭自用车：是指家庭或个人所有，且用途为非营业性的客车。

2）非营业客车：是指党政机关、企事业单位、社会团体、使领馆等机构从事公务或在生产经营活动中不以直接或间接方式收取运费或租金的客车。

3）营业客车：是指用于旅客运输或租赁，并以直接或间接方式收取运费或租金的客车。营业客车分为城市公交客车，公路客运客车，出租、租赁客车。旅游客运车按照其行驶证载明的核定载客数，适用对应的公路客运车费率。

4）非营业货车：是指党政机关、企事业单位、社会团体自用或仅用于个人及家庭生活，不以直接或间接方式收取运费或租金的货车（包括客货两用车）。货车是指载货机动车、厢式货车、半挂牵引车、自卸车、电瓶运输车、装有起重机械但以载重为主的起重运输车。

5）营业货车：是指用于货物运输或租赁，并以直接或间接方式收取运费或租金的货车（包括客货两用车）。

6）特种车：特种车按其用途共分成四类，不同类型机动车采用不同收费标准。其中，特种车一：油罐车、气罐车、液罐车；特种车二：专用净水车、特种车一以外的罐式货车，以及用于清障、清扫、清洁、起重、装卸（不含自卸车）、升降、搅拌、挖掘、推土、冷藏、保温等的各种专用机动车；特种车三：装有固定专用仪器设备，从事专业工作的监测、消防、运钞、医疗、电视转播等的各种专用机动车；特种车四：集装箱拖头。

7）摩托车：是指以燃料或电瓶为动力的各种两轮、三轮摩托车。摩托车分为三类：50CC及以下，50～250CC（含），250CC以上及侧三轮、正三轮。这三类摩托车按照排气量分类执行相应的费率。

8）拖拉机：按其使用性质分为兼用型拖拉机和运输型拖拉机。兼用型拖拉机是指以田间作业为主，通过铰接连接牵引挂车可进行运输作业的拖拉机。兼用型拖拉机分为14.7 kW及以下和14.7 kW以上两种。运输型拖拉机是指货箱与底盘一体，不通过连接牵引挂车即可运输作业的拖拉机。运输型拖拉机也分为14.7 kW及以下和14.7 kW以上两种。低速载货汽车参照运输型拖拉机14.7 kW以上的费率执行。

此处所说的"挂车"是指就其设计和技术特征需机动车牵引才能正常使用的一种无动力的道路机动车。挂车根据实际的使用性质按照对应吨位货车的30%计算。装置有油罐、气罐、液罐的挂车按特种车一的30%计算。

需要说明的是，以上各车型的座位按机动车行驶证上载明的核定载客数计算；吨位按行驶证上载明的核定载质量计算。

2. 拖拉机交强险费率方案

2007年1月，中国保监会公告了《拖拉机交强险费率方案》。方案表明，拖拉机交强险基础费率因地而异、因车型而异，不同区域和不同车型的费率各不相同，具体见表2—2—4。

表2—2—4　　拖拉机交强险费率方案　　（单位：元）

省、自治区、直辖市	兼用型14.7 kW及以下	兼用型14.7 kW以上	运输型14.7 kW及以下	运输型14.7 kW以上
北京	60	90	400	560
天津	60	90	400	560
河北	60	90	400	560
山西	60	90	340	480
内蒙古	50	90	280	340
辽宁	60	90	340	560

续表

省、自治区、直辖市	兼用型 14.7 kW 及以下	兼用型 14.7 kW 以上	运输型 14.7 kW 及以下	运输型 14.7 kW 以上
吉林	60	90	340	560
黑龙江	60	90	340	560
上海	60	90	340	560
江苏	80	120	540	700
浙江	80	120	540	700
安徽	70	110	540	700
福建	70	110	400	560
江西	70	110	460	640
山东	70	110	460	640
河南	70	110	460	640
湖北	70	110	460	640
湖南	70	110	460	640
广东	60	110	400	560
广西	60	90	340	480
海南	60	90	340	480
重庆	60	90	400	560
四川	60	90	400	560
贵州	60	90	400	560
云南	60	90	400	560
西藏	50	80	280	340
陕西	60	90	400	560
甘肃	60	90	400	560
青海	50	80	340	480
宁夏	60	90	400	560
新疆	50	80	280	340

注：深圳、宁波、大连、青岛、厦门等计划单列市执行本省费率。

3. 交强险费率浮动项目

交强险从第二年开始实行“奖优罚劣”的费率浮动机制，逐步实行差异化费率。该机制是指费率水平与道路交通安全违法行为和道路交通事故挂钩，安全驾驶者可享受优惠费率，交通肇事者将负担高额保险费。设置交强险费率浮动项目的目的是利用费率杠杆的调节手段来提高驾驶人的道路交通安全法律意识，督促驾驶人安全行驶，以便有效地预防和减少道路交通事故的发生，具体项目如下。

(1) 与道路交通违法行为相结合的浮动项目

1) 费率上浮的项目。上一保险年度具有下列交通违法行为的，根据发生次数，调整费率上浮一定比例：饮酒后驾驶机动车的；公路营运客车载人超过核定载客数20%以上的或者违反规定载货的；无证驾驶或机动车驾驶证被暂扣期间驾驶机动车的；机动车行驶超过规定时速的；造成交通事故后逃逸，尚不构成犯罪的；正常道路状况下，在高速公路上低于规定最低速度的；货车载物超过核定载质量30%的；连续驾驶机动车超过4小时未停车休息或停车休息时间少于20分钟的；在高速公路上倒车、逆行、穿越中央分隔带掉头的；在高速公路上试车和学习驾驶机动车的；在高速公路上不按规定停车的；机动车在高速公路上发生故障、事故停车后，不按规定使用灯光或设置警告标志的；违反交通信号，闯红灯、闯禁灯的；驾驶与准驾驶车型不符的机动车的；在高速公路上违反规定拖拽故障车、肇事车的；低能见度气象条件下在高速公路上不按规定行驶的；不按规定运载危险物品的。

2) 费率下浮或不浮动的项目

①上一保险年度未发生任何交通违法行为的，费率下浮一定比例。

②上一保险年度发生其他交通违法行为的，或发生违法行为次数达不到有关上浮标准的，不上浮费率，但也不下浮费率。

(2) 与道路交通事故相结合的浮动项目

1) 费率上浮项目。上一保险年度具有下列交通事故的，根据事故次数费率上浮相应的比例。交通事故包括经公安交通管理部门认定的交通事故，以及虽未经公安交通管理部门认定，但保险人已经在交强险项下承担赔偿责任的事故。

①发生涉及人伤的交通事故并负主要以上责任的。

②发生未涉及人伤的交通事故并负主要以上责任的。

③发生涉及人伤的交通事故并负同等责任的。

④发生未涉及人伤的交通事故并负同等责任的。

⑤发生涉及人伤的交通事故并负次要责任的。

⑥发生未涉及人伤的交通事故并负次要责任的。

2) 费率下浮的项目。上一保险年度、上两个保险年度或上三个及以上保险年度未发生有责任交通事故的，费率下浮一定比例。

4. "奖优罚劣"的费率

2007年6月27日，保监会公布了《机动车交通事故责任强制保险费率浮动暂行办法》(简称为《费率浮动暂行办法》)，规定在全国范围统一实行交强险费率浮动与道路交通事故相联系，暂不在全国范围内统一实行与道路交通安全违法行为相联系。

2007年7月1日后交强险费率浮动暂行办法浮动因素及浮动比率见表2—2—5。

表 2—2—5　　交强险费率浮动暂行办法浮动因素及浮动比率

浮动因素			浮动比率
与道路交通事故相联系的浮动比率 A	A_1	上一个年度未发生有责任道路交通事故	－10%
	A_2	上两个年度未发生有责任道路交通事故	－20%
	A_3	上三个及以上年度未发生有责任道路交通事故	－30%
	A_4	上一个年度发生一次有责任不涉及死亡的道路交通事故	0%
	A_5	上一个年度发生两次及两次以上有责任道路交通事故	10%
	A_6	上一个年度发生有责任道路交通死亡事故	30%

(1) 费率浮动注意事项

1) 交强险最终保险费：

交强险最终保险费＝交强险基础保险费× (1＋与道路交通事故相联系的浮动比率 A)

2) 摩托车和拖拉机暂不浮动。

3) 与道路交通事故相联系的浮动比率 A 为 A_1～A_6 其中之一，不累加。同时满足多个浮动因素的，按照向上浮动或者向下浮动比率的高者计算。

4) 仅发生无责任道路交通事故的，交强险费率仍可享受向下浮动。

5) 浮动因素计算区间为上期保单出单日至本期保单出单日之间。

6) 与道路交通事故相联系浮动时，应根据上年度交强险已赔付的赔案浮动。上年度发生赔案但还未赔付的，本期交强险费率不浮动，直至赔付后的下一年度交强险费率向上浮动。

(2) 特殊情况下的交强险费率浮动办法

1) 首次投保交强险的机动车费率不浮动。

2) 在保险期限内，被保险机动车所有权转移，应当办理交强险合同变更手续，且费率不浮动。

3) 机动车临时上道路行驶或境外机动车临时入境投保短期交强险的，交强险费率不浮动。在其他投保短期交强险的情况下，根据交强险短期基准保险费并按照上述标准浮动。

4) 被保险机动车经公安机关证实丢失后追回的，根据投保人提供的公安机关证明，在丢失期间发生道路交通事故的，交强险费率不向上浮动。

5) 机动车上一期交强险保单期满后未及时续保的，浮动因素计算区间仍为上期保单出单日至本期保单出单日之间。

6) 除投保人明确表示不需要的，保险公司应在完成保险费计算后、出具保险单前，向投保人出具《机动车交通事故责任强制保险费率浮动告知书》(见表 2—2—6)，经投保人签章确认后，再出具交强险保单、保险标志。投保人有异议的，保险公司应告知其有关道路交通事故查询方式。

表 2—2—6　　　　　　　　　　**机动车交通事故责任强制保险费率浮动告知书**

尊敬的投保人：

您的机动车投保基本信息如下：

车牌号码：　　　　　　　　　　　　　厂牌型号：

发动机号：　　　　　　　　　　　　　识别代码（车架号）：

浮动因素计算区间：　　年　　月　　日零时至　　年　　月　　日二十四时

根据中国保险监督管理委员会批准的机动车交通事故责任强制保险（以下简称交强险）费率，您的机动车交强险基础保险费是：人民币　　元。

您的机动车从上年度投保以来至今，发生的有责任道路交通事故记录如下：

序号	赔付时间	是否造成受害人伤亡

或者：您的机动车上　　个年度内未发生交通事故。

根据中国保险监督管理委员会公布的《机动车交通事故责任强制保险费率浮动暂行办法》，与道路交通事故相联系的费率浮动比率为：　　%。

交强险最终保险费＝交强险基础保险费×（1＋与道路交通事故相联系的浮动比率）

本次投保的应交保险费：人民币　　元（大写：　　　）

以上告知，如无异议，请您签字（签章）确认。

投保人签字（盖章）：

日期：＿＿＿年＿＿月＿＿日

注：1. 交通违法信息请向公安机关交通管理部门查询。

2. 交通事故记录请向公安机关交通管理部门以及原签发保险单的保险公司查询。

第一类违法行为包括：(1) 醉酒后驾驶机动车的；(2) 公路营运客车载人超过核定载客数20%以上的；(3) 无证驾驶或机动车驾驶证被暂扣期间驾驶机动车的；(4) 机动车行驶超过规定时速50%的；(5) 造成交通事故后逃逸，尚不构成犯罪的。

第二类违法行为包括：(1) 正常道路状况下，在高速公路上低于规定最低速度的；(2) 货车载物超过核定载质量达30%的；(3) 连续驾驶机动车超过4小时未停车休息或者停车休息时间少于20分钟的；(4) 饮酒后驾驶机动车的；(5) 在高速路上倒车、逆行、穿越中央分隔带掉头的；(6) 在高速公路上试车和学习驾驶机动车的；(7) 在高速公路上不按规定停车的；(8) 车辆在高速公路上发生故障、事故停车后，不按规定使用灯光或设置警告标志的；(9) 违反交通信号，闯红灯、闯禁灯的。

第三类违法行为包括：(1) 驾驶与准驾车型不符的机动车的；(2) 机动车超过规定时速50%以下的；(3) 在高速公路上违反规定拖拽事故车、肇事车的；(4) 低能见度气象条件下在高速公路上不按规定行驶的；(5) 不按规定运载危险物品的。

7）已经建立车辆保险联合信息平台的地区，通过车险联合信息平台实现交强险费率浮动，除当地保险监管部门认可的特殊情形以外，《机动车交通事故责任强制保险费率浮动告知书》和《机动车交通事故责任强制保险单》必须通过车险联合信息平台出具。未建立车险联合信息平台的地区，通过保险公司之间相互报盘、简易理赔共享查询系统或者手工方式等，实现交强险费率浮动。

5.《交强险财产损失“互碰自赔”处理办法》(以下简称《办法》)

(1) 说明

1) 实施时间：2009 年 2 月 1 日。

2)《交强险理赔实务规程（2015 修订版)》和《交强险互碰赔偿处理规则（2017 版)》中与《办法》不一致的，以《办法》为准。

(2)“互碰自赔”的含义

“互碰自赔”是指在满足“互碰自赔”的条件下，由各保险公司在本方机动车交强险有责任财产损失赔偿限额内对本车损失进行赔付。其他情形，参照《交强险理赔实务规程(2015 修订版)》处理。

(3) 适用条件

同时满足以下条件，适用“互碰自赔”处理机制。

1) 两车或多车互碰，各方均投保交强险。

2) 仅涉及车辆损失（包括车上财产和车上货物)、不涉及人员伤亡和车外财产损失，各方车损金额均在交强险有责任财产损失赔偿限额（2 000 元）以内。

3) 由交警认定或当事人根据出险地关于交通事故快速处理的有关规定自行协商确定双方均有责任。

4) 当事人同意采用“互碰自赔”方式处理。

(4) 赔偿处理

1) 满足“互碰自赔”条件的，事故各方分别到各自的保险公司进行索赔，承保公司在交强险有责任财产损失赔偿限额内赔偿本方车辆损失。

2) 原则上，任何一方损失金额超过 2 000 元的，不适用“互碰自赔”方式，按一般赔案处理。即对三者车辆损失 2 000 元以内部分，在交强险限额内赔偿；其他损失在商业险项下按事故责任比例计算赔偿。特殊情况下，参照《交强险互碰赔偿处理规则（2017 版)》中的相关规定处理。

(5) 优点

以往，互碰的车辆需要交警确定责任后，由责任方的保险公司为对方车辆理赔。这种情况下，一方的被保险人总要到对方保险公司指定的修理厂修车，再到对方的保险公司理赔，最后双方还要互相结付费用，非常麻烦。而“互碰自赔”的方法，可以节省大量时间和精力，同时也可以将“小交通事故”处理时间大大缩短，使得交通事故的处理更为快捷，减少因车辆之间小“刮擦”而引起道路拥堵现象的发生，可有效改善交通状况。在具体赔付时，无论有无责任都不再需要先行垫付理赔金，从而避免了被保险人垫付后需等待 3 个月甚至半年的时间理赔金才能到账的情况，大大方便了被保险人。

三、交强险费率计算

1. 一年期基础保险费的计算

投保一年期机动车交通事故责任强制保险的，根据《机动车交通事故责任强制保险基础费率表》中相对应的金额确定基础保险费。

2. 短期基础保险费的计算

投保机动车交通事故责任强制保险不足一年的，按短期费率系数计收保险费，不足一个月的按一个月计算。具体为：先按《机动车交通事故责任强制保险基础费率表》中相对应的金额确定基础保险费，再根据投保期限选择相对应的短期月费率系数（参考表 2—2—2），两者相乘即为短期基础保险费。计算公式为：

短期基础保险费＝年基础保险费×短期月费率系数

3. 最终保险费的计算办法

交强险最终保险费的计算公式为：

交强险最终保险费＝交强险基础保险费×（1＋与道路交通事故相联系的浮动比率）

【案例 2—1】

孙某于 2018 年 9 月 1 日到某保险公司为自己使用的 11 座金杯车投保。该车上一年度发生一次有责但不涉及死亡的道路交通事故。计算本年度交强险应缴保险费。

案例分析：

交强险最终保险费＝交强险基础保险费×（1＋与道路交通事故相联系的浮动比率）

＝1 100×（1＋0）＝1 100（元）

【案例 2—2】

齐先生有一辆家用福特 5 座轿车，于 2018 年 11 月 2 日到某保险公司投保。该车上一年度发生有责任道路交通死亡事故。计算本年度交强险应缴保险费。

案例分析：

交强险最终保险费＝交强险基础保险费×（1＋与道路交通事故相联系的浮动比率）

＝950×（1＋30％）＝1 235（元）

四、承保机动车交通事故责任强制保险

1. 保险人的义务

（1）向投保人介绍条款，履行明确说明义务

1）向投保人介绍条款，主要包括保险责任、各项赔偿限额、责任免除、投保人义务、被保险人义务、赔偿处理等。特别是对责任免除事项，要向投保人“明确说明”。

2）向投保人明确说明机动车交通事故责任强制保险各分项的赔偿限额。

3）向投保人明确说明保险人按照国务院卫生主管部门组织制定的交通事故人员创伤临

床诊疗指南和国家基本医疗保险标准进行医疗费用审核。

4）告知投保人不要重复投保交强险，即使投保多份也只能获得一份保险保障。

5）提醒有前风窗玻璃的机动车投保人将保险标志粘贴在车内前风窗玻璃右上角；摩托车、拖拉机的驾驶人要随身携带保险标志。

6）告知投保人如何查询交通安全违法行为、交通事故记录。

（2）提醒投保人履行如实告知义务

1）投保人应提供的资料

①首次投保交强险的，投保人应提供投保机动车行驶证和驾驶证复印件。

②对于续保业务，投保人需要提供上期交强险保险单原件或其他能证明上年已投保交强险的书面文件。未建立交通事故责任交强险信息平台的地区，投保人不能提供机动车上年交通安全违法行为、交通事故记录的，保险人不给予相应的费率优惠；建立交通事故责任交强险信息平台的地区，根据信息平台记录的信息相应浮动费率。

2）要求投保人对重要事项履行如实告知义务

①重要事项包括机动车种类、厂牌型号、识别代码、号牌号码、使用性质等内容。

②机动车所有人或者管理人的姓名（名称）、性别、年龄、住址、身份证或机动车驾驶证号码（组织机构代码）。

③续保前该机动车交通安全违法行为、交通事故记录等影响费率水平的事项（交强险实施第一年不需要提供）。

④保监会规定的其他事项。

3）要求投保人提供联系电话、地址、邮政编码等，以便保险人提供保险服务。

4）交强险合同解除后，投保人应当及时将保险单、保险标志交还保险人核销（若标志残损，只要可辨认即可核销）。

（3）指导投保人填写投保单的义务

1）保险人应指导投保人正确填写投保单。投保单至少应当载明机动车种类、厂牌型号、识别代码、号牌号码、使用性质，投保机动车所有人或者管理人的姓名（名称）、性别、年龄、住址、身份证或者机动车驾驶证号码（组织机构代码），以及续保前投保机动车交通安全违法行为、交通事故记录等影响费率水平的事项。

2）要求投保人真实、准确地填写交强险投保单的各项信息，并在投保单上签字或加盖公章。

3）投保人提供的资料复印件附贴于投保单背面。

（4）出具保险单、保险标志的义务

1）保险人必须在收取保险费后方可出具保险单、保险标志。

2）保险单必须单独编制保险单号码并通过业务处理系统出具。

3）交强险必须单独出具保险单、保险标志和发票。保险单、保险标志必须使用保监会监制的交强险保险单、保险标志，不得使用商业保险单证代替。

4）投保人因交强险保险单、保险标志发生损毁或者遗失申请补办的，保险人应在收到补办申请及报失认定证明后的5个工作日内完成审核，补发相应的交强险保险单、保险标志，并通过业务系统重新打印保险单、保险标志，新保险单、保险标志的印刷流水号码与原保险单号码能够通过系统查询到对应关系。

5）对于业务分散的摩托车、农用型拖拉机业务可以使用定额保险单。定额保险单可以手工出单，但必须在出具保险单后的7个工作日内准确补录到业务处理系统中。

6）对于运输型拖拉机不使用定额保险单。

2. 保险合同变更和终止

（1）保险人解除合同

投保人对重要事项未履行如实告知义务的，保险人解除合同前，应当书面通知投保人，投保人应当自收到通知之日起5日内履行如实告知义务；投保人在上述期限内履行了如实告知义务的，保险人不得解除合同。

保险人解除合同的，保险人应收回保险单、保险标志，并书面通知机动车管理部门。

（2）除下列情况外，不得接受投保人解除合同的申请：

1）被保险机动车被依法注销登记的。

2）被保险机动车办理停驶的。

3）被保险机动车经公安机关证实丢失的。

4）投保人重复投保交强险的。

办理合同解除手续时，投保人应提供相应的证明材料，保险人在收回交强险保险单、保险标志后，方可办理交强险退保手续，并书面通知机动车管理部门。

投保人因重复投保解除交强险合同的，只能解除后签订的保险合同，保险人全额退还后签订的保险合同的保险费，出险时按起期在前的保险合同负责赔偿。

（3）发生以下变更事项时，保险人应对保险单进行批改，并根据变更事项增加或减少保险费：

1）被保险机动车转卖、转让、赠送他人。

2）被保险机动车变更使用性质。

3）变更其他事项。

上述批改按照日费率增加或减少保险费。

（4）发生下列情形时，保险人应对保险单进行批改，并按照保险单年度重新核定保险费计收：

1）投保人未如实告知重要事项，对保险费计算有影响的，并造成按照保单年度重新核定保险费时使保险费上升的。

2）在保险合同有效期限内，被保险机动车因改装、加装、使用性质改变等导致危险程度增加，未及时通知保险人，且未办理批改手续的。

任务实施

1. 介绍交强险相关条款

(1) 根据《机动车交通事故责任强制保险条例》向田女士作条款说明，内容包括保险责任、各项赔偿限额、责任免除、投保人义务、被保险人义务、赔偿处理等条款内容。

(2) 根据由原国家卫生部组织制定的道路交通事故受伤人员临床诊疗指南和国家基本医疗保险标准，向田女士说明医疗费用的审核依据。

(3) 告知田女士不要重复投保交强险，即便投保了多份交强险，一旦发生事故理赔，最多只能获得一份交强险的保障。

(4) 告知田女士，如何查询交通安全违章行为和交通事故记录。

2. 提醒履行如实告知义务

(1) 要求田女士提供以下资料

1) 投保车辆即大众帕萨特轿车的行驶证及复印件。

2) 田女士本人机动车驾驶证原件及复印件。

(2) 请田女士告知投保车辆种类、厂牌型号、识别代码、号牌号码、使用性质。

(3) 请田女士如实告知姓名、性别、年龄、联系电话、住址、邮政编码、身份证或机动车驾驶证号码。

3. 指导填写投保单

(1) 指导田女士在投保单上如实填写机动车种类、厂牌型号、识别代码、号牌号码、使用性质，田女士姓名、年龄、身份证或驾驶证号码等。填写完成后还要请田女士签字确认。

(2) 机动车行驶证和驾驶证的复印件贴在投保单的背面。

4. 计算保险费

因为田女士为首次投保交强险，根据《机动车交通事故责任强制保险基础费率表》，确定年基础保险费为 950 元，无优惠费率。

5. 出具保险单、保险标志

收取田女士的交强险保险费后，出具交强险的保险单和保险标志。

6. 粘贴保险标志

帮助田女士将交强险的保险标志贴在车内前风窗玻璃的右上角。

将保险单交予田女士，并告知服务电话。完成交强险的承保业务，交强险开始生效。

强化训练

张先生拥有一辆家庭自用汽车，前一年在某保险公司投保的交强险即将到期。一天，张先生到保险公司营业部准备续保，你作为营业部客户服务中心的一员热情接待了张先生，下面请你按照业务流程协助张先生办理交强险续保相关事宜。

【步骤】

(1) 分组。将教学班级按每小组 5～8 人分为不同的学习小组。

(2) 研讨。以学习小组为单位组织研讨案例中的问题，在充分讨论的基础上，形成各小组的课题报告，并进行汇报。

(3) 点评。学生自评，小组互评，最后由指导教师对操作过程进行点评，然后综合评定各学习小组本次实训的成绩。

任务 3　机动车交通事故责任强制保险赔款理算

知识目标

熟悉机动车交通事故责任强制保险赔款理算的规定。

能力目标

能够熟练运用机动车交通事故责任强制保险赔款理算的公式，为客户进行赔款理算。

情景描述

A、B 两车在某路段发生正面碰撞（A 为大型载货汽车，B 为小型载货汽车），不仅两车受损，还致使行人夏某死亡，造成道路护栏损坏。经公安交通管理部门裁定，A 车负事故主要责任，承担损失的 70%；B 车负事故次要责任，承担损失的 30%。交通事故各参与方的损失分别为：A 车车辆损失 4 000 元，车上货物损失 3 000 元；B 车车辆损失 9 000 元，车上人员重伤一名造成残疾，花费医药费 10 000 元，残疾赔偿金 60 000 元；行人夏某因抢救无效死亡，医疗费用 40 000 元，死亡赔偿金 200 000 元，精神损失抚慰金 30 000 元；道路护栏损失 6 000 元。A、B 两车均投保了交强险。请计算 A、B 两车的交强险赔款。

任务剖析

我国实施机动车交通事故责任强制保险的首要目的是保障受害人得到及时有效的赔偿，因此交强险在赔款理算时与商业保险的赔款有着本质的区别。商业责任险遵循的是“过错责任”原则，即保障投保人的责任风险，弥补投保人的损失；而交强险则是遵循“无过错责任”原则，即只要发生交通事故，无论机动车方是否存在事故责任，无论事故责任大小，承保公司均需对受害人的损失承担赔偿责任。交强险在赔款理算时，有严格责任的赔偿原则，赔款理算方法也较为烦琐。

相关知识

一、交强险赔款理算

1. 交强险赔偿范围

被保险人在使用被保险机动车过程中发生交通事故，致使受害人（不包括被保险机动车本车车上人员、被保险人）遭受人身伤亡或者财产损失，依法应当由被保险人承担的损害赔偿责任，保险人按照交强险合同的约定对每次交通事故在分项赔偿限额内负责赔偿。

2. 交强险赔偿项目

（1）受害人的死亡伤残费用

包括死亡补偿费、丧葬费、受害人亲属办理交通事故支出的合理交通费、残疾赔偿费、残疾辅助器具费、护理费、康复费、被抚养人生活费、住宿费、误工费，被保险人依照法院判决或者调解所承担的精神抚慰金。

死亡伤残费用和医疗费用的核定标准：按照《最高人民法院关于审理人身损害赔偿案件适用法律若干问题的解释》规定的赔偿范围、项目和标准，2016 年最高人民法院、最高人民检察院、公安部、国家安全局、司法局联合发布的《人体损伤致残程度分级》（简称《新残标》），以及交通事故人员创伤临床诊疗指南和交通事故发生地的基本医疗标准核定人身伤亡的赔偿金额。对被保险人依照法院判决或者调解承担的精神损害抚慰金，原则上在其他赔偿项目足额赔偿后，在死亡伤残赔偿限额内赔偿。

（2）受害人的医疗费用

包括医药费、诊疗费、住院费、住院伙食补助费，必要且合理的后续治疗费、整容费、营养费。

（3）受害人的财产损失费用和施救费用。

3. 赔偿限额

根据《交强险条例》规定，车辆在道路交通事故中有责任的赔偿限额为：死亡伤残赔偿限额 11 万元、医疗费用赔偿限额 1 万元、财产损失赔偿限额 2 000 元。车辆在道路交通事故中无责任的赔偿限额为：死亡伤残赔偿限额 1.1 万元、医疗费用赔偿限额 1 000 元、财产损失赔偿限额 100 元。主车与挂车连接使用时发生交通事故，赔偿金额的总和不超过一份交强险合同的责任限额。

4. 赔款计算

在交强险各分项赔偿限额内，对受害人人身伤亡、财产损失分别计算赔偿。

(1) 当保险事故涉及单个受害人时

基本计算公式为：

$$总赔款 = \sum 各分项损失赔款 = 受害人死亡伤残赔款 + 受害人医疗费用赔款 + 受害人财产损失赔款$$

$$各分项损失赔款 = 各分项核定损失承担金额$$

$$死亡伤残费用赔款 = 死亡伤残费用核定承担金额$$

$$医疗费用赔款 = 医疗费用核定承担金额$$

$$财产损失赔款 = 财产损失核定承担金额$$

各分项核定损失承担金额超过交强险各分项赔偿限额的，各分项损失赔款为交强险各分项赔偿限额。

小提示：

交强险中的“受害人”是指被保险机动车的受害人，不包括被保险机动车本车车上人员和被保险人。

(2) 当保险事故涉及多个受害人时

1) 基本计算公式中的相应项目表示为：

$$各分项损失赔款 = \sum 各受害人各分项核定损失承担金额$$

即：

$$死亡伤残费用赔款 = \sum 各受害人死亡伤残费用核定承担金额$$

$$医疗费用赔款 = \sum 各受害人医疗费用核定承担金额$$

$$财产损失赔款 = \sum 各受害人财产损失核定承担金额$$

2) 各受害人各分项核定损失承担金额之和超过被保险机动车交强险相应分项赔偿限额的，各分项损失赔款为交强险各分项赔偿限额。

3) 各受害人各分项核定损失承担金额之和超过被保险机动车交强险相应分项赔偿限额的，各受害人在被保险机动车交强险分项赔偿限额内应得到的赔偿为：

被保险机动车交强险对某一受害人分项损失的赔偿金额＝交强险分项赔偿限额×(事故中某一受害人各分项核定损失承担金额÷各受害人各分项核定损失承担金额)

(3) 当保险事故涉及多起肇事机动车时

1) 各被保险机动车的保险人分别在各自的交强险各分项赔偿限额内，对受害人的分项损失进行赔偿。

2）各方机动车按其适用的交强险分项赔偿限额占总分项赔偿限额的比例，对受害人各分项损失进行分摊。

$$\text{某分项核定损失承担金额}=\text{该分项损失金额}\times(\text{适用的交强险该分项赔偿限额}\div\sum\text{各致害方交强险该分项赔偿限额})$$

3）肇事机动车均有责任或均无责任的，简化为各方机动车对受害人的各分项损失进行平均分摊。

①对于受害人的机动车、机动车车上人员、机动车车上财产损失：

$$\text{某分项核定损失承担金额}=\frac{\text{受害人的该分项损失金额}}{N-1}$$

②对于受害人的非机动车、非机动车车上人员、行人、机动车外财产损失：

$$\text{某分项核定损失承担金额}=\frac{\text{受害人的该分项损失金额}}{N}$$

其中，N 为事故中所有肇事机动车的辆数；肇事机动车中有应投保而未投保交强险的车辆，视同为投保机动车计算。

4）初次计算后，如果有致害方交强险限额未赔足，同时有受害方损失没有得到充分补偿，则对受害方的损失在交强险剩余限额内再次进行分配，在交强险限额内补足。对于待分配的各项损失合计没有超过剩余赔偿限额的，按分配结果赔付各方；超过剩余赔偿限额的，则按每项分配金额占各项分配金额总和的比例乘以剩余赔偿限额分摊，直至受损各方均得到足额赔偿或应赔付方交强险无剩余限额。

（4）受害人财产损失需施救的

受害人财产损失需施救的，财产损失赔款与施救费累计不超过财产损失赔偿限额。

（5）主车和挂车连接使用时发生交通事故

主车和挂车在连接使用时发生交通事故，主车与挂车的交强险保险人分别在各自的责任限额内承担赔偿责任。若交通管理部门未确定主车、挂车应承担的赔偿责任，主车、挂车的保险人对各受害人的各分项损失平均分摊，并在对应的分项赔偿限额内计算赔偿。主车与挂车由不同被保险人投保的，在连接使用时发生交通事故，按互为三者的原则处理。

对被保险人依照法院判断或者调解承担的精神损害抚慰金，原则上在其他赔偿项目足额赔偿后，在死亡伤残赔偿限额内赔偿。

二、理算实例

1.【案例 2—3】

被保险机动车 A 发生交通事故，导致行人甲、乙受伤。甲医疗费用 2 000 元，死亡伤残费用 5 000 元；乙抢救费用 6 000 元，死亡伤残费用 60 000 元。计算甲、乙可获得的交强险赔款为多少？

案例分析：

(1) 死亡伤残赔偿费用

因为 5 000+60 000=65 000 元<死亡伤残赔偿限额 (110 000 元)，所以应赔偿 65 000 元。

其中：

A 车交强险对甲死亡伤残费用的赔偿金额=5 000 (元)

A 车交强险对乙死亡伤残费用的赔偿金额=60 000 (元)

(2) 医疗费用赔偿

因为 2 000+6 000=8 000<医疗费用赔偿限额 (10 000 元)，所以应赔偿 8 000 元。

其中：交强险赔给甲的医疗费为 2 000 元，赔给乙的医疗费用为 6 000 元。

2.【案例 2—4】

A、B 两辆机动车发生交通事故，两车均有责任。A、B 两车车损分别为 3 000 元和 6 000 元，B 车车上人员医疗费用为 8 000 元，死亡伤残费用为 70 000 元，另造成路产损失 2 000 元。计算 A、B 两车可获得的交强险赔款为多少？

案例分析：

(1) A 车交强险赔偿计算

A 车交强险赔偿金额=受害人死亡伤残费用赔款+受害人医疗费用赔款+受害人财产损失赔款=B 车车上人员死亡伤残费用核定承担金额+B 车车上人员医疗费用核定承担金额+财产损失核定承担金额

其中：

B 车车上人员死亡伤残费用核定承担金额=70 000 元<死亡伤残赔偿限额 (110 000 元)。

B 车车上人员医疗费用核定承担金额=8 000 元<医疗费用赔偿限额 (10 000 元)。

财产损失核定承担金额=财产损失核定承担金额+B 车车损核定承担金额=2 000÷2+6 000 元=7 000 元>财产损失赔偿限额 (2 000 元)。

超出限额按限额计。

所以，A 车交强险赔偿金额=70 000+8 000+2 000=80 000 (元)。

(2) B 车交强险赔偿计算

B 车交强险赔偿金额=财产损失核定承担金额+A 车车损核定承担金额=2 000÷2+3 000 元=4 000 元>财产损失赔偿限额 (2 000 元)。

所以，B 车交强险赔偿金额为 2 000 元。

3.【案例 2—5】

甲、乙两车互碰，甲车全责，乙车无责。甲、乙两车的车损分别为 2 000 元和 5 000 元，并造成路产损失 1 000 元。计算甲、乙两车可获得的交强险赔款为多少？

案例分析：

(1) 肇事机动车中的无责任车辆，不参与对其他无责任车辆和车外财产损失的赔偿计算，仅参与对有责任方车辆损失或车外人员伤亡损失的赔偿计算。

（2）无责任方车辆对有责任方车辆损失应承担的赔偿金额，由有责任方在本方交强险无责任财产损失赔偿限额项下代赔。

所以，甲车交强险赔偿金额＝乙车车损核定承担金额＋路产损失核定承担金额＝5 000＋1 000＝6 000 元＞2 000 元，按财产损失限额 2 000 元赔偿。

乙车交强险赔款＝甲车车损核定承担金额＝2 000 元＞100 元，按无责任财产损失赔偿限额 100 元赔付，但由甲车保险人在交强险无责任财产损失赔偿限额项下代赔。

任务实施

在赔款理算前，首先要确定 A、B 两车是属于有责任赔偿限额还是无责任赔偿限额。经裁定，A 车负主要责任，承担损失的 70%；B 车负次要责任，承担损失的 30%。根据《交强险条例》规定，车辆在道路交通事故中有责任的赔偿限额为死亡伤残赔偿限额 11 万元、医疗费用赔偿限额 1 万元、财产损失赔偿限额 2 000 元，车辆在道路交通事故中无责任的赔偿限额为死亡伤残赔偿限额 1.1 万元、医疗费用赔偿限额 1 000 元、财产损失赔偿限额 100 元。在此案例中 A、B 两车都有责任，所以按损失与一般责任限额的对比来确定赔偿。

一、A 车

（1）财产损失赔偿金额

A 车负担的受损财产金额＝B 车车辆损失＋道路护栏损失×50%＝9 000＋6 000×50%＝12 000 元＞财产损失赔偿限额（2 000 元）。

（2）医疗费用赔偿金额

A 车负担的医疗费用金额＝B 车车上人员医疗费用＋行人夏某的医疗费用×50%＝10 000＋40 000×50%＝30 000 元＞医疗费用赔偿限额（10 000 元）。

（3）死亡伤残费用赔偿金额

A 车承担的死亡伤残费用金额＝B 车车上人员的残疾赔偿金＋行人夏某的死亡赔偿金×50%＋行人夏某的精神损失抚慰金×50%＝60 000＋200 000×50%＋30 000×50%＝175 000 元＞死亡伤残费用赔偿限额（110 000 元）。

（4）交强险总赔偿金额

总赔偿金额＝2 000＋10 000＋110 000＝122 000（元）

二、B 车

（1）财产损失赔偿金额

B 车负担的受损财产金额＝A 车车辆损失＋A 车车上货物损失＋道路护栏损失×50%＝4 000＋3 000＋6 000×50%＝10 000 元＞财产损失赔偿限额（2 000 元）。

(2) 医疗费用赔偿金额

B车负担的医疗费用金额=行人夏某的医疗费用×50%=40 000×50%=20 000元>医疗费用赔偿限额（10 000元）。

(3) 死亡伤残赔偿金额

B车负担的死亡伤残费用金额=行人夏某死亡赔偿金×50%+行人夏某精神损失抚慰金×50%=200 000×50%+30 000×50%=115 000元>死亡伤残费用赔偿限额（110 000元）。

(4) 交强险总赔偿金额

总赔偿金额=2 000+10 000+110 000=122 000（元）

强化训练

季先生购买了交强险和商业险，因遭遇车祸致使某行人伤残，季先生承担事故的全部责任，共需要赔偿受害人36 000元，赔偿金额包括伤残费用20 000元，医疗费用10 000元，财产损失6 000元。按照交强险的理赔项目计算，保险公司应从交强险中赔偿受害人多少赔偿金?

【步骤】

(1) 分组。将教学班级按每小组5～8人分为不同的学习小组。

(2) 研讨。以学习小组为单位组织研讨案例中的问题，在充分讨论的基础上，形成各小组的课题报告，并进行汇报。

(3) 点评。学生自评，小组互评，最后由指导教师对操作过程进行点评，然后综合评定各学习小组本次实训的成绩。

课后练习

1. 什么是机动车交通事故责任强制保险?
2. 简述交强险的特征。
3. 简述交强险与商业三责险的区别。
4. 交强险的费率和赔偿限额是如何规定的?
5. 交强险的保险责任有哪些?
6. 在什么情况下，交强险不负责赔偿和垫付?

项目三　机动车商业保险

任务 1　认识机动车商业保险

知识目标

1. 了解机动车商业保险相关的政策、法规。
2. 熟悉机动车商业保险的产品体系。

能力目标

能够在熟悉机动车商业保险产品体系的基础上，对保险案件做出合理的解释和分析。

情景描述

2018 年 7 月 13 日，车主李某驾驶一辆轿车在雨中行至某立交桥下，由于积水较深，发动机熄火。李某在重新启动发动机时，发动机发出一声闷响后再次熄火，无法启动。之后车辆被拖到修理厂检查才知道，李某的强行启动行为造成了发动机“爆缸”。保险公司会赔付李某的修理费用吗?

任务剖析

近几年国家实行的车辆购置税优惠政策，有力地促进了汽车产业迅猛发展，但同时也将大量驾驶技术不够成熟的新车主推向繁忙的道路。用车过程中容易发生的种种意外让人们十分担心，机动车交通事故责任强制保险在一定程度上承担了事故中对第三人的赔偿，但保障并不全面，选择哪些机动车辆商业保险于是成为车主必须考虑的问题。本任务将介绍我国现行的机动车商业保险产品（2014 版）。

相关知识

一、机动车商业保险条款发展历程

2000 年 7 月 1 日，我国开始统一执行由保监会制定的《机动车辆保险条款》。机动车商业保险按保障的责任范围可分为主险和附加险。主险包括：机动车损失险、第三者责任险、

机动车车上人员责任险、机动车盗抢险。附加险不能单独承保，必须投保相应的主险后才能承保。附加险包括：玻璃单独破碎险、车辆停驶损失险、自燃损失险、无过失责任险、新增设备损失险、车载货物掉落责任险和不计免赔率特约条款。

2002年3月4日，为了履行我国加入WTO的承诺，保监会宣布从2003年1月1日起，停止执行上述《机动车辆保险条款》，各保险公司根据自身实际情况，自行制定并执行各自的机动车辆保险条款和费率，经保监会备案就可以执行。

2006年7月1日开始执行由保险行业协会统一制定的包括车辆损失保险和第三者责任保险的A、B、C三套条款，各保险公司任选其一，其他条款再由各保险公司自己制定，报保险监督管理部门备案即可。

2007年4月1日起，全国又启用了由中国保险行业协会牵头开发的2007版A、B、C三套条款，国内经营车险的保险公司都必须从这三套条款中选择一款经营。

2009年2月28日，第十一届全国人大常委会第七次会议表决通过了新修订的《中华人民共和国保险法》，并于2009年10月1日起正式实施。国内各家财产保险及车险公司以此调整保险条款和费率，自2009年12月开始实行2009版保险条款。

2012年3月15日正式发布《中国保险行业协会机动车辆商业保险示范条款》（2012版），在对原有商业车险条款进行全面梳理的同时，也认真筛查了不利于保护被保险人权益、表述不清和容易产生歧义之处，尤其是对被保险人广泛关注的“高保低赔”“无责不赔”“代位追偿”等热点问题进行了合理修订。

2015年3月20日正式发布了《中国保险行业协会机动车辆商业保险示范条款》（2014版），较之前的2012版相比，删除了免赔率中对投保约定行驶区域和绝对免赔额的规定。

二、现行机动车商业保险险种介绍

目前，各保险公司的主险险种基本包括机动车损失险、第三者责任险、车上人员责任险、机动车盗抢险等。为满足被保险人对机动车有关的其他风险保障要求，保险人一般还需提供附加险种和特约条款供被保险人选择。附加险种和特约条款是对主险险种保险责任的补充，它承保的一般是主险险种不予承保的自然灾害或意外事故。附加险种和特约条款不能单独承保，必须投保相应主险险种后才能承保。中国人民财产保险股份有限公司（简称人保）、中国平安财产保险股份有限公司（简称平保）、中国太平洋财产保险股份有限公司（简称太保）现有险种见表3—1—1。

表3—1—1　人保、平保、太保三大公司实施的机动车商业险种（2014版）

公司名称	中国人民财产保险股份有限公司	中国平安财产保险股份有限公司	中国太平洋财产保险股份有限公司
三套条款	采用A款	采用B款	采用C款
主险	机动车第三者责任保险 家庭自用汽车损失保险 非营业用汽车损失保险	商业第三者责任保险 车辆损失保险 全车盗抢保险	机动车损失保险 第三者责任保险 车上人员责任险

续表

公司名称	中国人民财产保险股份有限公司	中国平安财产保险股份有限公司	中国太平洋财产保险股份有限公司
主险	营业用汽车损失保险 特种车保险 摩托车、拖拉机保险 机动车车上人员责任险 机动车盗抢保险 机动车提车保险	车上人员责任保险 摩托车、拖拉机保险 机动车单程提车保险	全车盗抢损失险 单程提车损失保险 单程提车三者险 摩托车、拖拉机保险
附加险、特约条款	玻璃单独破碎险 火灾、爆炸、自燃损失险 车身划痕损失险 可选免赔额特约条款 新增加设备损失保险 发动机特别损失险 机动车停驶损失险 代步机动车服务特约条款 更换轮胎服务特约条款 送油、充电服务特约条款 拖车服务特约条款 附加换件特约条款 随车行李物品损失保险 新车特约条款 A 新车特约条款 B 车上货物责任险 附加交通事故精神损害赔偿责任保险 教练车特约条款 附加油污污染责任保险 附加机动车出境保险 异地出险住宿费特约条款 不计免赔率特约条款 起重、装卸、挖掘车辆损失扩展条款 特种车辆固定设备、仪器损坏扩展条款 多次出险增加免赔率特约条款 约定区域通行费用特约条款 指定专修厂特约条款 租车人人车失踪险条款 法律费用特约条款	玻璃单独破碎险 车身划痕损失险 自燃损失险 车辆停驶损失险 代步车费用险 新增加设备损失险 车上货物责任险 车载货物掉落责任险 附加油污污染责任险 交通事故精神损害赔偿险 全车盗抢附加高尔夫球具盗窃险 车轮单独损坏险 涉水行驶损失险 随车行李物品损失险 保险事故附随费用损失险 车辆重置特约险条款 A 车辆重置特约险条款 B 换件特约险 系安全带补偿特约险 指定专修厂特约条款 特种车特约条款 多次事故免赔特约条款 基本险不计免赔率特约条款 附加险不计免赔率特约条款	自燃损失险 玻璃单独破碎险 新增设备损失险 车身油漆单独损伤险 涉水损失险 零部件、附属设备被盗窃险 车上精神损害抚慰金责任险 随车携带物品责任险 特种车车辆损失扩展险 特种车固定机具、设备损失险 免税车辆关税责任险 道路污染责任险 车损免赔额特约条款 救援费用特约条款 修理期间费用补偿特约条款 事故附随费用特约条款 更换新车特约条款 多次事故免赔率特约条款 使用安全带特约条款 基本险不计免赔率特约条款 附加险不计免赔率特约条款 法律服务特约条款 节假日行驶区域扩展特约条款 指定专修厂特约条款 换件特约条款 货物责任险

三、机动车商业保险条款的内容构成

A、B、C 条款中机动车保险险种内容构成的表现方式不尽相同，但其内容实质基本一致，都是把合同相关事项和双方当事人的权利义务给予明确。具体内容构成见表 3—1—2。

表 3—1—2　　A、B、C 三套条款中机动车保险险种的内容构成（2014 版）

A 款险种的内容构成	B 款险种的内容构成	C 款险种的内容构成
包括 12 项： 1. 总则 2. 保险责任 3. 责任免除 4. 责任限额 5. 保险期间 6. 保险人义务 7. 投保人、被保险人义务 8. 赔偿处理 9. 保险费调整 10. 合同变更和终止 11. 争议处理 12. 附则	包括四部分： 总则 第一部分　基本险 1. 保险责任 2. 责任免除 3. 赔偿限额、保险金额 4. 赔偿处理 第二部分　通用条款 1. 保险期间 2. 保险人义务 3. 投保人、被保险人义务 4. 其他事项 5. 争议处理 第三部分　附加险 第四部分　释义	包括 9 项： 1. 总则 2. 保险责任 3. 责任免除 4. 保险金额、保险期间 5. 赔偿处理 6. 保险人义务 7. 投保人、被保险人义务 8. 无赔款折扣 9. 其他事项

险种选择时，选择 A 款险种的保险公司占市场份额的近八成，故本书无特殊说明将以 A 款为例，介绍相关内容（本书中的相关配套素材可通过扫描二维码查看）。A 款中的条款内容构成和主要作用如下。

1. 总则

主要阐述机动车保险合同的形式组成、机动车保险的标的种类、机动车保险合同的性质等。

2. 保险责任

主要阐述保险公司承担保险金赔偿的车辆使用风险种类，即保险人对被保险人的保障范围。

3. 责任免除

主要阐述保险公司不承担保险金赔偿责任的范围，是对保险责任的限制。

4. 责任限额

主要阐述保险金额和责任限额的确定方式。

5. 保险期间

主要阐述机动车保险合同的起止时间，一般为一年，需在保险单中载明具体起止时间点。

6. 保险人义务

主要阐述保险公司应该履行的义务，一般包括条款说明、及时查勘、及时定损、迅速赔偿和替保户保密等。

7. 投保人、被保险人义务

主要阐述投保人、被保险人应该履行的义务，一般包括如实告知、及时支付费用、出险报案、协助查勘和提供索赔证明资料等。

8. 赔偿处理

主要阐述赔偿方式、赔偿免赔率和被保险人索赔时应提供的单证等。

9. 保险费调整

主要阐述续保时投保人享受无赔款优惠的比例等。

10. 合同变更和终止

主要阐述由于标的转让或相关事项改变，必须办理变更、合同终止时如何扣除或退还保险费等。

11. 争议处理

主要阐述争议解决的方式，一般分为协商、仲裁和诉讼三种方式。

小提示：

仲裁属于行政裁定行为，而诉讼是司法裁定行为。通俗地说，二者都是为了对一事件做出合理（合法）的裁断。仲裁可以处理一些不需要司法行为干预即可解决的矛盾，能够节省司法资源。诉讼具有司法强制力，诉讼效力高于仲裁。

12. 附则

主要阐述上述各项的未尽事宜以及对条款中部分术语的解释。

任务实施

在判断李某能不能得到保险公司的赔偿前，首先要判断出事故所涉及的险种，本案例中该车辆主要涉及涉水险。涉水险的理赔范围如下：在遭受暴雨、洪水的时候，保险机动车被水淹及排气筒或进气管进水，驾驶人继续启动机动车或利用惯性启动机动车；遭受暴雨、洪水后，未经必要处理而启动机动车。在这两种情况下，只要投保了涉水险就能获得相应的赔偿。免责条款中也同时规定车辆被水淹致使运行中的发动机损坏是可以被赔偿的；但是，如果发动机熄火后，二次启动发动机而造成损坏，是不予赔偿的，因为二次启动会加重发动机的损害。

李某的车辆发动机损坏是淹水情况下强行启动发动机所致，属于操作不当造成的汽车损失，因此不属于保险事故，即使李某投保了涉水险，保险公司也有权不予赔偿。

强化训练

某厂与某保险公司签订了机动车保险合同，投保险种为机动车损失险、第三者责任险等。在保险期限内，该厂所投保的车辆发生重大交通事故，赔偿被害人 15.6 万元。该投保车辆核定载重量为 10 吨，发生事故时，该车载重为 48 吨。公安交通管理部门依据《道路交通事故处理办法》做出交通事故责任认定，认定驾驶员因违章超载制动失效造成事故，负该起事故的全部责任。事后，该厂依据机动车保险合同向保险公司索赔，保险公司拒赔。该厂将保险公司诉至人民法院，要求保险公司承担赔偿责任。

本案例中保险公司是否应该赔偿？为什么？双方当事人解决纠纷的方法有哪些？

【步骤】

（1）分组。将教学班级按每小组 5～8 人分为不同的学习小组。

（2）研讨。以学习小组为单位组织研讨案例中的问题，在充分讨论的基础上，形成各小组的课题报告，并进行汇报。

（3）点评。学生自评，小组互评，最后由指导教师对操作过程进行点评，然后综合评定各学习小组本次实训的成绩。

任务 2　认识机动车损失保险

知识目标

熟悉机动车损失保险的保险责任、责任免除和保险金额。

能力目标

正确理解机动车损失保险各条款，当被保险人发生事故时能够熟练运用相应条款做好责任判定和赔偿工作。

情景描述

2005 年 5 月 31 日，一场突如其来的雹灾袭击了北京大部分地区。根据北京市保监局截至

2005 年 6 月 2 日 15 时的统计，在京的 11 家财产保险公司累计受理车辆报损 21 860 辆，估损金额超过 3 910 万元。这些都是冰雹直接造成的损失，不包括冰雹诱发交通事故造成的损失。雹灾中车辆的损失以车身漆面受损居多，车身表面凹坑的修复需要钣金和喷漆，有小部分车辆的玻璃受到损坏。那么在此种情况下受损的车辆投保人可以得到机动车损失保险的赔偿吗？

任务剖析

机动车损失保险（简称车损险）的合同为不定值保险合同。不定值保险合同是指双方当事人在订立保险合同时不预先确定保险标的的保险价值，而是按照保险事故发生时保险标的的实际价值确定保险价值的保险合同。本任务将以机动车损失险 A 款为例详细介绍机动车损失保险。

相关知识

一、机动车损失保险的定义

机动车损失保险是指保险车辆遭受保险责任范围内的自然灾害或意外事故，造成保险车辆本身损失，保险人依照保险合同的规定给予赔偿。车损险为不定值保险，在保险合同中不确定保险标的的保险价值，只列明保险金额，将保险金额作为最高赔偿金额。

机动车损失险 A 款针对汽车分为家庭自用汽车损失保险条款、非营业用汽车保险条款、营业用汽车损失条款。这三个条款的内容大致相同，但是也有不同之处，主要是在保险标的、保险责任和免除责任及保险费等方面有细微的差别。

二、机动车损失保险的标的

1. 家庭自用汽车损失保险

家庭自用汽车损失保险的保险标的是指在中华人民共和国境内（不含港、澳、台地区）行驶的家庭或个人所有，且用途为非营业性运输的核定座位在 9 座以下的客车。

2. 非营业用汽车损失保险

非营业用汽车损失保险的保险标的是指在中华人民共和国境内（不含港、澳、台地区）行驶的党政机关、企事业单位、社会团体、使领馆等机构从事公务或在生产经营活动中不以直接或间接方式收取运费或租金的自用汽车，包括客车、货车、客货两用车。

3. 营业用汽车损失保险

营业用汽车损失保险的保险标的是指在中华人民共和国境内（不含港、澳、台地区）行驶的，用于客、货运输或租赁，并以直接或间接方式收取运费或租金的汽车。

三、保险责任的规定及相关解释

1. 保险责任

(1) 家庭自用汽车损失保险与非营业用汽车损失保险的保险责任

保险期间内，被保险人或其允许的合法驾驶人在使用被保险机动车过程中，因下列原因造成被保险机动车的损失，保险人依照保险合同的约定负责赔偿：

1) 碰撞、倾覆、坠落。

2) 火灾、爆炸。

3) 外界物体坠落、倒塌。

4) 暴风、龙卷风。

5) 雷击、雹灾、暴雨、洪水、海啸。

6) 地陷、冰陷、崖崩、雪崩、泥石流、滑坡。

7) 载运被保险机动车的渡船遭受自然灾害（只限于驾驶人随船的情形）。

(2) 营业用汽车损失保险的保险责任

保险期间内，被保险人或其允许的合法驾驶人在使用被保险机动车过程中，因下列原因造成被保险机动车的损失，保险人依照保险合同的约定负责赔偿：

1) 碰撞、倾覆、坠落。

2) 外界物体坠落、倒塌。

3) 暴风、龙卷风。

4) 雷击、雹灾、暴雨、洪水、海啸。

5) 地陷、冰陷、崖崩、雪崩、泥石流、滑坡。

6) 载运被保险机动车的渡船遭受自然灾害（只限于驾驶人随船的情形）。

营业用汽车损失保险与家庭自用汽车损失保险、非营业用汽车损失保险的保险责任有不同之处，主要表现为由于火灾、爆炸、自燃引起的损失不属于营业用汽车损失保险的保险责任，保险公司不承担赔偿责任。

A款条款对施救费用的规定是发生保险事故时，被保险人为防止或者减少被保险车辆的损失所支付的必要的、合理的施救费用，由保险人承担，最高不超过保险金额的数额。

2. 对相关术语的解释

(1) 碰撞

是指保险车辆与外界静止的或运动中的物体的意外撞击。

条款中的碰撞包括两种情况：一是保险车辆与外界物体的意外撞击造成的本车损失；二是保险车辆按《中华人民共和国道路交通管理条例》中关于车辆装载的规定载运货物，车与货物视为一体，所装货物与外界物体的意外撞击造成的本车损失。保险车辆的人为划痕不属于车损险责任。

以下两种情况不符合车损险中对碰撞的解释：

1）汽车的发动机舱盖因为机械故障行驶中突然翻起，与前风窗玻璃相碰撞。

2）半挂车因雨天路滑，并且各轴的制动协调时间有问题，紧急制动时常会出现牵引车驾驶室后立柱部位与同侧挂车车厢板相撞，造成驾驶室变形。

(2) 坠落

保险车辆在行驶中发生意外事故，整车腾空，着地所产生的损失。

(3) 倾覆

保险车辆由于自然灾害或意外事故，造成本车翻倒，车体触地，使其失去正常状态和行驶能力，不经施救不能恢复行驶。

(4) 火灾

在时间或空间上失去控制的燃烧所造成的灾害。

这里指外界火源以及其他保险事故造成的火灾导致保险车辆的损失。不包括由于保险车辆的自燃所引起的损失。

(5) 爆炸

仅指化学性爆炸，即物体在瞬息分解或燃烧时放出大量的热和气体，并以很大的压力向四周扩散，形成破坏力的现象。

发动机因其内部原因发生爆炸、轮胎爆炸等，不属车损险责任。

(6) 外界物体倒塌

保险车辆因自身以外由物质构成并占有一定空间的个体倒下或陷下，造成保险车辆损失。如地上或地下建筑物坍塌、树木倾倒，致使保险车辆受损，都属车损险“外界物体倒塌”责任。

(7) 暴风

在实践中，当风力速度达 17.2 m/s（相当于 8 级大风），造成保险车辆损失，即构成车损险责任。

(8) 龙卷风

一种范围小而时间短的猛烈旋风，平均最大风速一般在 79～103 m/s，极端最大风速一般在 100 m/s 以上。

(9) 雷击

由雷电造成的灾害。由于雷电直接击中保险车辆或通过其他物体引起保险车辆的损失，均属车损险责任。

(10) 雹灾

由于冰雹降落造成的灾害。

(11) 暴雨

每小时降水量达 16 mm 以上，或连续 12 小时降水量达 30 mm 以上，或连续 24 小时降水量达 50 mm 以上。

(12) 洪水

凡江河泛滥、山洪暴发、潮水上岸及倒灌，致使保险车辆遭受泡损、淹没的损失，都属于车损险的“洪水”责任。

(13) 海啸

海啸是由于地震或风暴造成的海面巨大涨落现象，按成因分为地震海啸和风暴海啸两种。由于海啸致海水上岸泡损、淹没、冲失保险车辆都属车损险的“海啸”责任。

(14) 地陷

地表突然下陷造成保险车辆的损失，属车损险的“地陷”责任。

(15) 冰陷

经交通管理部门允许车辆行驶的冰面上，保险车辆在通过时，冰面突然下陷造成车辆的损失，属车损险的“冰陷”责任。

(16) 崖崩

石崖、土崖因自然风化、雨蚀而崩塌，或山上岩石滚落，或雨水使山上沙土透湿而崩塌，致使保险车辆遭受损失，属车损险的“崖崩”责任。

(17) 雪崩

大量积雪突然崩落的现象。

(18) 泥石流

山地突然爆发饱含大量泥沙、石块的洪流。

(19) 滑坡

斜坡上不稳的岩体或土体在重力作用下突然整体向下滑动。

(20) 载运保险车辆的渡船遭受自然灾害（只限于驾驶人随船的情形）

保险车辆在行驶途中过渡，驾驶员把车辆开上渡船，并随车照料到对岸，这期间因遭受自然灾害（指本条款中所列的自然灾害），致使保险车辆本身发生损失，保险人予以赔偿。

四、免除责任的规定及相关解释

1. 免除责任

(1) 家庭自用汽车损失保险、非营业用车损失保险与营业用车损失保险免除责任的相同之处

1) 下列情况下，不论任何原因造成被保险机动车损失，保险人均不负责赔偿：

①地震。

②战争、军事冲突、恐怖活动、暴乱、扣押、收缴、没收、政府征用。

③竞赛、测试，在营业性维修、养护场所修理、养护期间。

④利用被保险机动车从事违法活动。

⑤驾驶人饮酒、吸食或注射毒品、被药物麻醉后使用被保险机动车。

⑥事故发生后，被保险人或其允许的驾驶人在未依法采取措施的情况下驾驶被保险机动

车或者遗弃被保险机动车逃离事故现场，或故意破坏、伪造现场、毁灭证据。

⑦驾驶人有下列情形之一者：

a. 无驾驶证或驾驶证有效期已届满。

b. 驾驶的被保险机动车与驾驶证载明的准驾车型不符。

c. 持未按规定审验的驾驶证，以及在暂扣、扣留、吊销、注销驾驶证期间驾驶被保险机动车。

d. 依照法律法规或公安机关交通管理部门有关规定不允许驾驶被保险机动车的其他情况下驾驶机动车。

⑧非被保险人允许的驾驶人使用被保险机动车。

⑨被保险机动车转让他人，未向保险人办理批改手续。

⑩除另有约定外，发生保险事故时被保险机动车无公安交通管理部门核发的行驶证和号牌，或未按规定检验或检验不合格。

2）被保险机动车的下列损失和费用，保险人不负责赔偿：

①自然磨损、朽蚀、腐蚀、故障。

②玻璃单独破碎，车轮单独损坏。

③无明显碰撞痕迹的车身划痕。

④人工直接供油、高温烘烤造成的损失。

⑤遭受保险责任范围内的损失后，未经必要修理继续使用被保险机动车，致使损失扩大的部分。

⑥因污染（含放射性污染）造成的损失。

⑦市场价格变动造成的贬值、修理后价值降低引起的损失。

⑧标准配置以外新增设备的损失。

⑨发动机进水后导致的发动机损坏。

⑩被保险机动车所载货物坠落、倒塌、撞击、泄漏造成的损失。

⑪被盗窃、被抢劫、被抢夺，以及因被盗窃、被抢劫、被抢夺受到损坏或车上零部件、附属设备丢失。

⑫被保险人或驾驶人的故意行为造成的损失。

⑬应当由机动车交通事故责任强制保险赔偿的金额。

3）保险人在依据车损险合同约定计算赔款的基础上，按照下列免赔率免赔：

①家庭自用汽车和非营业用车负次要事故责任的免赔率为5%，负同等事故责任的免赔率为8%，负主要事故责任的免赔率为10%，负全部事故责任或单方肇事事故的免赔率为15%（营业用汽车免赔率相对应分别为5%、10%、15%和20%）。

②被保险机动车的损失应当由第三方负责赔偿的，无法找到第三方时，免赔率为30%。

③被保险人根据有关法律法规规定选择自行协商方式处理交通事故，不能证明事故原因的，免赔率为20%。

④投保时约定行驶区域，保险事故发生在约定行驶区域以外的，增加免赔率10%。

4）其他不属于保险责任范围内的损失和费用。

（2）家庭自用汽车损失保险、非营业用车损失保险与营业用车损失保险免除责任的不同之处

1）家庭自用汽车损失保险增加的免除责任为：

①自燃以及不明原因火灾造成的损失属于免除责任。

②投保时指定驾驶人，保险事故发生时为非指定驾驶人使用被保险机动车的，增加免赔率10%。

2）非营业用汽车损失保险增加的免除责任为：

①实习期内驾驶执行任务的警车、消防车、救护车、工程救险车以及载有爆炸物品、易燃易爆化学物品、剧毒或者放射性等危险物品的被保险机动车，实习期内驾驶的被保险机动车牵引挂车。

②使用各种专用机械车、特种车的人员无国家有关部门核发的有效操作证。

③自燃仅造成电器、线路、供油系统、供气系统的损失。

④教练用车。

3）营业用汽车损失保险增加的免除责任为：

①教练用车。

②实习期内驾驶公共汽车、营运客车或者载有爆炸物品、易燃易爆化学物品、剧毒或者放射性等危险物品的被保险机动车，实习期内驾驶的被保险机动车牵引挂车。

③使用各种专用机械车、特种车的人员无国家有关部门核发的有效操作证，驾驶营业性客车的驾驶人无国家有关部门核发的有效资格证书。

④火灾、爆炸、自燃造成的损失。

⑤违反安全装载规定的，增加免赔率5%；因违反安全装载规定导致保险事故发生的，保险人不承担赔偿责任。

⑥保险期间内发生多次保险事故的，免赔率从第三次开始每次增加5%。但自然灾害引起的事故除外。

2. 相关术语解释

（1）自然磨损

指车辆由于使用造成的机件损耗。

（2）朽蚀

指机件与有害气体、液体相接触，被腐蚀损坏。

（3）故障

由于车辆某个部件或系统性能发生问题，影响车辆的正常工作。

自然磨损或朽蚀导致保险车辆机件老化、变形等损失属正常性损失，不是保险事故造成

的，保险人不负赔偿责任。但由于自然磨损、朽蚀、故障而引起保险事故（如碰撞、倾覆等），造成保险车辆其他部位的损失，保险人应予以赔偿。

(4) 地震

地球内部的变动引起地壳的震动，无论地震使保险车辆直接受损，还是地震造成外界物体倒塌所致保险车辆的损失，保险人都不负责赔偿。

(5) 人工直接供油

不经过车辆正常供油系统的供油。

(6) 自燃及不明原因引起火灾造成的损失

指保险车辆因本车电器、线路、供油系统、货物自身等发生问题以及不明原因产生起火，造成保险车辆损失。

(7) 高温烘烤

无论是否使用明火，凡违反车辆安全操作规则，因加热、烘烤升温，导致保险车辆的损失。

(8) 受本车所载货物撞击的损失

保险车辆行驶时，车上货物与本车相互撞击，造成本车的损失。

(9) 遭受保险责任范围内的损失后，未经必要修理继续使用，致使损失扩大部分

保险车辆因发生保险事故遭受损失后，由于保险人的原因没有及时进行必要的修理，在车辆未达到正常使用标准前继续使用，造成车辆损失扩大的部分。

(10) 战争

国家与国家、民族与民族、政治集团与政治集团之间为了一定的政治、经济目的而进行的武装斗争。

(11) 军事冲突

国家或民族间在一定范围内的武装对抗。

(12) 暴乱

破坏社会秩序的武装骚动。战争、军事冲突、暴乱以政府宣布为准。

(13) 扣押

指采用强制手段扣留保险车辆。

(14) 竞赛

指保险车辆作为赛车直接参加车辆比赛活动。

(15) 测试

指对保险车辆的性能和技术参数进行测量。

(16) 药物麻醉

指驾驶员食入或注射有麻醉成分的药品，在整个身体或身体的某一部分暂时失去控制的情况下驾驶车辆。

(17) 附属设备

指购买新车时，随车装备的基本设备。随车工具、新增加设备等，不属于附属设备。

(18) 被保险人或其驾驶人的故意行为

被保险人或其驾驶人明知自己的行为可能造成损害的结果，而仍希望或放任这种结果发生的行为。

五、保险金额的规定及相关解释

1. 保险金额

机动车损失保险 A 款中规定了保险金额确定方式有三种。

(1) 按投保时被保险机动车的新车购置价确定

保险合同中的新车购置价是指在保险合同签订地购置与被保险机动车同类型新车（含车辆购置税）的价格。

投保时的新车购置价根据投保时保险合同签订地同类型新车的市场销售价格确定，并在保险单中载明；无同类型新车市场销售价格的，由投保人与保险人协商确定。

(2) 按投保时被保险机动车的新车购置价内协商确定

(3) 按投保时被保险机动车的实际价值确定

保险合同中的实际价值是指新车购置价减去折旧金额后的价格。

投保时被保险机动车的实际价值根据投保时的新车购置价减去折旧金额后的价格确定。

家庭自用汽车、营业用车、非营业用车的折旧率规定如下：

1）家庭自用汽车的折旧。被保险机动车的折旧按月折旧率 0.6%计算，不足一个月的部分，不计折旧。最高折旧金额不超过投保时被保险机动车新车购置价的 80%。其计算公式为：

折旧金额＝投保时的新车购置价×被保险机动车已使用月数×0.6%

2）营业用车的折旧。折旧按月计算，不足一个月的部分，不计折旧。最高折旧金额不超过投保时被保险机动车新车购置价的 80%。其计算公式为：

折旧金额＝投保时的新车购置价×被保险机动车已使用月数×月折旧率

营业用车的月折旧率见表 3—2—1。

表 3—2—1　　营业用车的月折旧率

车辆种类	月折旧率/%	
	出租	其他
客车	1.10	0.90
微型载货汽车	1.10	1.10
带拖挂的载货汽车	1.10	1.10
农用运输车	1.40	1.40
其他车辆	1.10	0.90

3）非营业用车辆的折旧。折旧按月计算，不足一个月的部分，不计折旧。最高折旧金额不超过投保时被保险机动车新车购置价的80%。其计算公式为：

折旧金额＝投保时的新车购置价×被保险机动车已使用月数×月折旧率

非营业用车的月折旧率见表3—2—2。

表3—2—2　　非营业用车辆的月折旧率

车辆种类	月折旧率/%
9座以下客车	0.60
农用运输车	1.10
其他车辆	0.90

2. 相关术语解释

（1）保险价值

指投保时作为确定保险金额的保险标的价值。投保车辆的保险价值按保险合同签订地购置与保险车辆同类型新车的价格确定。

（2）新车购置价

指在保险合同签订地购置与保险车辆同类型新车的价格。

（3）实际价值

指投保车辆在保险合同签订地的市场价格。当投保车辆的实际价值高于购车发票金额时，以购车发票金额确定实际价值。

保险人可根据当地的实际情况，采取保险价值、实际价值、协商价值三种方式之一确定保险金额承保。用协商价值确定保险金额的不应超过投保时的保险价值；如有超过，超过部分无效。

六、赔偿处理规定及相关解释

1. 赔偿处理规定

（1）被保险人索赔时，应当向保险人提供与确认保险事故的性质、原因、损失程度等有关的证明和资料。

被保险人应当提供保险单、损失清单、有关费用单据、被保险机动车行驶证和发生事故时驾驶人的驾驶证。

属于道路交通事故的，被保险人应当提供公安交通管理部门或法院等机构出具的事故证明、有关的法律文书（判决书、调解书、裁定书、裁决书等）和通过机动车交通事故责任强制保险获得赔偿金额的证明材料。

属于非道路交通事故的，应提供相关的事故证明。

（2）被保险人或被保险机动车驾驶人根据有关法律法规选择自行协商方式处理交通事故

的，应当立即通知保险人，协助保险人勘验事故各方车辆、核实事故责任，并依照《交通事故处理程序规定》签订记录交通事故情况的协议书。

(3) 因保险事故损坏的被保险机动车，应当尽量修复。修理前被保险人应当会同保险人检验协商确定修理项目、方式和费用。否则，保险人有权重新核定；无法重新核定的，保险人有权拒绝赔偿。

(4) 投保人在投保时选择专修厂的，保险事故发生后，保险人推荐具有被保险机动车专修资格的修理厂进行修理；投保人在投保时未选择专修厂的，保险事故发生后，保险人推荐修理资质不低于二级的修理厂进行修理。

(5) 被保险机动车遭受损失后的残余部分由保险人、被保险人协商处理。

(6) 保险人依据被保险机动车驾驶人在事故中所负的事故责任比例，承担相应的赔偿责任。被保险人或被保险机动车驾驶人根据有关法律法规选择自行协商或由公安交通管理部门处理事故，未确定事故责任比例的，按照下列规定确定事故责任比例：

被保险机动车方负主要事故责任的，事故责任比例为70%；被保险机动车方负同等事故责任的，事故责任比例为50%；被保险机动车方负次要事故责任的，事故责任比例为30%。

(7) 保险人按下列方式赔偿：

1) 按投保时被保险机动车的新车购置价确定保险金额的：

①发生全部损失时，在保险金额内计算赔偿，保险金额高于保险事故发生时被保险机动车实际价值的，按保险事故发生时被保险机动车的实际价值计算赔偿。

保险事故发生时被保险机动车的实际价值根据保险事故发生时的新车购置价减去折旧金额后的价格确定。

保险事故发生时的新车购置价根据保险事故发生时保险合同签订地同类型新车的市场销售价格确定；无同类型新车市场销售价格的，由被保险人与保险人协商确定。

折旧金额计算公式为：

折旧金额＝保险事故发生时的新车购置价×被保险机动车已使用月数×月折旧率

②发生部分损失时，按核定修理费用计算赔偿，但不得超过保险事故发生时被保险机动车的实际价值。

2) 按投保时被保险机动车的实际价值确定保险金额或协商确定保险金额的：

①发生全部损失时，保险金额高于保险事故发生时被保险机动车实际价值的，以保险事故发生时被保险机动车的实际价值计算赔偿；保险金额等于或低于保险事故发生时被保险机动车实际价值的，按保险金额计算赔偿。

②发生部分损失时，按保险金额与投保时被保险机动车的新车购置价的比例计算赔偿，但不得超过保险事故发生时被保险机动车的实际价值。

3) 施救费用赔偿在被保险机动车损失赔偿金额以外另行计算，最高不超过保险金额的数额。

被施救的财产中，含有保险合同未承保财产的，按被保险机动车与被施救财产价值的比例分摊施救费用。

(8) 被保险机动车重复保险的，保险人按照保险合同的保险金额与各保险合同保险金额总和的比例承担赔偿责任。

其他保险人应承担的赔偿金额，保险人不负责赔偿和垫付。

(9) 保险人受理报案、现场查勘、参与诉讼、进行抗辩、向被保险人提供专业建议等行为，均不构成保险人对赔偿责任的承诺。

(10) 下列情况下，保险人支付赔款后，机动车损失保险合同终止，保险人不退还机动车损失保险及其附加险的保险费。

1) 被保险机动车发生全部损失。

2) 按投保时被保险机动车的实际价值确定保险金额的，一次赔款金额与免赔金额之和(不含施放费) 达到保险事故发生时被保险机动车的实际价值。

3) 保险金额低于投保时被保险机动车的实际价值的，一次赔款金额与免赔金额之和(不含施救费) 达到保险金额。

2. 相关解释

(1) 按投保时保险车辆的新车购置价确定保险金额的，保险车辆损失的赔款计算为：

1) 发生全部损失时，在保险金额内计算赔偿，保险金额高于保险事故发生时保险车辆实际价值的，按保险事故发生时保险车辆的实际价值计算赔偿，即：

保险车辆损失赔款＝（实际价值－残值）×事故责任比例×（1－免赔率之和）

保险事故发生时保险车辆的实际价值根据保险事故发生时的新车购置价减去折旧金额后的价格确定。

保险事故发生时的新车购置价根据保险事故发生时保险合同签订的同类型新车的市场销售价格确定；无同类型新车市场销售价格的，由被保险人与保险人协商确定。

2) 发生部分损失时，按核定修理费用计算赔偿，但不得超过保险事故发生时保险车辆的实际价值，即：

保险车辆损失赔款＝（核定修理费用－残值）×事故责任比例×（1－免赔率之和）

(2) 按投保时保险车辆的实际价值确定保险金额或协商确定保险金额的，保险车辆损失的赔款计算为：

1) 发生全部损失时，保险金额高于保险事故发生时保险车辆实际价值的，以保险事故发生时保险车辆的实际价值计算赔偿，即：

保险车辆损失赔款＝（实际价值－残值）×事故责任比例×（1－免赔率之和）

保险金额等于或低于保险事故发生时保险车辆实际价值的，按保险金额计算赔偿，即：

保险车辆损失赔款＝（保险金额－残值）×事故责任比例×（1－免赔率之和）

2) 发生部分损失时，按保险金额与投保时保险车辆的新车购置价的比例计算赔偿，但不得超过保险事故发生时保险车辆的实际价值，即：

保险车辆损失赔款＝（核定修理费用－残值）×事故责任比例×保险金额与投保时保险车辆的新车购置价的比例×（1－免赔率之和）

七、合同变更、终止、争议处理的规定

1. 保险合同的变更、终止

(1) 车损险合同的内容如需变更，须经保险人与投保人书面协商一致。

(2) 在保险期间内，被保险机动车转让他人的，投保人应当书面通知保险人并办理批改手续。

(3) 保险责任开始前，投保人要求解除车损险合同的，应当向保险人支付应交保险费5%的退保手续费，保险人退还保险费。

保险责任开始后，投保人要求解除车损险合同的，自通知保险人之日起，车损险合同解除。保险人按短期月费率（见表3—2—3）收取自保险责任开始之日起至合同解除之日止期间的保险费，并退还剩余部分保险费。

表3—2—3 短期月费率表

保险期间/月	1	2	3	4	5	6	7	8	9	10	11	12
短期月费率/%	10	20	30	40	50	60	70	80	85	90	95	100

注：保险期间不足一个月的部分，按一个月计算。

2. 争议处理

(1) 因履行车损险合同发生的争议，由当事人协商解决。协商不成的，提交保险单载明的仲裁机构仲裁。保险单未载明仲裁机构或者争议发生后未达成仲裁协议的，可向人民法院起诉。

(2) 争议处理适用中华人民共和国法律。

任务实施

雹灾是车辆损失保险的保险责任部分明确列明的自然灾害之一。雹灾造成的车辆损失，无论是车身表面凹坑的钣金和喷漆修复，还是车辆损坏玻璃的更换，毫无疑问保险公司都要负责赔偿。但自然灾害造成的意外事故，理赔时一般需要被保险人开具灾害天气的气象证明。但一些保险公司为方便客户，可直接与当地气象部门联系，统一取得灾害的气象证明，不再需要每个客户单独开具气象证明。

强化训练

2018年11月出租车驾驶员王某在某保险公司为出租车投保了车辆损失保险和第三者责

任保险。一个月后，王某驾驶出租车行驶到外环路某路段时，发动机舱盖在行驶中突然翻动，与前风窗玻璃相撞，造成发动机舱盖和前风窗玻璃损坏。王某紧急制动，致使该车左前部与道路中央护栏相撞，造成前保险杠、左侧前照灯、翼子板等损坏。事故发生后，交警认定王某负全部责任，自负修车费用，并赔偿护栏损坏修复费用。王某就有关花费要求保险公司赔偿。王某可以得到赔偿吗？

【步骤】

（1）分组。将教学班级按每小组 5～8 人分为不同的学习小组。

（2）研讨。以学习小组为单位组织研讨案例中的问题，在充分讨论的基础上，形成各小组的课题报告，并进行汇报。

（3）点评。学生自评，小组互评，最后由指导教师对操作过程进行点评，然后综合评定各学习小组本次实训的成绩。

任务 3　认识机动车第三者责任保险

知识目标

熟悉机动车第三者责任保险的保险责任、责任免除和责任限额。

能力目标

正确理解机动车第三者责任保险各条款，当被保险人发生事故时能够熟练运用相应条款做好责任判定和赔偿工作。

情景描述

某保险公司承保的一辆拖挂大货车在运输途中，挂车轮胎破裂，驾驶员未能及时察觉，直到停靠收费站时被公路管理人员发现。此时，轮胎钢圈已经将路面划破 200 多米。被保险人在赔偿道路损失费 2 万元以后，向保险公司提出索赔。该车投保了交强险和第三者责任保险。请问拖挂大货车可以得到赔偿吗？如果可以，该如何赔偿呢？

任务剖析

机动车第三者责任保险是指保险车辆因意外事故，致使他人遭受人身伤亡或财产的直接损失，保险人依照保险合同的规定给予赔偿的保险。

机动车第三者责任保险是商业性的责任保险，与机动车辆交通事故责任强制保险不同。本任务将详细介绍 A 款机动车第三者责任保险。

相关知识

一、保险责任及相关解释

1. 保险责任

被保险人或其允许的合法驾驶人在使用被保险机动车过程中发生意外事故，致使第三者遭受人身伤亡或财产直接损毁，依法应当由被保险人承担的损害赔偿责任，保险人依照保险合同的约定，对于超过机动车交通事故责任强制保险各分项赔偿限额以上的部分负责赔偿。

2. 相关术语解释

(1) 意外事故

不是行为人故意，而是由于不可预知的以及不可抗拒的原因造成损失的突发事件。包括在道路上发生的道路交通事故以及不在道路上（如场院、乡间小路）发生的非道路交通事故。前者一般由公安交通管理部门依据《中华人民共和国道路交通安全法》处理；后者一般由出险当地政府参照《中华人民共和国道路交通安全法》研究解决。

这里的意外事故主要表现在两个方面：一是被保险人事先没有预见到事故会发生，可以理解为被保险人不能预见到或无法预见的事故会发生，或者是被保险人事先应预见到事故会发生，但由于被保险人疏忽而没有预见到；二是事故的发生违背了被保险人的主观意愿，被保险人已经预见到事故即将发生，但客观上已不能采取措施避免事故发生。

(2) 第三者

在保险合同中，保险人是第一方，也称第一者；被保险人或致害人是第二方，也称第二者；除保险人与被保险人之外的，因保险车辆的意外事故而遭受人身伤害或财产损失的受害人是第三方，也称第三者。

(3) 人身伤亡

人的身体受到伤害或人的生命终止。

(4) 直接损毁

保险车辆发生意外事故，直接造成事故现场他人现有财产的实际损毁。

(5) 依法应当由被保险人支付的赔偿金额

依照道路交通事故处理规定和有关法律法规，按被保险人或其允许的合格的驾驶人承担的事故责任所应当支付的赔偿金额。

(6) 被保险人或其允许的合格驾驶人

被保险人或其允许的合格驾驶人应同时具备以下两个条件：

1）被保险人本人以及经被保险人委派、雇用或许可的驾驶人。

2）合格驾驶人是指驾驶保险车辆的驾驶人，必须持有效驾驶证，且驾驶车辆与驾驶证规定的准驾车型相符；驾驶出租车或者营业性客车的还需要具备交通运输管理部门核发的许可证。

二、责任免除及相关解释

1．责任免除

（1）被保险机动车造成下列人身伤亡或财产损失，不论在法律上是否应当由被保险人承担赔偿责任，保险人均不负责赔偿：

1）被保险人及其家庭成员的人身伤亡、所有或代管的财产的损失。

2）被保险机动车本车驾驶人及其家庭成员的人身伤亡、所有或代管的财产的损失。

3）被保险机动车本车上其他人员的人身伤亡或财产损失。

（2）下列情况下，不论任何原因造成的对第三者的损害赔偿责任，保险人均不负责赔偿：

1）地震、战争、军事冲突、恐怖活动、暴乱、扣押、收缴、没收、政府征用。

2）竞赛、测试、教练，在营业性维修、养护场所修理、养护期间。

3）利用被保险机动车从事违法活动。

4）驾驶人饮酒、吸食或注射毒品、被药物麻醉后使用被保险机动车。

5）事故发生后，被保险人或其允许的驾驶人在未依法采取措施的情况下驾驶被保险机动车或者遗弃被保险机动车逃离事故现场，或故意破坏、伪造现场、毁灭证据。

6）驾驶人有下列情形之一者：

①无驾驶证或驾驶证有效期已届满。

②驾驶的被保险机动车与驾驶证载明的准驾车型不符。

③实习期内驾驶公共汽车、营运客车或者载有爆炸物品、易燃易爆化学物品、剧毒或者放射性等危险物品的被保险机动车，实习期内驾驶的被保险机动车牵引挂车。

④持未按规定审验的驾驶证，以及在暂扣、扣留、吊销、注销驾驶证期间驾驶被保险机动车。

⑤使用各种专用机械车、特种车的人员无国家有关部门核发的有效操作证，驾驶营业性客车的驾驶人无国家有关部门核发的有效资格证书。

⑥依照法律法规或公安交通管理部门有关规定不允许驾驶被保险机动车的其他情况下驾车。

7）非被保险人允许的驾驶人使用被保险机动车。

8）被保险机动车转让他人，未向保险人办理批改手续。

9）除另有约定外，发生保险事故时被保险机动车无公安交通管理部门核发的机动车行驶证和号牌，或未按规定检验或检验不合格。

10）被保险机动车拖带未投保机动车交通事故责任强制保险的机动车（含挂车）或被未投保机动车交通事故责任强制保险的其他机动车拖带。

（3）下列损失和费用，保险人不负责赔偿：

1）被保险机动车发生意外事故，致使第三者停业、停驶、停电、停水、停气、停产、通信或者网络中断、数据丢失、电压变化等造成的损失以及其他各种间接损失。

2）精神损害赔偿。

3）因污染（含放射性污染）造成的损失。

4）第三者财产因市场价格变动造成的贬值、修理后因价值降低引起的损失。

5）被保险机动车被盗窃、被抢劫、被抢夺期间造成第三者人身伤亡或财产损失。

6）被保险人或驾驶人的故意行为造成的损失。

7）仲裁或者诉讼费用以及其他相关费用。

（4）应当由机动车交通事故责任强制保险赔偿的损失和费用，保险人不负责赔偿。

保险事故发生时，被保险机动车未投保机动车交通事故责任强制保险或机动车交通事故责任强制保险合同已经失效的，对于机动车交通事故责任强制保险各分项赔偿限额以内的损失和费用，保险人不负责赔偿。

（5）保险人在依据保险合同约定计算赔款的基础上，在保险单载明的责任限额内，按下列免赔率免赔：

1）负次要事故责任的免赔率为5%，负同等事故责任的免赔率为10%，负主要事故责任的免赔率为15%，负全部事故责任的免赔率为20%。

2）违反安全装载规定的，增加免赔率10%。

3）投保时指定驾驶人，保险事故发生时为非指定驾驶人使用被保险机动车的，增加免赔率10%。

4）投保时约定行驶区域，保险事故发生在约定行驶区域以外的，增加免赔率10%。

（6）其他不属于保险责任范围内的损失和费用。

2. 相关解释

（1）被保险人、其家庭成员、被保险人所有的财产、与他人共有财产的自有部分或代替他人保管的财产均不属于第三者责任保险条款的第三者，所以不负责赔偿。

对于有些规模较大的投保单位，“所有的财产”通常掌握在其所属各自独立核算单位的财产范围内。例如，某运输公司下属甲、乙两个车队各自独立核算，由运输公司统一投保第三者责任险后，甲队车辆撞坏甲队的财产不予负责，撞坏乙队的财产可予以负责。

（2）本车驾驶人及其家庭成员的人身伤亡、所有或代管的财产也不属于第三者责任保险条款的第三者，所以不负责赔偿。这部分风险被保险人可以通过人身意外险及财产险的形式单独投保。

(3) 本车上的一切人员和财产，包括车辆行驶中或车辆未停稳时非正常下车的人员，以及起重机正在吊装的财产，不属于第三者责任保险条款的第三者，所以不负责赔偿。这部分风险被保险人需以附加险形式投保。

(4) 保险车辆发生意外事故致使第三者营业停止、车辆停驶、生产或通信中断和不能正常供电、供水、供气的损失以及由此而引起的其他损失，不论在法律上是否应由被保险人负责，保险人都不负责赔偿。

(5) 间接损失

指可得利益的减少。如在正常情况下，被保险人应该得到的财产或收入，因意外事故而未能得到。

(6) 被保险人或其驾驶人的故意行为

被保险人或其驾驶人明知自己的行为可能造成损害的结果，而仍希望或放任这种结果的发生。

(7) 因保险事故引起的任何有关精神损害赔偿

指无论是否依法应由被保险人承担的任何精神损害赔偿。

三、责任限额及相关解释

1. 责任限额

(1) 每次事故的责任限额，由投保人和保险人在签订保险合同时按保险监管部门批准的限额档次协商确定。

(2) 主车和挂车连接使用时视为一体，发生保险事故时，由主车保险人和挂车保险人按照保险单上载明的机动车第三者责任保险责任限额的比例，在各自的责任限额内承担赔偿责任，但赔偿金额总和以主车的责任限额为限。

2. 相关解释

(1) 挂车投保后与主车视为一体，是指主车和挂车都必须投保了第三者责任险，而且主车拖带挂车。无论赔偿责任是否由挂车引起的，均能得到赔偿。保险人第三者责任险的总赔偿责任以主车赔偿限额为限。主车、挂车在不同保险公司投保的，发生保险事故后，被保险人应向承保主车的保险公司索赔，还应提供主车、挂车各自的保险单。两家保险公司按照所收取的保险单上载明的第三者责任险保险费比例分摊赔款。

(2) 机动车第三者责任险的责任限额分为八个档次，即 5 万元、10 万元、15 万元、20 万元、30 万元、50 万元、100 万元以及 100 万元以上。表 3—3—1 为机动车商业第三者责任险保险费 (A 款)。

表 3—3—1　　机动车商业三者责任险保险费（A 款）　　（单位：元）

车辆种类	责任限额	5 万	10 万	15 万	20 万	30 万	50 万	100 万
家庭自用汽车	6 座以下	785	1 099	1 240	1 334	1 491	1 688	1 923
	6～10 座	672	941	1 061	1 142	1 276	1 444	1 646
企业非营业客车	6 座以下	773	1 082	1 221	1 314	1 468	1 661	1 893
	6～10 座	769	1 077	1 216	1 308	1 462	1 654	1 885
	10～20 座	901	1 261	1 423	1 531	1 711	1 936	2 207
	20 座以上	1 007	1 410	1 592	1 713	1 913	2 166	2 468
非营业货车	2 t 以下	821	1 149	1 296	1 395	1 559	1 764	2 010
	2～5 t	1 166	1 633	1 843	1 983	2 216	2 507	2 857
	5～10 t	1 326	1 857	2 095	2 255	2 520	2 851	3 249
	10 t 以上	1 680	2 352	2 654	2 856	3 192	3 612	4 115
	低速载货汽车	697	976	1 102	1 186	1 325	1 500	1 709
出租、租赁营业客车	6 座以下	1 661	2 416	2 803	3 060	3 544	4 268	4 913
	6～10 座	1 519	2 278	2 642	2 886	3 341	4 025	4 632
	10～20 座	1 692	2 538	2 944	3 214	3 722	4 483	5 160
	20～36 座	2 489	3 734	4 331	4 730	5 476	6 596	7 592
	36 座以上	3 661	5 491	6 369	6 955	8 054	9 701	11 165
公路客运营业车	6～10 座	1 458	2 186	2 535	2 769	3 206	3 862	4 445
	10～20 座	1 623	2 435	2 825	3 084	3 571	4 301	4 951
	20～36 座	2 389	3 583	4 156	4 539	5 255	6 330	7 285
	36 座以上	3 513	5 269	6 112	6 674	7 728	9 309	10 714
营业货车	2 t 以下	1 143	1 771	2 080	2 285	2 685	3 200	3 657
	2～5 t	1 839	2 851	3 347	3 679	4 323	5 150	5 886
	5～10 t	2 111	3 272	3 842	4 222	4 961	5 912	6 757
	10 t 以上	2 893	4 485	5 266	5 787	6 799	8 101	9 258
	低速载货汽车	972	1 506	1 769	1 944	2 284	2 721	3 110

四、赔偿处理及相关解释

1. 赔偿处理

（1）被保险人索赔时，应当向保险人提供与确认保险事故的性质、原因、损失程度等有关的证明和资料。

被保险人应当提供保险单、损失清单、有关费用单据、被保险机动车行驶证和发生事故时驾驶人的驾驶证。

属于道路交通事故的，被保险人应当提供公安交通管理部门或人民法院等机构出具的事故证明、有关的法律文书（判决书、调解书、裁定书、裁决书等）及其他证明。

属于非道路交通事故的，应提供相关的事故证明。

(2) 因保险事故损坏的第三者财产，应当尽量修复。修理前被保险人应当会同保险人检验，协商确定修理项目、方式和费用。否则，保险人有权重新核定或拒绝赔偿。

(3) 保险人依据被保险机动车驾驶人在事故中所负的事故责任比例，承担相应的赔偿责任。

被保险人或被保险机动车驾驶人根据有关法律、法规的规定选择自行协商，或者公安交通管理部门未确定交通事故责任比例的，保险人按照下列规定确定事故责任比例：

被保险机动车驾驶人负主要事故责任的，事故责任比例为70%；被保险机动车驾驶人负同等事故责任的，事故责任比例为50%；被保险机动车驾驶人负次要事故责任的，事故责任比例为30%。

(4) 保险事故发生后，保险人按照国家有关法律、法规规定的赔偿范围、项目和标准以及保险合同的约定，在保险单载明的责任限额内核定赔偿金额。

保险人按照国家基本医疗保险的标准核定医疗费用的赔偿金额。

未经保险人书面同意，被保险人自行承诺或支付的赔偿金额，保险人有权重新核定。不属于保险人赔偿范围或超出保险人应赔偿金额的，保险人不承担赔偿责任。

(5) 被保险机动车重复保险的，保险人按照保险合同的责任限额与各保险合同责任限额总和的比例承担赔偿责任。

(6) 保险人受理报案、现场查勘、参与诉讼、进行抗辩、向被保险人提供专业建议等行为，均不构成保险人对赔偿责任的承诺。

(7) 保险人支付赔款后，对被保险人追加的索赔请求，保险人不承担赔偿责任。

(8) 被保险人获得赔偿后，保险合同继续有效，直至保险期届满。

2. 相关解释

(1) 根据保险单载明的赔偿限额核定赔偿数额

1) 当被保险人应负赔偿金额超过赔偿限额时：

赔款＝赔偿限额×（1－免赔率之和）

2) 当被保险人应负赔偿金额低于赔偿限额时：

赔款＝应负赔偿金额×（1－免赔率之和）

(2) 自行承诺或支付的赔偿金额

不符合《道路交通事故处理办法》、有关法律法规等有关规定，且事先未征得保险人同意，被保险人擅自同意承担或支付的赔款。

(3) 保险人对第三者责任事故赔偿结案后，对被保险人追加受害人任何赔偿费用不再负责。

五、其他方面规定

1. 保险期限

除另有约定外，保险期限为一年，以保险单载明的起讫时间为准。

2. 合同变更和终止

（1）保险合同的内容如需变更，须经保险人与投保人书面协商一致。

（2）在保险期间内，被保险机动车转让他人的，投保人应当书面通知保险人并办理批改。

（3）保险责任开始前，投保人要求解除保险合同的，应当向保险人支付应交保险费5%的退保手续费，保险人退还保险费。

保险责任开始后，投保人要求解除保险合同的，自通知保险人之日起，保险合同解除。保险人按短期月费率收取自保险责任开始之日起至合同解除之日止期间的保险费，并退还剩余部分保险费。

3. 争议处理

（1）因履行保险合同发生的争议，由当事人协商解决。协商不成的，提交保险单载明的仲裁机构仲裁。保险单未载明仲裁机构或者争议发生后未达成仲裁协议的，可向人民法院起诉。

（2）争议处理适用中华人民共和国法律。

任务实施

拖挂大货车轮胎爆裂后钢圈将路面划损，与通常发生的碰撞、倾覆等意外事故相比具有一定的特殊性，但对被保险人来说确实是发生了“意外事故”，而且被保险人对于公路的损失在法律上负有赔偿责任。对于在此种情况下发生的第三者损害事故，保险人应当按照合同规定在交强险和第三者责任保险中分别予以赔偿。但交强险只是在财产损失限额项下赔偿2 000元，不足部分由第三者责任保险赔偿。

在对此类案件的处理中，保险人应注意：一是公路损伤属于比较特殊的财产损失类型，对于其损害赔偿标准，保险人应正确掌握；二是某些地区的路政部门或公路管理、养护部门有时候会在公路的损害赔偿之外，对驾驶人处以比较重的罚款，有时甚至以罚款代替赔偿。在这种情况下，需要保险人认真辨别被保险人所支出费用的性质，对属于损害赔偿性质的费用，应予以赔偿；对纯粹属于罚款性质的费用，则不予赔偿。

强化训练

频繁往来于甲乙两地的被保险机动车驾驶人陈某向保险公司报案称：1月21日凌晨5

时10分自己驾车前往乙地进货，行至某路段时，突然一名男子横穿公路。由于当时下着大雪，来不及紧急制动，将该男子撞倒后当场死亡。公安交通管理部门出具《道路交通事故认定书》，认定车辆驾驶人陈某在此次事故中与死者负同等责任。

在此次事故的进一步处理中，公安机关查询了当地户籍档案，没有查到死者身份，又在当地媒体发布“认尸启事”两个月后，仍然没人前来认领。公安机关由此推断，该男子有可能是一名流浪人员，并非当地居民。

公安交通管理部门根据相关规定裁决，陈某应对这次事故承担赔款8万余元，作为对死者的一次性补偿。由于无法找到被撞死者家属，因此陈某将这笔赔款交给当地交通警察大队代为保存，并由交通警察大队出具收据。

保险公司理赔人员经过调查、了解，认定事故属实。此后，陈某向保险公司索赔。但保险公司却以“被撞死者是无人认领的无名氏”为由拒赔。保险公司拒赔合理吗？为什么？

【步骤】

(1) 分组。将教学班级按每小组5～8人分为不同的学习小组。

(2) 研讨。以学习小组为单位组织研讨案例中的问题，在充分讨论的基础上，形成各小组的课题报告，并进行汇报。

(3) 点评。学生自评，小组互评，最后由指导教师对操作过程进行点评，然后综合评定各学习小组本次实训的成绩。

任务4　认识机动车车上人员责任保险

知识目标

熟悉机动车车上人员责任保险的保险责任、责任免除和责任限额。

能力目标

正确理解机动车车上人员责任保险各条款，当被保险人发生事故时能够熟练运用相应条款做好责任判定和赔偿工作。

情景描述

2019年1月12日17时10分许，车主贺某乘坐岳某驾驶的苏AXX345轿车沿南京市龙蟠路由南向北行驶，当行至新中路口时，由于操作不当，与李某驾驶的苏AXX567大型普通客车相撞，造成贺某、岳某受伤及两车不同程度损坏的交通事故。该事故经公安交通管理部门处理，认定岳某负事故的全部责任，贺某、李某不负事故责任。

贺某于事故受伤当日被送往南京市人民医院住院治疗，于2019年1月14日又转院至江苏省人民医院住院治疗，2019 年 2 月 11 日出院。两次住院治疗共计 30 天，医疗费共计 5 688.17 元；住院期间的伙食补助费为 900 元、营养费为 900 元；贺某误工费损失计 5 162 元；贺某住院期间一人护理，护理费计 2 086.68 元；住院期间交通费计 500 元。以上费用共计 15 236.85 元。

贺某在保险公司投保了车上人员责任险（驾驶人员保额 5 万元，乘客保额 3 万元）及不计免赔率特约条款。那么，贺某可以得到保险公司的赔偿吗？能够得到多少赔偿？

任务剖析

机动车车上人员责任保险是车辆商业险的主要保险之一，它的主要功能是赔偿被保险车辆因交通事故造成的车上人员伤亡。其中，车上人员是指保险事故发生时在被保险机动车上的自然人。本任务将详细介绍机动车车上人员责任险（也称车上座位险）。

相关知识

一、保险责任

保险期间内，被保险人或其允许的驾驶人在使用被保险机动车过程中发生意外事故，致使车上人员遭受人身伤亡，且不属于免除保险人责任的范围，依法应当对车上人员承担损害赔偿责任，保险人依照车上人员责任保险合同的约定负责赔偿。

保险人依据被保险机动车一方在事故中所负的事故责任比例，承担相应的赔偿责任。

被保险人或被保险机动车一方根据有关法律、法规的规定选择自行协商或由公安交通管理部门处理事故未确定事故责任比例的，按照下列规定确定事故责任比例：

被保险机动车一方负主要事故责任的，事故责任比例为 70%；被保险机动车一方负同等事故责任的，事故责任比例为 50%；被保险机动车一方负次要事故责任的，事故责任比例为 30%。

涉及司法或仲裁程序的，以法院或仲裁机构最终生效的法律文书为准。

二、责任免除

1. 下列情况下，不论任何原因造成的人身伤亡，保险人均不负责赔偿：

（1）事故发生后，被保险人或其允许的驾驶人故意破坏、伪造现场、毁灭证据。

（2）驾驶人有下列情形之一者：

1）事故发生后，在未依法采取措施的情况下驾驶被保险机动车或者遗弃被保险机动车离开事故现场。

2）饮酒、吸食或注射毒品、服用国家管制的精神药品或者麻醉药品。

3）无驾驶证，驾驶证被依法扣留、暂扣、吊销、注销期间。

4）驾驶与驾驶证载明的准驾车型不相符合的机动车。

5）实习期内驾驶公共汽车、营运客车或者执行任务的警车、载有危险物品的机动车或牵引挂车的机动车。

6）驾驶出租机动车或营业性机动车无交通运输管理部门核发的许可证书或其他必备证书。

7）学习驾驶时无合法教练员随车指导。

8）非被保险人允许的驾驶人。

（3）被保险机动车有下列情形之一者：

1）发生保险事故时被保险机动车行驶证、号牌被注销的，或未按规定检验或检验不合格。

2）被扣押、收缴、没收、政府征用期间。

3）在竞赛、测试期间，在营业性场所维修、保养、改装期间。

4）全车被盗窃、被抢劫、被抢夺、下落不明期间。

2. 下列原因导致的人身伤亡，保险人不负责赔偿：

（1）地震及其次生灾害、战争、军事冲突、恐怖活动、暴乱、污染（含放射性污染）、核反应、核辐射。

（2）被保险机动车被转让、改装、加装或改变使用性质等，被保险人、受让人未及时通知保险人，且因转让、改装、加装或改变使用性质等导致被保险机动车危险程度显著增加。

（3）被保险人或驾驶人的故意行为。

3. 下列人身伤亡、损失和费用，保险人不负责赔偿：

（1）被保险人及驾驶人以外的其他车上人员的故意行为造成的自身伤亡。

（2）车上人员因疾病、分娩、自残、斗殴、自杀、犯罪行为造成的自身伤亡。

（3）违法、违章搭乘人员的人身伤亡。

（4）罚款、罚金或惩罚性赔款。

（5）超出《道路交通事故受伤人员临床诊疗指南》和国家基本医疗保险同类医疗费用标准的费用部分。

（6）律师费，未经保险人事先书面同意的诉讼费、仲裁费。

（7）投保人、被保险人或其允许的驾驶人知道保险事故发生后，故意或者因重大过失未及时通知，致使保险事故的性质、原因、损失程度等难以确定的，保险人对无法确定的部分，不承担赔偿责任，但保险人通过其他途径已经及时知道或者应当及时知道保险事故发生的除外。

（8）精神损害抚慰金。

（9）应当由机动车交通事故责任强制保险赔付的损失和费用。

三、免赔率

保险人在依据保险合同约定计算赔款的基础上，在保险单载明的责任限额内，按照下列方式免赔：

被保险机动车一方负次要事故责任的，实行5%的事故责任免赔率；负同等事故责任的，实行10%的事故责任免赔率；负主要事故责任的，实行15%的事故责任免赔率；负全部事故责任或单方肇事事故的，实行20%的事故责任免赔率。

四、责任限额

驾驶人每次事故责任限额和乘客每次事故每人责任限额由投保人和保险人在投保时协商确定。一般来说，额度有1万元、3万元、5万元、10万元、20万元供选择，最高不超过20万元。投保乘客座位数按照被保险机动车的核定载客数（驾驶人座位除外）确定。

五、赔偿处理

(1) 发生保险事故时，被保险人或其允许的驾驶人应当及时采取合理的、必要的施救和保护措施，防止或者减少损失，并在保险事故发生后48小时内通知保险人。被保险人或其允许的驾驶人根据有关法律、法规的规定选择自行协商方式处理交通事故的，应当立即通知保险人。

(2) 被保险人或其允许的驾驶人根据有关法律、法规的规定选择自行协商方式处理交通事故的，应当协助保险人勘验事故各方车辆、核实事故责任，并依照《道路交通事故处理程序规定》签订记录交通事故情况的协议书。

(3) 被保险人索赔时，应当向保险人提供与确认保险事故的性质、原因、损失程度等有关的证明和资料。

被保险人应当提供保险单、损失清单、有关费用单据、被保险机动车行驶证和发生事故时驾驶人的驾驶证。

属于道路交通事故的，被保险人应当提供公安交通管理部门或法院等机构出具的事故证明、有关的法律文书（判决书、调解书、裁定书、裁决书等）和通过机动车交通事故责任强制保险获得赔偿金额的证明材料。被保险人或其允许的驾驶人根据有关法律、法规的规定选择自行协商方式处理交通事故的，被保险人应当提供依照《道路交通事故处理程序规定》签订记录交通事故情况的协议书和通过机动车交通事故责任强制保险获得赔偿金额的证明材料。

(4) 赔款计算

1) 对每座的受害人，当（依合同约定核定的每座车上人员人身伤亡损失金额－应由机动车交通事故责任强制保险赔偿的金额）×事故责任比例高于或等于每次事故每座赔偿限额时：

赔款＝每次事故每座赔偿限额×（1－事故责任免赔率）

2）对每座的受害人，当（依合同约定核定的每座车上人员人身伤亡损失金额－应由机动车交通事故责任强制保险赔偿的金额）×事故责任比例低于每次事故每座赔偿限额时：

赔款＝（依合同约定核定的每座车上人员人身伤亡损失金额－应由机动车交通事故责任强制保险赔偿的金额）×事故责任比例×（1－事故责任免赔率）

（5）保险人按照《道路交通事故受伤人员临床诊疗指南》和国家基本医疗保险的同类医疗费用标准核定医疗费用的赔偿金额。

未经保险人书面同意，被保险人自行承诺或支付的赔偿金额，保险人有权重新核定。因被保险人原因导致损失金额无法确定的，保险人有权拒绝赔偿。

（6）保险人受理报案、现场查勘、核定损失、参与诉讼、进行抗辩、要求被保险人提供证明和资料、向被保险人提供专业建议等行为，均不构成保险人对赔偿责任的承诺。

任务实施

本案中，贺某投保了车上人员责任险，被保险车辆在保险期间发生交通事故致乘车人员受伤所造成的损失属于本案保险合同的承保范围。贺某既是本案保险合同的投保人，发生交通事故时也是本案交通事故的乘车人，贺某的双重身份并不影响其依照保险合同的约定请求保险公司赔偿其因交通事故造成的损失，故保险公司应当在车上人员责任险的赔偿限额内赔偿贺某各项损失计 15 236.85 元。

强化训练

2019 年 1 月 19 日 0 时 15 分，某汽车运输公司的驾驶人邱某行车途中车辆发生故障，当停驶修换轮胎时，被同向驶来郭某驾驶的汽车追尾相撞，造成两车损坏，邱某及车上的乘坐人受伤；郭某受伤，该车上乘坐人死亡。事故经公安交通管理部门处理做出责任认定：郭某负事故的主要责任，邱某负事故的次要责任。在该事故发生后，承保邱某车辆的保险公司对本次保险事故进行了理赔。汽车运输公司认为，邱某是修换轮胎受伤，属“车上人在车上”受伤，应享受车上人员责任险。保险公司认为，根据保险条款的免责条款约定，邱某站在地上修换轮胎属“车上人在车下”，不应享受车上人员责任险，拒绝理赔。保险公司的做法是否合理？邱某还可以得到保险公司的理赔吗？

【步骤】

（1）分组。将教学班级按每小组 5～8 人分为不同的学习小组。

（2）研讨。以学习小组为单位组织研讨案例中的问题，在充分讨论的基础上，形成各小组的课题报告，并进行汇报。

（3）点评。学生自评，小组互评，最后由指导教师对操作过程进行点评，然后综合评定各学习小组本次实训的成绩。

任务5 认识机动车盗抢保险

知识目标

熟悉机动车盗抢保险的保险责任、责任免除和保险金额。

能力目标

正确理解机动车盗抢保险各条款，当被保险车辆发生盗抢时能够熟练运用相应条款做好责任判定和赔偿工作。

情景描述

丁某于2017年10月22日购买了一辆宝来轿车，购车费16.8万元。他为该车办理了包括机动车盗抢险在内的多个保险。机动车盗抢险上确认保险金额为16.8万元。按照合同中有关盗抢险条款的规定，如果该机动车被盗，保险公司将按保险金额予以全额赔偿。

2018年4月28日，该车被盗，丁某立即向公安机关和保险公司报了案。60天后，该车仍然未找到。丁某持公安机关的证明向保险公司索赔，保险公司称要向上级公司申报。

8月初，丁某被盗的车辆被保险公司查获，保险公司将车取回，但这时丁某不愿收回自己被盗的车辆，要求保险公司按照保险合同支付16.8万元的保险金。保险公司则认为，既然被盗车辆已经被找回，因车辆被盗而引起保险赔偿金的问题已不存在，丁某应领回自己的车。双方各持己见，那么到底该如何处理呢?

任务剖析

机动车盗抢保险，也称机动车辆全车盗抢险（B款、C款的称谓），它是车辆商业险的主要保险之一，它的主要功能是为保险车辆因遭受保险责任范围内的全车被盗窃、被抢劫、被抢夺以及在此过程中所造成的损失给予赔偿。本任务将详细介绍机动车盗抢保险。

相关知识

一、保险责任

保险期间内，被保险机动车的下列损失和费用，且不属于免除保险人责任范围，保险人依照本保险合同的约定负责赔偿：

（1）被保险机动车被盗窃、被抢劫、被抢夺，经出险当地县级以上公安刑侦部门立案证明，满 60 天未查明下落的全车损失。

（2）被保险机动车全车被盗窃、被抢劫、被抢夺后，受到损坏或车上零部件、附属设备丢失需要修复的合理费用。

（3）被保险机动车在被抢劫、被抢夺过程中，受到损坏需要修复的合理费用。

二、责任免除

1. 在上述保险责任范围内，下列情况下，不论任何原因造成被保险机动车的任何损失和费用，保险人均不负责赔偿：

（1）被保险人索赔时未能提供出险当地县级以上公安刑侦部门出具的盗抢立案证明。

（2）驾驶人、被保险人、投保人故意破坏现场、伪造现场、毁灭证据。

（3）被保险机动车被扣押、罚没、查封、政府征用期间。

（4）被保险机动车在竞赛、测试期间，在营业性场所维修、保养、改装期间，被运输期间。

2. 下列损失和费用，保险人不负责赔偿：

（1）地震及其次生灾害导致的损失和费用。

（2）战争、军事冲突、恐怖活动、暴乱导致的损失和费用。

（3）因诈骗引起的任何损失；因投保人、被保险人与他人的民事、经济纠纷导致的任何损失。

（4）被保险人或其允许的驾驶人的故意行为、犯罪行为导致的损失和费用。

（5）非全车遭盗窃，仅车上零部件或附属设备被盗窃或损坏。

（6）新增设备的损失。

（7）遭受保险责任范围内的损失后，未经必要修理并检验合格继续使用，致使损失扩大的部分。

（8）被保险机动车被转让、改装、加装或改变使用性质等，被保险人、受让人未及时通知保险人，且因转让、改装、加装或改变使用性质等导致被保险机动车危险程度显著增加而发生保险事故。

（9）投保人、被保险人或其允许的驾驶人知道保险事故发生后，故意或者因重大过失未及时通知，致使保险事故的性质、原因、损失程度等难以确定的，保险人对无法确定的部分，不承担赔偿责任，但保险人通过其他途径已经及时知道或者应当及时知道保险事故发生的除外。

三、免赔率

保险人在依据本保险合同约定计算赔款的基础上，按照下列方式免赔：

（1）发生全车损失的，绝对免赔率为 20%。

（2）发生全车损失，被保险人未能提供《机动车登记证书》、机动车来历凭证的，每缺少一项，增加1%的绝对免赔率。

四、保险金额

保险金额由投保人和保险人在投保时被保险机动车的实际价值内协商确定。

投保时被保险机动车的实际价值由投保人与保险人根据投保时的新车购置价减去折旧金额后的价格协商确定。

小提示：

机动车车盗抢险的保险金额应在保险车辆的实际价值内确定，如果被保险机动车是二手车，应按购车发票的票面价格和车辆的折旧价格中较低者作为保险金额，以减少保费获得最大程度的保障。

五、赔偿处理

(1) 被保险机动车全车被盗抢的，被保险人知道保险事故发生后，应在24小时内向出险当地公安刑侦部门报案，并通知保险人。

(2) 被保险人索赔时，须提供保险单、损失清单、有关费用单据、《机动车登记证书》、机动车来历凭证以及出险当地县级以上公安刑侦部门出具的盗抢立案证明。

(3) 因保险事故损坏的被保险机动车，应当尽量修复。修理前被保险人应当会同保险人检验，协商确定修理项目、方式和费用。对未协商确定的，保险人可以重新核定。

(4) 保险人按下列方式赔偿

1) 被保险机动车全车被盗抢的，按以下方法计算赔款：

赔款＝保险金额×（1－绝对免赔率之和）

2) 被保险机动车发生被保险机动车全车被盗窃、被抢劫、被抢夺后，受到损坏或车上零部件、附属设备丢失需要修复的合理费用；被保险机动车在被抢劫、被抢夺过程中，受到损坏需要修复的合理费用的损失，保险人按实际修复费用在保险金额内计算赔偿。

(5) 保险人确认索赔单证齐全、有效后，被保险人签署权益转让书，保险人赔付结案。

(6) 被保险机动车发生机动车盗抢保险事故，导致全部损失，或一次赔款金额与免赔金额之和达到保险金额，保险人按保险合同约定支付赔款后，保险责任终止，保险人不退还机动车全车盗抢保险及其附加险的保险费。

任务实施

机动车辆全车盗抢险条款规定：“保险人赔偿后，如被盗抢的保险车辆找回，应将该车辆归还被保险人，同时收回相应的赔款。如果被保险人不愿收回原车，则车辆的所有权归保险人。”也就是说，被保险人具备“要车”或者“要保险赔付”的优先选择权。因此，丁某要求保险公司按照保险合同支付保险金是合理的。

法院审理后认为，丁某与保险公司订立的保险合同符合法律规定，双方理应遵守。本案中的失窃汽车虽未经公安机关查获，但已属于保险合同中约定的“失窃 60 天以上”的责任范围。故判决丁某汽车归保险公司所有，保险公司在判决生效后十日内向丁某付赔偿金 16.8×（100%−20%）＝13.44（万元），并承担诉讼费。

强化训练

浙江省温州市的某渔农董某为自己的金杯面包车投保了机动车盗抢保险。某日在驾车去杭州办事返回途中被两名歹徒挟持，歹徒将董某打晕推出车外后夺车逃窜。董某被随后赶来的巡警救起送往医院救治，醒来后董某意识到自己的车辆被歹徒抢走，随即报案、报险。那么，像董某这样的情况，保险公司会赔偿吗？

【步骤】

（1）分组。将教学班级按每小组 5～8 人分为不同的学习小组。

（2）研讨。以学习小组为单位组织研讨案例中的问题，在充分讨论的基础上，形成各小组的课题报告，并进行汇报。

（3）点评。学生自评，小组互评，最后由指导教师对操作过程进行点评，然后综合评定各学习小组本次实训的成绩。

任务 6　认识机动车附加险及特约条款

知识目标

熟悉各附加险的保险责任、责任免除和保险金额。

能力目标

正确理解各附加险条款，当被保险机动车发生事故时能够熟练运用相应条款做好责任判定和赔偿工作。

情景描述

2018 年 4 月 3 日，一辆运送生猪的货车行驶至沪宁高速常州段时，由于驾驶员疲劳驾驶发生车祸，导致车辆倾覆，驾驶员受伤。车上共装载有 50 头生猪，每头猪重 120 kg 左右，价值 2 000～2 200 元。保险查勘员在半小时内赶到了车祸现场，及时进行了清点。发现所装载的猪有的死亡，有的受伤，有的走失或被哄抢，也有被路政人员帮忙找回的。该车驾驶员称，当时他忙于处理事故现场，当看到有人趁乱哄抢生猪时，虽尽力阻拦，但还是被一些人强行把猪拉走了。

保险查勘人员确认生猪情况如下：通过货运清单和询问，确认本车共载有生猪 50 头。事故发生后，死亡 13 头，受伤 15 头，走失及哄抢 9 头，无恙 13 头。经过请示及与驾驶人协商，当场将 13 头死亡的猪折价处理给了当地村民，降低了货主损失，也降低了保险公司的赔款。最后保险查勘人员认定车辆倾覆事故属实，属于保险责任。由于该车投保了车上货物责任险，所以保险公司将对死亡的、受伤的生猪考虑给予赔偿，但对哄抢的、走失的生猪不予赔偿。驾驶人不解，为什么保险公司对哄抢、走失的生猪不予赔偿呢？

任务剖析

车辆附加险简称附加险，属于机动车辆保险（汽车保险）的范畴。附加险包括玻璃单独破碎险、自燃损失险、新增设备损失险、车身划痕损失险、发动机涉水损失险、修理期间费用补偿险、车上货物责任险、精神损害抚慰金责任险、不计免赔率险等。本任务将对主要的附加险进行介绍。

相关知识

一、玻璃单独破碎险

投保了机动车损失保险的机动车，可投保本附加险。

1. 保险责任

保险期间内，被保险机动车风窗玻璃或车窗玻璃的单独破碎，保险人按实际损失金额赔偿。

2. 投保方式

投保人与保险人可协商选择按进口或国产玻璃投保。保险人根据协商选择的投保方式承担相应的赔偿责任。

3. 责任免除

安装、维修机动车过程中造成的玻璃单独破碎。

4. 本附加险不适用主险中的各项免赔率、免赔额约定。

小提示：

需要注意的是，天窗玻璃破碎不属于此险责任范围内，天窗玻璃属于车损险责任范围。

二、自燃损失险

投保了机动车损失保险的机动车，可投保本附加险。

1. 保险责任

(1) 保险期间内，在没有外界火源的情况下，由于本车电器、线路、供油系统、供气系统等被保险机动车自身原因或所载货物自身原因起火燃烧造成本车的损失。

(2) 发生保险事故时，被保险人为防止或者减少被保险机动车的损失所支付的必要的、合理的施救费用，由保险人承担；施救费用数额在被保险机动车损失赔偿金额以外另行计算，最高不超过本附加险保险金额的数额。

2. 责任免除

(1) 自燃仅造成电器、线路、油路、供油系统、供气系统的损失。

(2) 由于擅自改装、加装电器及设备导致被保险机动车起火造成的损失。

(3) 被保险人在使用被保险机动车过程中，因人工直接供油、高温烘烤等违反车辆安全操作规则造成的损失。

(4) 本附加险每次赔偿实行 20％的绝对免赔率，不适用主险中的各项免赔率、免赔额约定。

3. 保险金额

保险金额由投保人和保险人在投保时被保险机动车的实际价值内协商确定。

4. 赔偿处理

全部损失，在保险金额内计算赔偿；部分损失，在保险金额内按实际修理费用计算赔偿。

三、新增设备损失险

投保了机动车损失保险的机动车，可投保本附加险。

1. 保险责任

保险期间内，投保了本附加险的被保险机动车因发生机动车损失保险责任范围内的事故，造成车上新增加设备的直接损毁，保险人在保险单载明的本附加险的保险金额内，按照实际损失计算赔偿。

2. 责任免除

本附加险每次赔偿的免赔约定以机动车损失保险条款约定为准。

3. 保险金额

保险金额根据新增加设备投保时的实际价值确定。新增加设备的实际价值是指新增加设备的购置价减去折旧金额后的金额。

四、车身划痕损失险

投保了机动车损失保险的机动车，可投保本附加险。

1. 保险责任

保险期间内，投保了本附加险的机动车在被保险人或其允许的驾驶人使用过程中，发生无明显碰撞痕迹的车身划痕损失，保险人按照保险合同约定负责赔偿。

2. 责任免除

(1) 被保险人及其家庭成员、驾驶人及其家庭成员的故意行为造成的损失。

(2) 因投保人、被保险人与他人的民事、经济纠纷导致的任何损失。

(3) 车身表面自然老化、损坏，腐蚀造成的任何损失。

(4) 本附加险每次赔偿实行15%的绝对免赔率，不适用主险中的各项免赔率、免赔额约定。

3. 保险金额

保险金额为2 000元、5 000元、10 000元或20 000元，由投保人和保险人在投保时协商确定。

4. 赔偿处理

(1) 在保险金额内按实际修理费用计算赔偿。

(2) 在保险期间内，累计赔款金额达到保险金额，本附加险保险责任终止。

五、发动机涉水损失险

本附加险适用于家庭自用汽车，党政机关、事业团体用车，企业非营业用车，且只有在投保了机动车损失保险后，方可投保本附加险。

1. 保险责任

保险期间内，投保了本附加险的被保险机动车在使用过程中，因发动机进水后导致的发动机的直接损毁，保险人负责赔偿。

发生保险事故时，被保险人为防止或者减少被保险机动车的损失所支付的必要的、合理的施救费用，由保险人承担；施救费用数额在被保险机动车损失赔偿金额以外另行计算，最高不超过保险金额的数额。

2. 责任免除

本附加险每次赔偿均实行15%的绝对免赔率，不适用主险中的各项免赔率、免赔额约定。

3. 赔偿处理

发生保险事故时，保险人在保险金额内计算赔偿。

六、修理期间费用补偿险

只有在投保了机动车损失保险的基础上方可投保本附加险，机动车损失保险责任终止时，本保险责任同时终止。

1. 保险责任

保险期间内，投保了本条款的机动车在使用过程中，发生机动车损失保险责任范围内的事故，造成车身损毁，致使被保险机动车停驶，保险人按保险合同约定，在保险金额内向被保险人补偿修理期间费用，作为代步车费用或弥补停驶损失。

2. 责任免除

下列情况下，保险人不承担修理期间费用补偿：

(1) 因机动车损失保险责任范围以外的事故而致被保险机动车的损毁或修理。

(2) 在非保险人认可的修理厂修理时，因车辆修理质量不合要求造成返修。

(3) 被保险人或驾驶人拖延车辆送修期间。

(4) 本附加险每次事故的绝对免赔额为 1 天的赔偿金额，不适用主险中的各项免赔率、免赔额约定。

3. 保险金额

本附加险保险金额＝补偿天数×日补偿金额

补偿天数及日补偿金额由投保人与保险人协商确定并在保险合同中载明，保险期间内约定的补偿天数最高不超过 90 天。

4. 赔偿处理

全车损失，按保险单载明的保险金额计算赔偿；部分损失，在保险金额内按约定的赔偿金额乘以从送修之日起至修复之日止的实际天数计算赔偿，实际天数超过双方约定修理天数的，以双方约定的修理天数为准。

保险期间内，累计赔款金额达到保险单载明的保险金额，本附加险保险责任终止。

七、车上货物责任险

投保了机动车第三者责任保险的机动车，可投保本附加险。

1. 保险责任

保险期间内，发生意外事故致使被保险机动车所载货物遭受直接损毁，依法应由被保险人承担的损害赔偿责任，保险人负责赔偿。

2. 责任免除

(1) 偷盗、哄抢、自然损耗、本身缺陷、短少、死亡、腐烂、变质、串味、生锈，动物走失、飞失，货物自身起火燃烧或爆炸造成的货物损失。

(2) 违法、违章载运造成的损失。

(3) 因包装、紧固不善，装载、遮盖不当导致的任何损失。

(4) 车上人员携带的私人物品损失。

(5) 保险事故导致的货物减值、运输延迟、营业损失及其他各种间接损失。

(6) 法律、行政法规禁止运输的货物损失。

(7) 本附加险每次赔偿实行 20%的绝对免赔率，不适用主险中的各项免赔率、免赔额约定。

3. 责任限额

责任限额由投保人和保险人在投保时协商确定。

4. 赔偿处理

被保险人索赔时，应提供运单、起运地货物价格证明等相关单据。保险人在责任限额内按起运地价格计算赔偿。

八、精神损害抚慰金责任险

只有投保了机动车第三者责任保险或机动车车上人员责任保险的基础上方可投保本附加险。

在投保人仅投保机动车第三者责任保险的基础上附加本附加险时，保险人只负责赔偿第三者的精神损害抚慰金；在投保人仅投保机动车车上人员责任保险的基础上附加本附加险时，保险人只负责赔偿车上人员的精神损害抚慰金。

1. 保险责任

保险期间内，被保险人或其允许的驾驶人在使用被保险机动车的过程中，发生投保的主险约定的保险责任内的事故，造成第三者或车上人员的人身伤亡，受害人据此提出精神损害赔偿请求，保险人依据法院判决及保险合同约定，对应由被保险人或被保险机动车驾驶人支付的精神损害抚慰金，在扣除机动车交通事故责任强制保险应当支付的赔款后，在本保险赔偿限额内负责赔偿。

2. 责任免除

(1) 根据被保险人与他人的合同协议，应由他人承担的精神损害抚慰金。

(2) 未发生交通事故，仅因第三者或本车人员的惊恐而引起的损害。

(3) 怀孕妇女的流产发生在交通事故发生之日起 30 天以外的。

(4) 本附加险每次赔偿实行 20%的绝对免赔率，不适用主险中的各项免赔率、免赔额约定。

3. 赔偿限额

本保险每次事故赔偿限额由保险人和投保人在投保时协商确定。

4. 赔偿处理

本附加险赔偿金额依据人民法院的判决在保险单所载明的赔偿限额内计算赔偿。

九、不计免赔率险

投保了任一主险及其他不计免赔率的附加险后，均可投保本附加险。

1. 保险责任

保险事故发生后，按照对应投保的险种约定的免赔率计算的、应当由被保险人自行承担的免赔金额部分，保险人负责赔偿。

2. 责任免除

下列情况下，应当由被保险人自行承担的免赔金额，保险人不负责赔偿：

(1) 机动车损失保险中应当由第三方负责赔偿而无法找到第三方的。

(2) 因违反安全装载规定而增加的。

(3) 发生机动车盗抢保险约定的全车损失保险事故时，被保险人未能提供《机动车登记证书》、机动车来历凭证的，每缺少一项而增加的。

(4) 机动车损失保险中约定的每次事故绝对免赔额。

(5) 可附加本条款但未选择附加本条款的险种约定的。

(6) 不可附加本条款的险种约定的。

小提示：

投保不计免赔率险后，车辆损失险和第三者责任险不再扣除免赔额，但仍然要依据保险条款的规定确定哪些损失能赔偿，哪些损失不能赔偿。如给伤者买营养品的费用，就属于不能赔偿的费用，即使投保不计免赔率险，保险公司对此也不会予以赔偿。

十、机动车损失保险无法找到第三方特约险

投保了机动车损失保险后，可投保本附加险。

投保了本附加险后，当被保险机动车发生损失时，被保险机动车损失应当由第三方负责赔偿的，但因无法找到第三方而增加的由被保险人自行承担的免赔金额，保险人负责赔偿。

十一、指定修理厂险

投保了机动车损失保险的机动车，可投保本附加险。

投保了本附加险后，机动车损失保险事故发生后，被保险人可指定修理厂进行修理。

任务实施

本案主要涉及车上货物责任险，其保险责任为：发生意外事故，致使被保险车辆所载货物遭受直接损毁，依法应由被保险人承担的经济赔偿责任，保险人负责赔偿。且责任免除部分明确列明：偷盗、哄抢、自然损耗、本身缺陷、短少、死亡、腐烂、变质造成的货物损失，保险人不负责赔偿。因此，本案保险查勘人员只对死亡的（此为事故导致的死亡，并不是运输过程中由于挤压等原因造成的死亡）、受伤的生猪考虑给予赔偿，但对哄抢的、走失的不给予赔偿的说法正确。

本案中保险查勘人员迅速前往出事现场，及时查明事故情况，并在路政人员帮助下，为被保险人及时找回了部分走失、哄抢的生猪，同时对事故中死亡的生猪残值及时处理等一系列的做法避免了被保险人损失的扩大，值得称赞。

强化训练

小张为了奖励自己一年的辛苦忙碌，购买了一辆心仪已久的汽车，并在某保险公司投保了多项保险。某日小张驾驶该车回自己父母家探亲并留宿，将该车停在了楼道的拐角处。第二天早上小张取车时，发现发动机舱盖被人用钥匙划伤了，停车的地方是监控死角，查不到是谁划的。小张因投保过车身划痕损失险，于是立即向保险公司报案要求赔偿。像小张这种损失，保险公司会进行赔偿吗？

【步骤】

(1) 分组。将教学班级按每小组 5～8 人分为不同的学习小组。

(2) 研讨。以学习小组为单位组织研讨案例中的问题，在充分讨论的基础上，形成各小组的课题报告，并进行汇报。

(3) 点评。学生自评，小组互评，最后由指导教师对操作过程进行点评，然后综合评定各学习小组本次实训的成绩。

任务 7　计算机动车商业保险费

知识目标

1. 熟悉机动车商业险费率的计算。
2. 了解影响机动车商业险费率的因素。

能力目标

熟练运用各保险费计算公式，为投保人正确计算出所属车辆的保险费。

情景描述

张先生有一辆 5 座家庭自用汽车，车龄满两年，且两年来未发生有责任道路交通事故，投保计划为：交强险；机动车商业三责险，赔偿限额 20 万元；机动车损失险，新车购置价 10 万元，保额 10 万元；机动车盗抢险，保额为按月折旧后的实际价值；车上人员责任险，驾驶人赔偿限额 5 万元，乘客赔偿限额每座 1 万元；车身划痕损失险，赔偿限额 5 000 元；不计免赔率险，对应机动车损失险、机动车商业三责险、车上人员责任险。涉及保费调整系数有行驶里程系数：0.9；安全驾驶系数：0.9；客户忠诚度系数：0.9；无赔款优待系数：0.9；多险种投保系数：0.95。交强险向下浮动 20%。作为保险业务员，试在给定的条件下计算公司应收的保险费用。

交强险基础保费 950 元；机动车商业三责险基准保费 1 191 元；车辆损失险基础保费 569 元，费率 1.35%；机动车盗抢险月折旧率 0.6%，基础保费 120 元，费率 0.42%；车上人员责任险，驾驶人费率 0.42%，乘客费率 0.26%；车身划痕损失险基准保费 850 元；三个险种对应的不计免赔率险基准保费均为各自基准保费的 15%。

任务剖析

保险费简称保费，是投保人参加保险时所支付的保险费用。保险费率（简称费率）是依据保险金额计算保险费的比例。保险金额是指保险合同双方当事人约定的保险人于保险事故发生后应赔偿或给付保险金的限额，它是保险人据以计算保险费的基础。

相关知识

一、费率模式

各国常见保险费率模式可划分为两类：从车费率模式和从人费率模式。前者确定费率时主要考虑车辆的风险因素，包括车辆使用性质、车辆种类与大小、车辆的生产地、车龄、车辆的厂牌型号及车辆的行驶区域等；后者确定费率时主要考虑驾驶人的因素，包括驾驶人年龄、性别、驾龄、事故记录及附加驾驶人数量等。

从车费率模式具有体系简单，易于操作的特点，然而从车费率模式的缺陷也是显而易见的。因为在进行机动车辆风险研究的过程中，研究人员通过对大量车辆事故的分析发现，对于风险的影响起决定作用的往往并非车辆，而是与驾驶人有关的风险因素。所以，从人费率模式相对于从车费率模式，更加科学、合理。我国各保险公司正在逐步将从车费率模式过渡到以从人费率为主的模式，同时综合考虑从车费率模式的风险因素。

小提示：

由于机动车保险商品存在一定的特殊性，要实现绝对的公平合理是不可能的，但应追求相对的公平合理，保险公司在确定费率的过程中应该注意体现公平合理的原则。

二、保费计算方法

1. 机动车损失保险

（1）按照投保人类别、车辆用途、座位数/吨位数、车辆使用年限、新车购置价所属档次查找基础保费和费率。

保费＝基础保费＋（实际新车购置价－新车购置价所属档次的起点）×费率

以表 3—7—1 为例，表中横栏第一行为新车购置价档次，共分 5 个档次：5 万元以下、5 万～10 万元、10 万～15 万元、15 万～20 万元、20 万～30 万元。每个档次对应的基础保费是该档次的最低保费（档次起点对应保费），费率是实际新车购置价与档次起点的差额部分的费率。

表 3—7—1　　中保某公司家庭自用汽车损失保险费率表（局部）

座位吨位	车龄	5 万元以下		5 万～10 万元		10 万～15 万元		15 万～20 万元		20 万～30 万元	
		基础保费	费率/%	基础保费	费率/%	基础保费	费率/%	基础保费	费率/%	基础保费	费率/%
6 座以下	1 年以下	449	0.516	707	1.116	1 265	0.989	1 759	0.983	2 252	1.079
	1～2 年	483	0.555	761	1.202	1 361	1.064	1 894	1.060	2 423	1.162
	2～3 年	478	0.550	753	1.190	1 348	1.054	1 875	1.049	2 400	1.150
	3～4 年	453	0.521	713	1.126	1 276	0.997	1 775	0.993	2 271	1.089
	4～5 年	432	0.498	680	1.074	1 217	0.951	1 692	0.947	2 166	1.038
	5～6 年	422	0.485	665	1.050	1 190	0.930	1 655	0.928	2 118	1.015
	6～7 年	417	0.479	656	1.037	1 175	0.918	1 634	0.915	2 091	1.030
	7～8 年	411	0.473	648	1.024	1 160	0.907	1 613	0.903	2 065	0.990
	8～9 年	408	0.459	642	1.015	1 150	0.889	1 599	0.893	2 047	0.981
	9 年以上	404	0.455	637	1.006	1 140	0.891	1 858	0.887	2 029	0.973

（2）如果投保人选择不足额投保，即保额小于新车购置价，保费应做相应调整，公式为：

保费＝（0.05＋0.95×保额/新车购置价）×足额投保时的标准保费

（3）36 座以上营业客车新车购置价低于 20 万元，按照 20～36 座营业客车对应档次的保险费计算。

（4）挂车保险费按同吨位货车对应档次保险费的 50%计收。

2. 机动车商业第三者责任保险

(1) 按照投保人类别、车辆用途、座位数/吨位数、车辆使用年限、责任限额直接查找保费。

(2) 挂车保险费按2吨以下货车计收（责任限额统一为5万元）。

3. 车上人员责任险

按照投保人类别、车辆用途、座位数、投保方式查找费率。

保费＝座位责任限额×投保座位数×费率

4. 机动车盗抢险

按照投保人类别、车辆用途、座位数、车辆使用年限查找基础保费和费率。

保费＝基础费率＋保额×费率

5. 玻璃单独破碎险

按客车、货车、座位数、投保进口/国产玻璃查找费率。

保费＝新车购置价×费率

6. 自燃损失险

固定费率。

保费＝保额×费率

7. 车身划痕损失险

按新车购置价所属档次直接查找保费。

8. 车上货物责任险

按照责任限额，分营业用、非营业用查找费率。车上货物责任险的最低责任限额为人民币20 000元。

保费＝基础保费＋（责任限额－20 000）×费率

9. 不计免赔率险

保费＝使用本条款的所有险种应收保费之和（不含无赔款优待及费用修正）的20%

10. 无过失责任险

保费＝基础保费＋责任限额×费率

三、费率计算相关规定

1. 费率表中对特种车辆的规定

(1) 特种车一：油罐车、气罐车、液罐车。

(2) 特种车二：专用净水车、特种车一以外的罐式货车，以及用于清障、清扫、清洁、起重、装卸、升降、搅拌、挖掘、推土、冷藏、保温等的各种专用机动车。

(3) 特种车三：装有固定专用仪器设备从事专业工作的监测、消防、运钞、医疗、电视转播等的各种专用机动车。

(4) 特种车四：集装箱拖头。

2. 费率表中，设计分段的陈述按“含起点不含终点”的原则来说明。

例如：“6座以下”的含义为5座、4座、3座、2座、1座，不包含6座；

“6～10座”的含义为6座、7座、8座、9座，不包含10座。

“10万～20万元”包含10万元，但不包含20万元。

3. 联合收割机保险费按农用14.7 kW以上的拖拉机计收。

4. 责任限额为100万元以上的保险费计算

如果责任限额为100万元以上，则：

$$保费=A+0.9\times N\ (A-B)$$

其中，A是指同档次限额为100万元时的保险费；B是指同档次限额为50万元时的保险费；$N=$（限额－100万元）÷50万元，且限额必须是50万元的整数倍。

5. 无赔款保险费优惠规定

(1) 一年内无事故优惠10%，多年无事故可以累加，最高可达30%。

(2) 即使发生玻璃单独破碎赔款，也不影响无赔款保险费优惠。

(3) 机动车损失险和第三者责任险的无赔款保险费优惠独立计算，互不影响。

机动车、特约车无赔款优待及上年赔款记录费率调整系数查询见表3—7—2。

表3—7—2　　机动车、特约车无赔款优待及上年赔款记录费率调整系数查询

项目	内容	系数
无赔款优待及上年赔款记录	连续3年没有发生赔款	0.60
	连续2年没有发生赔款	0.70
	上年没有发生赔款	0.85
	新保或上年发生1次赔款	1.00
	上年发生2次赔款	1.25
	上年发生3次赔款	1.50
	上年发生4次赔款	1.75
	上年发生5次赔款	2.00

任务实施

保费计算步骤：

(1) 交强险

$$交强险保费=950\times（1-20\%）=760（元）$$

保费调整系数＝行驶里程系数×安全驾驶系数×客户忠诚度系数×无赔款优待系数×多险种投保系数＝0.9×0.9×0.9×0.9×0.95＝0.6 233＜0.7

故保费调整系数最终值取0.7。

(2) 第三者责任险

第三者责任险保费＝基准保费×保费调整系数＝1 191×0.7＝833.7（元）

(3) 机动车损失险

机动车损失险保费＝基准保费×保费调整系数＝（100 000×1.35%＋569）×0.7
＝1 343.3（元）

(4) 机动车盗抢险

机动车盗抢险保额＝新车购置价×（1－月折旧率×月数）
＝100 000×（1－0.6%×24）
＝85 600（元）

机动车盗抢险保费＝基准保费×保费调整系数＝（85 600×0.42%＋120）×0.7
＝335.66（元）

(5) 车上人员责任险

车上人员责任险保费＝（驾驶员基准保费＋乘客基准保费）×保费调整系数
＝（50 000×0.4%＋10 000×0.2%×4）×0.7＝212.8（元）

(6) 车身划痕损失险

车身划痕损失险保费＝基准保费×保费调整系数＝850×0.7＝595（元）

(7) 不计免赔率险

不计免赔率险保费＝（车损险基准保费×15%＋三责险基准保费×15%＋车上人员险基准保费×15%）×保费调整系数
＝（201.5＋120.06＋31.92）×0.7＝247.44（元）

最终保险费＝760＋833.7＋1 343.3＋335.66＋212.8＋595＋247.44
＝4 327.9（元）

根据张先生投保的各种保险项目，最终得出张先生车辆的保费为4 327.9元。

强化训练

北京地区的王先生有一辆5座的家庭自用汽车，新车购置价为10万元，车龄为3年，且3年来未发生有责任道路交通事故。投保第三者责任险、机动车损失险、机动车盗抢险、车上人员责任险、车身划痕损失险，约定第三者责任的责任限额为10万元，机动车损失保险金额为10万元，车上人员责任险的每座每次事故责任限额均为2万元，车身划痕损失险保险金额为1万元，盗抢险保险金额为10万元，并对以上5险种均约定了不计免赔率特约条款（涉及保费调整系数的各因素系数均为0.9）。试计算保险费。

【步骤】

(1) 分组。将教学班级按每小组 5～8 人分为不同的学习小组。

(2) 研讨。以学习小组为单位组织研讨案例中的问题，在充分讨论的基础上，形成各小组的课题报告，并进行汇报。

(3) 点评。学生自评，小组互评，最后由指导教师对操作过程进行点评，然后综合评定各学习小组本次实训的成绩。

课 后 练 习

1. 列出家庭自用汽车车辆损失保险的保险责任。

2. 根据第三者责任险的责任免除条款，列举 10 种常见的被保险人索赔遭拒赔的情况。

3. 机动车出险后，常见的合理施救费用包括哪些?

4. 车辆损失保险金额的确定一般有哪几种方式? 按新车购置价和按实际价值投保有哪些区别?

5. 简述机动车损失保险的附加险。

6. 简述第三者责任险的保险责任。

项目四　汽车保险投保实务

任务1　引导客户投保

知识目标

1. 熟悉汽车投保的含义、选择汽车保险的原则、汽车保险的参与人、汽车保险合同的形式和投保的注意事项。

2. 掌握汽车保险投保的基本流程。

能力目标

能够依据汽车保险的投保流程引导客户投保。

情景描述

王先生今年45岁，有10年的驾龄，在2018年购买了一辆起亚轿车，用于上下班代步，家里没有固定车位，王太太偶尔也会开车。王先生投保前要做哪些准备？如果你是保险业务员，应提醒王先生投保时要注意哪些事项？怎样引导王先生投保？填写投保单时应注意些什么？

任务剖析

随着机动车保险市场日趋多元化，竞争也日趋激烈。这一方面提高了车辆保险行业的规范性和服务质量，另一方面也使客户投保有了更大的选择余地，可以自由选择自己信赖的保险公司和适合自己的保险产品。

相关知识

一、汽车保险投保准备

1. 汽车投保的含义

汽车投保是指投保人向保险人表达缔结保险合同意愿的过程。

汽车保险合同采取要约与承诺的方式订立，即保险应包括投保和承保两个程序。要约又称为“定约提议”，是一方当事人向另一方当事人提出订立合同提议的法律行为，也是签订保险合同的一个重要程序。承诺又称为“接受订约提议”，是承诺人向要约人表示同意与其缔结合同的意思表示。

在汽车保险实务中，保险人为了开展保险业务印制汽车投保单，投保人认可投保单上的保险条款所包括的内容，将填好的投保单交给保险人，这是汽车投保人向保险人提出的要约。所以在初次订立汽车保险合同的过程中，要约通常都是由投保人以投保单的书面形式提出，保险人接到投保单后逐项审核，认为符合投保条件而接受了要约，同意承保，在投保单上签章后并发出保险单以及其他保险单证，就构成了承诺，同时也标志着汽车保险合同的订立。汽车保险的保险期限通常为一年，在保险期满续保时，保险人发出续保通知书，此时即为保险人向被保险人发出要约。如果被保险人愿意继续在同一保险人处投保并同意支付保险费，就意味着被保险人接受承诺，新的保险合同订立。

2. 选择汽车保险的原则

（1）境内投保原则

《中华人民共和国保险法》第七条规定：“在中华人民共和国境内的法人和其他组织需要办理境内保险的，应当向中华人民共和国境内的保险公司投保。”因此，我国境内的法人和其他组织需要办理境内机动车辆保险业务的，应当向我国境内开办机动车辆保险业务的保险公司投保。当然，国外的保险公司，以独资或合资方式进入中国保险市场，并经保监会批准“有权经营车险业务的”也可以承接车险业务。

（2）信誉第一，服务便捷原则

保险公司作为经营风险转嫁业务，提供损失补偿的信誉企业，其自身的诚信和服务质量，对投保人或被保险人来说是至关重要的。因为投保人交付保险费后，得到的仅是损失补偿的承诺，但是由于风险的不确定性，一旦投保人发生损失，这种承诺能否兑现则取决于保险公司的偿付能力和信誉度。因此，要想得到可靠的经济补偿和完善的保险服务，就要坚持信誉第一、服务便捷的原则，到资产雄厚、经营稳健、信誉好、服务体系完善的保险公司去投保。

（3）高性价比原则

目前，各保险公司已经开办的车险险种较多，投保人选择的空间也较大，投保时要精心选择，挑选具有最佳性价比的产品。所谓最佳性价比，是指所选的保险产品保费较少而保障范围较大，既能充分满足风险保障的需要，又不造成经济上的浪费。换言之，投保人应根据自身对风险保障的需要以及同类保险产品在价格上的差异，合理挑选产品，进行投保。

3. 汽车保险的参与人

在汽车保险活动中，参与人有汽车保险人、汽车投保人、被保险人、汽车保险中介以及汽车保险的监管部门。

（1）汽车保险人

保险人是指与投保人订立保险合同，并承担赔偿或给付保险金责任的保险公司。在汽车保险中，保险人就是经营汽车保险的保险公司。保险人有权决定是否承保，有权要求投保人履行如实告知义务，有权代位追偿、处理赔偿后的损余物资，同时也有按规定及时赔偿的义务。

(2) 汽车投保人

投保人是指为汽车办理保险并支付保险费的组织或个人。一般的投保人是汽车所有者或使用者。当然，投保人不一定是车辆所有者本人。投保人可以是法人，也可以是自然人。

投保人应当具备以下三个条件：第一，投保人必须具有相应的权利能力和行为能力，否则所订立的保险合同不发生法律效力。第二，投保人对保险标的必须具有保险利益，即对保险标的具有法律上承认的利益，否则投保人不能与保险人订立保险合同；若保险人在不知情的情况下与不具有保险利益的投保人签订了保险合同，该保险合同无效。第三，投保人应承担支付保险费的义务，不论投保人为自己利益还是为他人利益订立保险合同，均应承担支付保险费的义务。

(3) 被保险人

被保险人是指其财产或人身受保险合同保障，享有保险金请求权的人。投保人可以为被保险人。在汽车保险合同中，被保险人一般指汽车的所有人或对其具有利益的人，即行驶证上登记的车辆所有人。

(4) 汽车保险中介

保险中介指介于保险经营机构之间或保险经营机构与投保人之间，专门从事保险业务咨询与销售、风险管理与安排、价值衡量与评估、损失鉴定与理算等中介服务活动，并从中依法获取佣金的单位或个人。保险中介个人主要有保险代理人、保险经纪人、保险公估人；另有一些间接为保险服务的中介单位，如会计师事务所、律师事务所、审计事务所等。本书主要指汽车保险代理人、汽车保险经纪人、汽车保险公估人。

4. 汽车保险合同的形式

汽车保险合同是投保人与保险人约定保险权利和义务关系的协议。汽车保险合同是一种非要式合同，只要保险人和投保人就保险条款达成一致，合同即告生效，保险人就应该按照约定承担保险责任，而不以保险人是否签发了保险单或其他保险凭证作为合同生效的前提。汽车保险时间较长，双方的权利和义务复杂。为了避免产生争议，汽车保险合同一般采用书面文件形式，这些书面文件可以统称为“凭证”。汽车保险合同的凭证除了保险单外，还包括正式订立合同前的辅助性文件，如投保单、暂保单、批单等。

在汽车保险的具体实务工作中，汽车保险合同主要有以下几种形式。

(1) 投保单

汽车保险投保单又称为“要保单”或“投保申请书”，是投保人申请保险的一种书面形式。通常，投保单由保险人事先设计并印制，投保单中列明了保险合同的具体内容，投保人只需在投保单上按列明的项目逐项填写即可。

汽车投保单的主要内容：

1）被保险人、投保人的名称。

2）保险车辆的名称。

3）投保的险别。

4）保险金额。

5）保险期限等内容。

上述投保单的内容经保险人签章后，保险合同即告订立，保险人按照约定的时间开始承担保险责任。

（2）暂保单

暂保单是保险人出立正式保单以前签发的临时保险合同，用以证明保险人同意承保。暂保单的内容较为简单，仅包括保险标的、保险责任、保险金额以及保险关系、当事人的权利义务等。

暂保单具有与正式保险单同等的法律效力。同正式保险单相比，暂保单的内容相对简单、保险期限短，可由保险人或兼业保险代理机构签发；而正式保险单尽管法律效力与暂保单相同，但其内容较为复杂，保险期限通常为一年，保险单只能由保险人签发。我国现行的汽车保险中提车暂保单承保车辆损失险和第三者责任险。

（3）保险凭证

保险凭证是保险人发给被保险人证明保险合同已经订立的一种凭证，它也是保险合同的一种存在形式。凡凭证没有记载的内容，均以同类险种的保险单为准，是一种简化的保险单。

在汽车保险业务中，保险人除签发保险单外，还须出具保险凭证，用以证明被保险人已经投保汽车损失险及第三者责任险，便于交通事故的处理。

（4）保险单

保险单简称“保单”，是保险人和投保人之间订立保险合同的正式书面凭证。它根据汽车投保人申请，在保险合同成立之后，由保险人向投保人签发。保险单上列明了保险合同的所有内容，是保险双方当事人确定权利、义务和在发生保险事故遭受损失后，被保险人向保险人索赔的重要依据。

（5）批单

批单是更改保险合同某些内容的更改说明书。在汽车保险业务的实际操作过程中，往往涉及车辆过户、转让、出售等变更车辆所有权的行为，因而也带来汽车保险单中的某些要素（如被保险人、保险金额、保险期限等）内容变更，这些变更内容需要用某种形式将其记载下来，或者重新出具保险单。但是在实际业务中，这样的变更行为是非常频繁的，因而重新出具保险单往往成了一种烦琐的工作，批单的出现及广泛使用便成了顺理成章的事情。投保人或被保险人在保险有效期内如果需要对保险单内容做部分更改，需向保险人提出申请，保险人如同意更改，则将批改的内容在保险单或保险凭证上批注或附贴便条。凡经批改过的内容均以批单为准，批单是保险单中的一个重要组成部分。

(6) 书面协议

保险人经与投保人协商一致，可将双方约定的承保内容及彼此的权利义务关系以书面协议形式明确下来。这种书面协议也是保险合同的一种形式。同正式保险单相比，书面协议的内容不事先起草，而是根据保险关系双方当事人协商一致的结果来签订，具有较大的灵活性和针对性，是一种不固定格式的保险单，它与保险单具有同等法律效力。

5. 汽车保险投保注意事项

(1) 交强险必须投保

根据《机动车交通事故责任强制保险条例》规定，所有的新车和保险到期的车辆续保必须投保交强险。对于未投保交强险的车辆，不予以登记，不予以检验车辆。公安交通管理部门将扣车并处以 2 倍保险费的罚款。

(2) 不要超额投保或不足额投保

如投保人的车辆价值 10 万元，却投保了 15 万元的保险，认为多花钱就能多赔付；而有的车辆价值 20 万元，却投保了 10 万元，这两种投保都不能得到有效的保障。依据《保险法》第五十五条规定：保险金额不得超过保险价值。超过保险价值的，超过部分无效，保险人应当退还相应的保险费。保险金额低于保险价值的，除合同另有约定外，保险人按照保险金额与保险价值的比例承担赔偿保险金的责任。所以超额投保、不足额投保都不能获得额外的利益。

(3) 尽量全面投保

一些投保人为节省保险费，总想减少投保险种，或是只保车损险，不保第三者责任险；或是只保主险，不保附加险等。其实各险种都有各自的保险责任，一旦发生事故，保险公司只能依据当初订立的保险合同承担保险责任给予赔付，而投保人的其他损失就有可能得不到补偿。

(4) 要及时续保

投保人应在保险合同到期后及时续保，不应有拖延。

(5) 认真审阅保险单证

全国统一使用中国保监会统一监制的保险单证。当接到保险单证时，一定要认真核对，查看单证第三联是否采用了白色无碳复写纸印制并加印浅褐色防伪底纹，其左上角是否印有“中国保险监督管理委员会监制”字样，右上角是否印有“限在××省（市、自治区）销售”字样，如果没有可拒绝签单。保险单一般是纸质凭证，但是随着互联网保险电子商务的发展，电子保单开始出现，电子保单没有纸质凭证，只有一个保单号，通过保单号，可以在保险公司网站或者投保的保险电子商务网站上查询。电子保单相对于传统的纸质保单来说，节省了纸质印刷和投送成本，省时便利。

(6) 审核代理人真伪

投保时要选择国家批准的保险公司所属机构投保，不可只图省事随便找一家保险代理机构投保，更不能被所谓的“高返还”引诱，只求小利而上“假代理人”的当。

(7) 严禁“骗赔”行为

有极少数人总想把保险当成发财的捷径，如有的人先出险后投保，有的人为制造出险事故，有的人伪造、涂改发票和证明，这些都属于骗赔行为，是触犯法律的。

二、汽车保险投保的基本流程

汽车保险投保是投保人的主动行为，作为汽车保险从业人员也应该了解投保人的正确投保流程和注意事项，以便帮助、引导投保人完成投保。

1. 汽车保险投保的基本流程（图 4—1—1）

第一步，选择保险公司。了解经营汽车保险业务的各家保险公司的服务情况，并考虑住址或单位附近是否有正式的保险公司营业机构，从而确定一家信得过而对投保人来说又方便的保险公司。

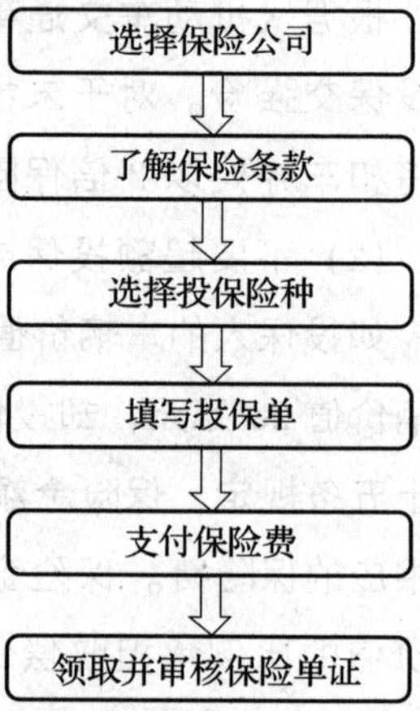

图 4—1—1　汽车保险投保基本流程图

第二步，了解保险条款。尤其对于责任免除条款和义务条款要认真研究，对条款中不理解的条文要记录下来，以便投保时向保险业务人员咨询。

第三步，选择投保险种。根据对条款的初步了解和自身的情况，选择适合自己的投保险种；对于私家车而言，一般投保机动车车辆损失险、第三者责任险以及附加全车盗抢险、玻璃单独破碎险、自燃损失险、车上责任险和不计免赔率险等险种较为合适，如此可以得到较为全面的保险保障。

第四步，填写投保单。携带机动车行驶证、购车发票、车辆所有人身份证等相关证件，并把要投保的车辆开到保险公司（网上投保、电话投保除外）；在保险公司业务人员详细介绍汽车保险条款和建议投保的险种后，可以对介绍内容中不理解部分向保险公司业务人员仔细咨询；对各条款明确无误后，认真填写《机动车辆保险投保单》，将有关情况向保险公司如实告知。

第五步，支付保险费。保险公司业务人员对投保单及投保车辆核对无误并出具保险单正本后，首先要核对保险单正本上的内容是否准确；其次检查保险单是否填写齐全，理赔报案电话和地址是否清晰、明确；最后要履行一项重要的义务即支付保险费。

第六步，领取并审核保险单证。投保人（被保险人）拿到保险单证后，应审核保险单证是否有误。保险单证要随车携带并妥善保管。

2. 填写汽车投保单

(1) 投保单的填写要求

投保单一般由保险公司统一格式印制，通常为表格形式。投保单是保险合同的重要法律文件之一，因此投保人应按以下要求填写投保单。

1）应使用正楷字体书写，字迹清晰、字体工整，避免发生涂改。如需更改，一般应在更改之处盖章，或者重新填写一份投保单。

2）一切告知项不能为空项。

3）填写投保单应使用黑色墨水笔，不宜使用铅笔、圆珠笔或蓝色墨水笔。

4）投保人可以利用保险公司提供的网络系统、触摸屏等平台自助录入，然后打印签字。

5）如投保人不会或不愿意自己填写投保单，也可以由投保人口述，保险公司业务人员或代理人员录入业务处理系统，打印后由投保人签字。

(2) 投保单的填写内容

1）“投保人、被保险人”栏的填写见表4—1—1。

表4—1—1　　投保单中的“投保人”与“被保险人”栏

投保人	投保人名称/姓名				投保机动车数量	
	联系人姓名		固定电话		移动电话	
	投保人住所				邮政编码	
被保险人	□自然人姓名：		身份证号码			
	□法人或其他组织名称：					
	纳税人识别号				完税凭证号	
	被保险人单位性质	□党政机关、团体　□事业单位　□军队（武警）　□使（领）馆　□个体、私营企业　□其他企业　□其他				
	联系人姓名		固定电话		移动电话	
	被保险人住所				邮政编码	

①投保人名称/姓名。投保人的姓名，应当用投保时的法定姓名，即户口簿或身份证上登记的公民姓名。投保人住所要详细写清地址全称。如果住所地（户籍所在地）与其居所地不一致时，应当分别填写清楚。

②投保机动车数量。填写投保机动车数量时应填写投保车辆的总数，并且使用阿拉伯数字填写。

③“法人或其他组织名称”和“自然人姓名”。这两个为选填项，被保险人是单位时选择“法人或其他组织名称”，在其空格内填写与公章名称相一致的全称；被保险人是个人时选择“自然人”，在其空格内填写与被保险人有效身份证明一致的名称。

④“纳税人识别号”“完税凭证号”和“身份证号码”。被保险人是“法人或其他组织”时应填写“纳税人识别号”和“完税凭证号”；被保险人是“自然人”时填写被保险人的“身份证号码”。被保险人无身份证的，如被保险人为军官、外籍人员时，应在投保单特别约定栏内注明被保险人的有效身份证明名称、证件号码及被保险人性别和年龄。

2）“投保机动车情况”栏的填写见表4—1—2。

表 4—1—2　　投保单中的“投保机动车情况”栏

投保机动车情况	被保险人与机动车的关系	□所有　□使用　□管理		车辆所有人				
	号牌号码		号牌底色	□蓝　□黑　□黄　□白　□白蓝　□其他颜色				
	厂牌型号		发动机号					
	VIN 码		车架号					
	核定载客：	人	核定载质量	千克	排量/功率	L/kW	整备质量	千克
	初次登记日期	年　月	已使用年限	年	年平均行驶里程	公里		
	车身颜色	□黑色　□白色　□红色　□灰色　□蓝色　□黄色　□绿色　□紫色　□粉色　□棕色　□其他颜色						
	机动车种类	□客车　□货车　□客货两用车　□挂车　□低速货车和三轮汽车　□特种车（请填用途）：　□摩托车（不含侧三轮）　□侧三轮　□兼用型拖拉机　□运输型拖拉机						
	机动车使用性质	□家庭自用　□非营业用（不含家庭自用）　□出租/租赁　□城市公交　□公路客运　□营业性货运						
	上年是否在本公司投保商业机动车保险	□是　□否						
	行驶区域	□省内行驶　□场内行驶　□固定路线　具体路线：						
	是否为未还清贷款的车辆	□是　□否	上一年度交通违法记录	□有　□无				
	上年赔款次数	□交强险赔款次数　次	□商业机动车保险赔款次数　次					

“投保机动车情况”栏具体填写要求如下：

①车辆所有人。需填写投保车辆机动车行驶证上载明的所有人名称。

②号牌号码、号牌底色。填写公安交通管理部门核发的号牌号码及号牌底色。

③厂牌型号。投保单上填写的投保车辆的厂牌名称和车辆型号应与其机动车行驶证上注明的一致。

④发动机号。发动机号是机动车辆的身份证明之一，是生产厂家在车辆发动机缸体上打印的号码。此栏可根据投保车辆的机动车行驶证填写，也可以在气缸上重新拓印。

⑤VIN 码。即车辆识别代码，由 17 位字符组成，俗称“17 位码”。

⑥车架号。它是机动车辆的身份证明之一，是生产厂家在车架上打印的号码。此栏可根据投保车辆的机动车行驶证填写，也可在车架上重新拓印。

⑦核定载客、核定载质量。按投保单的机动车行驶证上载明的核定载客人数、核定载质量填写。

⑧排量/功率。发动机排量是各缸工作容积的总和，一般用升（L）来表示。气缸工作容积是指活塞从上止点到下止点所扫过的容积，又称为单缸排量，它取决于缸径和活塞行程。

⑨已使用年限。指车辆自上路行驶至保险期限起期间已使用的年数，不足一年的不算一年。如某车初次登记日期为 2016 年 5 月，保险期限起期为 2018 年 4 月，该使用年限就按一年计算；但如果保险期限起期为 2018 年 6 月，那么该车使用年限就按两年计算。

⑩年平均行驶里程。指车辆在保险期限起期时里程表上显示的总里程与已使用年限的比值。但如果该车的里程表进行过调试或更换，其里程表显示的里程数就会与实际的里程数不

相符，此时应填写车辆的实际里程数与已使用的年限数的比值，但必须将里程表上显示的里程数在特别约定栏中注明。

⑪机动车使用性质。根据车辆的具体使用情况选择填写，如果兼有两种使用性质的车辆，应该按照费率高的使用性质填写。

⑫上年赔款次数。该栏一定要填写，因为该数字将影响本次投保费率计算。如果上一年没有赔款，则本次投保会享受一定的优惠；反之则有可能增加保险费的计收。新车无须填写。

3）“投保主险条款名称”和“投保险种”栏的填写见表 4—1—3。

表 4—1—3　　投保单中的“投保主险条款名称”和“投保险种”栏

投保主险条款名称				
指定驾驶员	姓名	驾驶证号码	初次领证日期	
驾驶人员 1			年　月　日	
驾驶人员 2			年　月　日	
保险期间	年　月　日　时起至　年　月　日　时止			
投保险种		保险金额/责任限额（元）	保险费（元）	备注
□机动车交通事故责任强制保险		死残，医疗费，财产损失		
□机动车损失险：新车购置价　　元				
□商业第三者责任险				
□车上人员责任险	驾驶人	/人·次		
	乘客人数　　人	/人·次		
□机动车盗抢险				
□附加玻璃单独破碎险	□国产玻璃			
	□进口玻璃			
□附加停驶损失险：日赔偿金额　　元×　　天				
□附加自燃损失险				
□附加火灾、爆炸、自燃损失险				
□附加车身划痕损失险				
□附加新增加设备损失险				
□附加车上货物责任险				
□附加不计免赔率特约	适用险种：□机动车损失险			
	适用险种：□第三者责任险			
	适用险种：□车上人员责任险			
□附加可选免赔额特约		免赔金额：		
保险费合计（人民币大写）：			（¥：　　元）	

填写“投保主险条款名称”和“投保险种”栏的具体要求如下：

①投保主险条款名称。由投保人根据投保险种填写所适用的主险条款名称。如“机动车损失险”“第三者责任险”等。

②保险期间。在此栏里填写保险责任的有效期限，即保险合同的起止时间。具体时间由当事人双方协商确定，一般自约定起保日零时开始，至保险期满日 24 时止。投保当日不得作为起保日，起保日最早应为投保次日。例如，某投保人 2018 年 7 月 1 日提出投保申请，保险期限为一年，保险期限填写应为：2018 年 7 月 2 日零时起至 2019 年 7 月 1 日 24 时止。

③投保险种。根据投保人选择的险种在相应的险项前打“√”，并选择子选项的内容、写清相应选项后的具体人数。在此栏中保险业务人员可以根据投保标的的实际情况、投保人的要求综合推荐各险种。

④本表中的阴影部分应由保险业务人员填写。

4)“特别约定”“保险合同争议解决方式选择”和“投保人签名/签章”栏的填写见表 4—1—4。

表 4—1—4　投保单中的“特别约定”“保险合同争议解决方式选择”和“投保人签名/签章”栏

特别约定		
保险合同争议解决方式选择	□诉讼	□提交仲裁委员会仲裁
投保人声明：保险人已将投保险种对应的保险条款（包括责任免除部分）向本人做了明确说明，本人已充分理解；上述所填写的内容均属实，同意以此投保单作为订立保险合同的依据。 投保人签名/签章： 年　月　日		

保险业务人员在与投保人协商“特别约定”事项时一定要认真谨慎。同时，在“投保人签名/签章”之前必须提醒投保人或业务代办人再次核实所填写的内容，在确保无误的情况下要投保人签字或签章。具体填写要求如下：

①特别约定。此栏主要填写投保人和保险人在签订保险合同时的未尽事宜，如需填写时必须经投保人和保险人双方协商一致后方能在“特别约定”中注明。约定的事项必须清楚、明确、简练，并写明双方的违约责任。如果所约定的事项与法律相抵触，则此约定无效。

②保险合同争议解决方式。此栏由投保人和保险人在“诉讼”和“仲裁”两种方式中协商确定一种。如果选择“提交仲裁委员会仲裁”时，必须在投保单上约定仲裁委员会的名称。

③投保人签名/签章。投保人对投保单各项内容核对无误并对所投险种对应的保险条款

（包括责任免除和投保人义务、被保险人义务）明确理解后，必须在“投保人签名/签章”处签名或签章。如果投保人为自然人时，必须由投保人亲笔签字；如果投保人为法人或其他组织时，必须加盖公章，且必须与投保人名称一致。如果投保人委托他人代为办理手续时，投保人应出具《办理投保委托书》，在“投保人签名/签章”处填写“代办人姓名＋代办”，其代办人的姓名必须与《办理投保委托书》上载明的被授权人姓名一致。

任务实施

保险业务员可以按照下述步骤引导王先生投保：

1. 汽车保险投保前准备

告知王先生投保前应先了解汽车保险的投保原则；国内提供汽车保险业务的保险公司、保险产品；保险公司提供的投保方式；投保时的注意事项等。

2. 选择保险公司，投保方式

按照信誉好、服务便捷、高性价比的原则，请王先生选择一个适合自己的保险公司和投保方式。

3. 选择投保险种。

4. 填制保险单。

5. 支付保险费。

6. 领取保险单证。

强化训练

28岁的李女士，考取了驾驶证不到2年，2018年新买了一辆起亚轿车，平时喜欢和朋友一起驾车出游，现准备投保。

李女士及其车辆的相关资料（见表4—1—5）。

表4—1—5　　李女士及其车辆相关资料表

1	被保险人与投保车辆关系	所有
2	车辆所有人	李××
3	住所	无锡市惠山区×××
4	固定电话	12345678
5	移动电话	138××××××××
6	邮编	123456
7	身份证号	320201××××××××1111
8	号牌号码	苏B23×××
9	号牌底色	蓝色

续表

10	厂牌型号	起亚 YQZ7162E3
11	发动机号	5205××××
12	VIN 号	17 位号
13	车架号	LJDDAA227500×××××
14	核定载客	5 人
15	排量/功率	1.6 L
16	初次登记日期	2018 年 1 月
17	已用年限	0
18	年平均行驶里程	0
19	车身颜色	红
20	机动车类型	6 座以下
21	机动车使用性质	家庭自用
22	是否本公司续保	否
23	行驶区域	中国境内
24	上年赔款次数	无
25	是否为未还清贷款车辆	否
26	车损险车身划痕险选择专修厂	否
27	上年度交通违规行为	无

根据上述资料完成如下问题和任务：

1. 李女士投保前要做哪些准备？
2. 李女士投保时要注意些什么？
3. 简述李女士投保的基本流程。
4. 帮助李女士填写投保单（见表 4—1—6）。

表 4—1—6　　　　××保险公司机动车保险投保单

<table>
<tr><td rowspan="3">投保人</td><td>投保人名称/姓名</td><td colspan="3"></td><td>投保机动车数量</td><td></td></tr>
<tr><td>联系人姓名</td><td></td><td>固定电话</td><td></td><td>移动电话</td><td></td></tr>
<tr><td>投保人住所</td><td colspan="3"></td><td>邮政编码</td><td></td></tr>
<tr><td rowspan="5">被保险人</td><td colspan="2">□自然人姓名：</td><td>身份证号码</td><td colspan="3"></td></tr>
<tr><td colspan="2">□法人或其他组织名称：</td><td colspan="2">组织机构代码</td><td colspan="2"></td></tr>
<tr><td>被保险人单位性质</td><td colspan="5">□党政机关、团体　□事业单位　□军队（武警）　□使（领）馆　□个体、私营企业
□其他企业　□其他</td></tr>
<tr><td>联系人姓名</td><td></td><td>固定电话</td><td></td><td>移动电话</td><td></td></tr>
<tr><td>被保险人住所</td><td colspan="2"></td><td>邮政编码</td><td colspan="2"></td></tr>
</table>

续表

<table>
<tr><td rowspan="16">投保车辆情况</td><td>被保险人与车辆的关系</td><td colspan="3">□所有 □使用 □管理</td><td colspan="2">车辆所有人</td><td colspan="2"></td></tr>
<tr><td>号牌号码</td><td colspan="2"></td><td>号牌底色</td><td colspan="4">□蓝 □黑 □黄 □白 □白蓝 □其他颜色</td></tr>
<tr><td>厂牌型号</td><td colspan="3"></td><td colspan="2">发动机号</td><td colspan="2"></td></tr>
<tr><td>VIN 码</td><td colspan="3"></td><td colspan="2">车架号</td><td colspan="2"></td></tr>
<tr><td>核定载客</td><td>人</td><td>核定载质量</td><td colspan="2">千克</td><td>排量/功率</td><td colspan="2">L/kW</td></tr>
<tr><td>初次登记日期</td><td>年 月</td><td>已使用年限</td><td colspan="2">年</td><td>年平均行驶里程</td><td colspan="2">公里</td></tr>
<tr><td>车身颜色</td><td colspan="7">□黑色 □白色 □红色 □灰色 □蓝色 □黄色 □绿色 □紫色
□粉色 □棕色 □其他颜色</td></tr>
<tr><td>机动车类型</td><td colspan="7">□客车 □货车 □客货两用车 □挂车 □摩托车（不含侧三轮） □侧三轮
□农用拖拉机 □运输拖拉机 □低速载货汽车 □特种车（请填用途）____________</td></tr>
<tr><td>机动车使用性质</td><td colspan="7">□家庭自用 □非营业用（不含家庭自用） □出租/租赁 □城市公交
□公路客用 □旅游客用 □营业性货用</td></tr>
<tr><td colspan="3">上年是否在本公司投保商业机动车保险</td><td colspan="3">□是</td><td colspan="2">□否</td></tr>
<tr><td>行驶区域</td><td colspan="7">□省内和邻省 □市内 □省内和邻省固定路线 □市内固定路线 具体路线：____________</td></tr>
<tr><td colspan="3">是否为未还清贷款的车辆</td><td>□是
□否</td><td colspan="2">车损险与车身划痕险选择汽车专修厂</td><td>□是</td><td>□否</td></tr>
<tr><td>上次赔偿次数</td><td colspan="7">交强险赔款次数__________次 商业机动车保险赔款次数__________次</td></tr>
<tr><td>上一年度交通违法行为</td><td colspan="7">□有 □无</td></tr>
</table>

<table>
<tr><td>投保主险条款名称</td><td colspan="3"></td></tr>
<tr><td>指定驾驶人</td><td>姓名</td><td>驾驶证号码</td><td>初次领证日期</td></tr>
<tr><td>驾驶人 1</td><td></td><td></td><td>______年____月____日</td></tr>
<tr><td>驾驶人 2</td><td></td><td></td><td>______年____月____日</td></tr>
<tr><td>保险期间</td><td colspan="3">________年____月____日零时起至________年____月____日 24 时止</td></tr>
</table>

<table>
<tr><td colspan="2">投保险种</td><td>保险金额/责任限额（元）</td><td>保险费（元）</td><td>备注</td></tr>
<tr><td colspan="2">机动车交通事故责任强制保险</td><td></td><td></td><td></td></tr>
<tr><td colspan="2">机动车损失险： 新车购置价________元</td><td></td><td></td><td></td></tr>
<tr><td colspan="2">商业第三者责任险</td><td></td><td></td><td></td></tr>
<tr><td rowspan="2">车上人员责任险</td><td>驾驶人</td><td>/人·次</td><td></td><td></td></tr>
<tr><td>投保人数________人</td><td>/人·次</td><td></td><td></td></tr>
<tr><td colspan="2">附加车上货物责任险</td><td></td><td></td><td></td></tr>
<tr><td colspan="2">附加盗抢险</td><td></td><td></td><td></td></tr>
<tr><td rowspan="2">附加玻璃单独破碎险</td><td>□国产玻璃</td><td></td><td></td><td></td></tr>
<tr><td>□进口玻璃</td><td></td><td></td><td></td></tr>
<tr><td colspan="2">附加停驶损失险：日赔偿金额____元×____天</td><td></td><td></td><td></td></tr>
<tr><td colspan="2">附加自燃损失险</td><td></td><td></td><td></td></tr>
</table>

续表

附加不计免赔率险/特约	□机动车损失险			
	□第三者责任险			
附加车身划痕损失险				
附加新增加设备损失险				
附加可选免赔额特约		免赔金额：		
保险费合计（人民币大写）：		（￥：		元）
特别约定				
保险合同争议解决方式选择		□诉讼　□提交__________仲裁委员会仲裁		
本保险合同由保险条款、投保单、保险单、批单和特别约定组成。 投保人声明：保险人已将投保险种对应的保险条款（包括责任免除部分）向本人做了明确说明，本人已充分理解：上述所填写的内容均属实，同意以此投保单作为订立保险合同的依据。 投保人签名/签章： ______年______月______日				

注：阴影部分内容由保险公司业务人员填写。

【步骤】

(1) 分组。将教学班级按每小组 5～8 人分为不同的学习小组。

(2) 研讨。以学习小组为单位组织研讨案例中的问题，在充分讨论的基础上，形成各小组的课题报告，并进行汇报。

(3) 点评。学生自评，小组互评，最后由指导教师对操作过程进行点评，然后综合评定各学习小组本次实训的成绩。

任务 2　制订投保方案

知识目标

1. 了解汽车保险投保方案的主要内容。
2. 熟悉制订投保方案的基本流程。
3. 掌握五种推荐的汽车保险方案。

能力目标

在掌握制订投保方案基本流程的基础上，能够为客户制订投保方案。

情景描述

刘先生今年42岁，10年驾龄。在2018年购买了一辆别克轿车，用于上下班代步，没有固定车位，刘太太偶尔驾车。作为汽车保险中介人员需要帮助投保人刘先生分析其所面临的风险，对其风险选择最合理的风险管理方法，为刘先生设计最适合的汽车投保方案。

任务剖析

面对保险公司繁多而保费不同的险种，究竟应该如何选择最适合投保人的车险产品呢？在选择汽车的险种时，需根据投保人的风险特征及经济承受能力来确定，力求用最小的成本得到最大的保障。

相关知识

一、汽车保险投保方案主要内容

汽车保险投保方案主要内容包括险种的组合、各险种的保险金额或赔偿限额和特别约定的事项。

二、制订投保方案基本流程

制订投保方案基本流程如图4—2—1所示。

1. 了解投保人的情况

在制订保险方案之前应对投保人或潜在被保险人的情况进行充分的了解，其主要内容有：

（1）投保人的基本情况

包括投保自然人的工作性质、经济情况；投保单位的性质、规模、经营范围和经营情况。

（2）投保人拥有的车辆情况

包括车辆的数量、车辆类型、厂牌型号、车辆用途、车辆状况、行驶区域、运输对象、车辆管理部门等。

（3）驾驶人情况

主要有驾驶人的年龄、性别、驾龄、事故记录等。

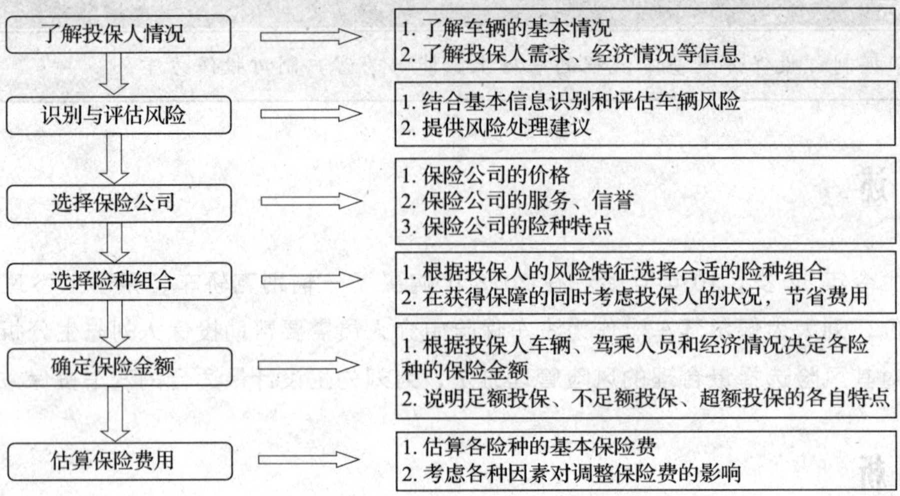

图 4—2—1 制订投保方案基本流程

(4) 投保人以往的投保情况

包括承保公司、投保险种、投保的金额、保险期限和赔付率等情况。

2. 识别与评价风险

根据被保险人情况，识别和评价被保险车辆的主要风险。

(1) 车辆本身损失风险

1) 意外事故。

2) 自然灾害。

(2) 车辆受损后费用支出风险

1) 运费和查勘检验费。

2) 租车代步费。

(3) 车上人员人身伤害风险

(4) 赔偿责任风险

1) 财产损害。

2) 人身伤害。

3. 选择保险公司

(1) 应该选择具有合法资质、信誉较好和车险产品性价比高的保险公司。通过各公司所提供的车险的保险责任大小和车险的服务范围等方面，来选择一款适合自己的保险产品。应注意的是投保人在选择保险时应根据自身的风险承受能力和所需要的保障来进行选择。

(2) 需询问所投保的机动车保险条款是否经保监会批准。了解保险公司的附加险责任、费率是否与所规定的一致，费率的优惠规定等。一般保险责任全面的产品，保险费较高；反之，较低。

(3) 关注保险公司与投保人沟通的渠道是否畅通、便捷，是否能提供增值服务。保险公司对投保人的服务承诺，既是自身实力的体现，又是对投保人的回报。

(4) 了解保险公司的服务质量。服务质量体现保险效益。目前市场上的汽车保险公司很多，它们在价格和服务上都是不同的，所以要引导客户不能盲目选择，也不能只注重价格，服务才是更重要的。

4. 选择险种组合

在汽车保险的诸多险种中，交通事故责任强制保险按规定任何车辆都必须投保。其他的险种则应根据投保人的经济实力与实际需求有选择地进行投保。以下是比较推荐的五种汽车保险险种组合方案：

(1) 最低保障方案

险种组合：第三者责任险。

保障范围：只对第三者的损失负赔偿责任。

特点：适用于那些怀有侥幸心理，认为投保意义不大，或急于用保险单申请号牌的人。

适用对象：急于申请号牌的个人。

优点：可以用来申请号牌。

缺点：一旦发生道路交通事故，对方的损失能得到保险公司的部分赔偿，但是自己的车辆损失只能自己负担。

(2) 基本保障方案

险种组合：机动车损失险＋第三者责任险。

保障范围：只投保基本险，不含任何附加险。

特点：适用部分认为事故后修车费用很高的投保人，他们认为意外事故发生率比较高，希望为自己的车辆和第三者的人身伤亡和财产损失求得保障，此组合被很多投保人青睐。

适用对象：有一定经济压力的个人或单位。

优点：必要性最高。

缺点：不是最佳组合，最好加入不计免赔率险。

(3) 经济保障方案

险种组合：机动车损失险＋第三者责任险＋不计免赔率险＋机动车盗抢险。

特点：投保四个最必要、最有价值的险种。

适用对象：个人。

优点：投保最有价值的险种，保险性价比最高；投保人最关心的车辆被盗抢和100％赔付等大风险都有保障，保险费不高但包含了比较实用的不计免赔率险。

(4) 最佳保障方案

险种组合：机动车损失险＋第三者责任险＋车上人员责任险＋玻璃单独破碎险＋不计免赔率险＋机动车盗抢险。

特点：在经济投保方案的基础上，加入了车上人员责任险和玻璃单独破碎险，使乘客及车辆易损部分得到了保障。

适用对象：一般公司或个人。

优点：投保价值大的险种，不花冤枉钱，物有所值。

(5) 完全保障方案

险种组合：机动车损失险＋第三者责任险＋车上人员责任险＋玻璃单独破碎险＋不计免赔率险＋新增设备损失险＋自燃损失险＋机动车盗抢险。

特点：保全险，能保的险种全部投保，从容上路，不必担心交通所带来的种种风险。

适用对象：机关、事业单位、大公司。

优点：几乎与汽车有关的全部事故损失都能得到赔偿。投保人不必为少保某一个险种承担投保决策失误的损失。

缺点：保全险保险费较高，某些险种出险的概率非常小。

小提示：

现在人们常说的“全保”，让很多人误以为就是什么都保。实际上，“全保”只是一个相对概念，指车辆所需的基本险种都包含。只要投保了车损险、第三者责任险、机动车盗抢险及相应不计免赔率险就可以称为“全保”。

5. 确定保险金额

(1) 机动车损失险保险金额的确定方式

1) 按投保时被保险机动车的新车购置价确定保险金额，此种方式属于足额投保。新车购置价根据保险合同签订地同类型新车的市场销售价格（含车辆购置税）确定；无同类型新车市场销售价格的，由被保险人与保险人协商确定。

2) 按投保时被保险机动车的实际价值确定保险金额，此种方式属于不足额投保。

车辆的实际价值＝新车购置价－折旧金额

折旧金额＝保险事故发生时的新车购置价×被保险机动车已使用月数×月折旧率

3) 在新车购置价内协商确定保险金额的，属于不足额投保。

(2) 机动车损失险的三种投保方式

1) 超额投保。在《保险法》和车损险条款中都有规定“超过保险金额部分无效，均以实际损失补偿”的内容，因此在投保车损险时，不要超额投保或重复投保。

2) 足额投保。采用足额投保时，虽然在发生部分损失时按照实际损失补偿，被保险人不用自己承担这部分损失；但发生全损时是按照实际价值补偿，这样对于旧车而言，得到的补偿会较小但保险费却较高。因此，在确定保险金额时，要依据车辆的已使用年限决定。一般而言，新车及 8 年以内的车宜采用足额投保。但对于车龄已超过 10 年的车或本身就是低价购买的二手车，宜采用不足额投保。

3）不足额投保。采用不足额投保时，虽然可以省去一部分保险费，但是当标的发生部分损失时，保险公司按保险金额与投保时被保险机动车的新车购置价的比例计算赔偿，即被保险人不能得到足够的保障。而大多数的交通事故中车辆只是部分损失，因此意味着被保险人需自己承担部分损失。

(3) 第三者责任险的保险金额

投保第三者责任险时可以根据自己的需要，从 5 万元、10 万元、15 万元、20 万元、30 万元、50 万元、100 万元、100 万元以上八个档次中进行选择。

6. 估算保险费用

考虑投保人的实际需求，投保倾向等因素对保费进行调整，并估算出最终的保险费用。

任务实施

作为汽车保险中介人员可以依据以下步骤为刘先生制订投保方案。

1. 了解投保人实际情况。充分了解投保人投保车辆的数量、种类、用途、行驶区域等有关情况以及投保人的经济承受能力，全方位地掌握投保人的投保要求和保险需求。

2. 识别与评估投保人的风险。从保险专业角度对投保人可能面临的风险进行识别和评估。

3. 选择保险公司。向投保人推荐信誉好、服务质量高的保险公司。

4. 选择险种组合。根据投保人的实际情况以及风险评估的结果向投保人提出险种组合、保险金额建议等；介绍相关险种、条款及相关险种所能提供的增值服务。

5. 对保险人及其提供的服务进行介绍。

6. 估算保险费用。

强化训练

李女士，28 岁，考取机动车驾驶证不满 2 年。2018 年新买了一辆宝马轿车，平时喜欢和朋友一起驾车出游。请为李女士设计三个以上可选的保险方案。

【步骤】

(1) 分组。将教学班级按每小组 5～8 人分为不同的学习小组。

(2) 研讨。以学习小组为单位组织研讨案例中的问题，在充分讨论的基础上，形成各小组的课题报告，并进行汇报。

(3) 点评。学生自评，小组互评，最后由指导教师对操作过程进行点评，然后综合评定各学习小组本次实训的成绩。

课后练习

1. 什么是汽车投保？选择汽车保险的原则有哪些？汽车保险的参与人有哪些？汽车投保有哪些方式？汽车保险合同的形式有哪些？

2. 汽车投保有哪些注意事项？

3. 汽车保险投保的基本流程是什么？

4. 汽车保险投保单上一般有哪些内容？填写时要注意什么？

5. 汽车保险投保方案的主要内容有哪些？

6. 制订投保方案的基本流程是什么？

7. 列举比较常见的五种汽车保险方案。

项目五　汽车保险承保实务

任务1　汽车保险销售

知识目标

1. 了解保险营销的内涵、特点以及模式。
2. 熟悉汽车保险销售的流程、礼仪。
3. 掌握汽车保险销售的促成。

能力目标

能够主动访问客户并分析客户的保险需求，为其介绍合理的保险方案，最终促成保险交易。

情景描述

小刘是今年刚毕业的汽车专业学生，毕业后进入了一家保险公司，主要从事汽车保险销售工作。虽然小刘在校期间接触了汽车保险的相关课程，公司也在他入职前进行了为期一个月的岗前培训，但是真的到了开展业务的时候，小刘却犯难了，那么小刘作为一名汽车保险销售员该如何开展自己的工作呢？

任务剖析

我国财产保险产业发展迅速，而产险的支柱险种汽车保险的发展尤为引人注目。汽车销售市场的快速壮大，使汽车保险行业得到了发展，市场容量不断扩大，各个保险公司加强了汽车保险业务的力度，汽车保险销售人员数量明显增多，而提高汽车保险销售技巧成了汽车保险销售员最迫切的需求。

相关知识

一、保险营销概述

1. 保险营销的内涵

保险营销就是在变化的市场环境中，以保险为商品，以市场交易为中心，以满足被保险人需求为目的，实现保险企业目标的一系列活动。保险营销的内涵包括三个方面：

（1）保险需求

保险需求与经济学中的需求类似，指一定时期消费者愿意且能够购买的保险商品量。保险营销把消费者的保险需求作为保险营销活动的起点。

（2）保险商品

指由保险人提供给保险市场的，能够引起人们注意、购买，从而满足人们减少风险和转移风险，必要时能得到一定的经济补偿需要的承诺性服务组合。

（3）交换

这是保险营销的前提性概念，因为只有交换才会产生保险营销，同时也是一种互利的交换。其中利益是交换的核心，保险销售人员在销售活动中必须清楚为准保户提供的保险商品的功能，以及投保人希望得到的利益。

2. 保险营销的特点

（1）主动性

主动性是保险营销最大的特点。营销不是推销，但注重推销。营销是关于企业如何发现、创造和交付价值以满足一定目标市场的需求，同时获取利润的行为。推销是使自己的意图和观念获得对方认可的行为，即获得他人理解的行为。在保险营销中，保险的商品是一份保险合同，是一份保险公司的承诺，是无形的产品；另外保险商品具有复杂性、专业性等特点，因此保险商品比其他有形商品更加注重推销。保险营销的主动性，需要营销人员积极主动地发现客户需求，并且创造性地提供其需求的产品服务，从而促成交换。

（2）以人为本

保险营销是以满足被保险人的需要为目的的交换活动，这要求保险营销人员必须设身处地地为客户着想，明确客户真正的需求，以人为本进行营销活动，处理好保险企业与客户间的关系。

（3）注重关系营销

保险营销不是一次性的交易，为客户提供保险服务是一个持续时间较长的过程，而且存在较多的重复购买，因此保险营销特别注意吸引客户，维持和增强与客户的关系。在营销过程中要通过充分的沟通合作，为客户提供优质的服务，以提高客户满意度，培养客户的品牌忠诚度。

（4）诚信性

最大诚信原则是保险活动的基本原则之一。该原则不仅是对投保人的约束，也是对保险人的约束。最大诚信原则的基本含义是：保险当事人双方在签订和履行保险合同时，必须以最大的诚意，履行自己的义务，不得有欺骗和隐瞒的行为，恪守保险合同的约定与承诺，否则保险合同无效。保险营销活动中，保险公司所销售的就是一份承诺，因此诚信在保险营销中尤为重要。

3. 保险营销的主体、客体及对象

(1) 主体

保险营销的主体是指保险商品的“生产”者和推销者，包括各类保险公司、保险代理人和保险经纪人。

1) 保险公司。保险公司享有相对独立的经济权利，具有相对独立的经济利益，且承担经济责任。

小提示：

在我国，成立保险公司必须具备的条件如下：

(1) 有符合《中华人民共和国保险法》和《中华人民共和国公司法》的企业章程。

(2) 最低注册资本限额为人民币2亿元。

(3) 有具备专业知识和业务工作经验的高级管理人员。

(4) 有健全的组织机构和管理制度。

(5) 有符合要求的经营场所和与业务有关的其他设施。

(6) 经国家金融管理部门批准。

2) 保险代理人。保险代理人是指根据保险人的委托，在保险人授权的范围内代为办理保险业务，并依法向保险人收取代理手续费的单位或者个人。

3) 保险经纪人。保险经纪人是基于投保人的利益，为投保人与保险人订立保险合同提供中介服务，并依法收取佣金的单位或者个人。

小提示：

保险经纪人也像保险代理人一样，向保险公司收取佣金，如为保险公司提供保险咨询、充当顾问等。

保险经纪人收取保险费的行为，对保险公司无约束力，即法律上不视为保险人已经收到，被保险人不能以此为由主张保险合同业已成立。但是在投保人或被保险人授权的情况下，保险经纪人在授权范围内所做的行为则对投保人或被保险人有约束力。此时，保险经纪人收取保险费后，即使实际尚未交付给保险公司，法律上也视为保险公司已收到。

保险经纪人的业务范围要比保险代理人广，如受保险公司委托充当保险公司的代理人，也可以代理保险公司进行损失的勘察和理赔，甚至还可以从事保险和风险管理咨询服务。

(2) 保险营销的客体

保险营销的客体即保险商品。保险商品具有如下特性。

1）不可感知性。保险商品是保险公司提供的一种无形服务，是一种以风险赔偿责任为对象的特殊商品。保险商品在形式上是一份约定保险人对被保险人赔偿责任的合同。保险商品看不见、摸不着，消费者购买保险商品时不能用感官感觉到，它只是保险公司对被保险人的一种承诺，且这种承诺只有在保险合同约定的事件发生时或约定期限届满时保险公司才会履行。

2）不可分离性。因为消费者对保险商品无法感知，消费者很难对产品质量做出单独判断，消费者对产品质量的评价，通常与对营销人员的印象、公司的品牌形象结合在一起。营销人员给消费者的印象常常影响消费者对保险产品的判断。

3）不稳定性。不稳定性是指服务质量的不稳定性。由于保险服务是一个动态的过程，保险服务发生的时间、地点和方式等各不相同，因此保险人接受保险服务也会有所不同。即使是同一保险公司的同一个营销人员所提供的同一种保险产品，由于时间、地点、保险事故发生的具体情况不同，消费者的感受也会不一样。

4）不可储存性。保险商品通常都有约定的保险期限，对于财产保险，保险人只在保险期限内履行保险责任，只有在保险期限内发生的保险事故才能获得赔偿。因此，保险商品不能被存储，过了一定的时间就会失效。

5）价格固定性。保险商品的价格在较长的时间内是不变的。以人寿保险为例，保险费率是根据生命表中的生存率、死亡率、收益率和保险公司的经营费用来制定的，其变动的可能性较小。一般情况下，保险公司不允许消费者在购买保险商品时讨价还价，消费者只能选择买或不买。

（3）保险营销的对象

保险营销的对象即客户。客户是保险营销的核心，所有的营销活动都是以满足客户的需求为中心，只有通过满足客户的需求，获得客户的最大满意度，企业才能留得住客户，从而占据竞争优势。

4. 汽车保险营销模式

保险销售渠道是指保险商品从保险公司向投保人转移过程中所经过的途径。保险企业是金融服务业，其营销渠道不同于一般工商企业的营销渠道，保险营销渠道提供的不是有形产品，而是保险合同这种无形产品。从某种意义上讲，保险渠道既是销售者，又是生产者。销售出去的保险单就相当于生产了相应的保险产品。

（1）直销团队和代理人

直销团队由保险公司签订劳动合同的员工组成，开展政府招标、企事业团队业务，同时兼做零售业务。

代理人是指符合保监会规定的、具有《保险代理人资格证书》的，只为一家保险公司代理保险业务的个人。其服务对象为大量分散的私家车客户，是市场的展业大军。

作为保险公司的自有渠道，直销团队和代理人渠道是公司的支柱力量，在整个车险销售市场中，所占比重还是很大的。直销团队依靠的是大笔的团队优质订单，这就要求从业人员需要较高的专业技能，以及相当丰富的经验积累。而代理人的客户对象主要是广大私家车和企事业单位车。

(2) 网络保险（网销）

网络保险是新兴的一种以计算机网络为媒介的保险营销模式，有别于传统的保险代理人营销模式。网络保险是指保险公司或新型网上保险中介机构以互联网和电子商务技术为平台来支持保险经营管理活动的经济行为。

网络保险的具体程序为：投保人浏览保险公司的网站，选择适合自己的产品和服务项目，填写投保意向书，确定后提交，通过网络银行转账系统或信用卡方式支付保险费用。经核保后，保险公司同意承保，并向客户确认，则合同订立；客户可以利用网上售后服务系统，对整个签订合同，划交保险费过程进行查询。

(3) 电话销售

电话销售是车辆保险的另一种营销模式。保险公司业务员通过电话与客户直接联系，来完成保险产品的推介、咨询、报价、保单条件确认等主要营销过程。

(4) 4S 店代理

4S 店是一种特定的保险兼业代理，可利用其自身优势，为保险公司代理业务。近年来保险公司与 4S 店建立起了合作伙伴关系，把 4S 店纳入了保险公司的虚拟团队。有的保险公司专门向 4S 店配置了远程出单系统和驻店代表，负责业务指导、协调关系、信息沟通等。

(5) 上门投保

上门投保是保险公司为提高服务质量，主动开拓市场的一种措施，由保险公司派业务员在投保人方便的场所进行业务咨询，帮助投保人进行投保方案设计，指导投保人填写投保单，并且可以提供代送保险单、发票及代收保险费等其他服务。

小提示：

采用上门投保方式时，投保人一般应该主动约定。对于未约而至的，投保人应该查验上门业务人员的身份证明材料，如保险代理人资格证书（保监会签发）、上岗证（保险公司签发）、有效身份证件等，核实业务人员身份，防止经济诈骗。

二、汽车保险销售流程

1. 准客户的开拓

(1) 准客户的概念及条件

准客户是指有保险需求，但是尚未投保的客户群体。

准客户应具备的条件：有保险需求、有支付保险费能力、符合核保标准。

(2) 准客户的开拓方法

保险客户开拓就是识别、接触并选择准客户的过程。准客户开拓是保险营销环节中最重要的一个步骤。可以说，保险销售人员最主要的工作就是做好准客户开拓。

1) 准客户开拓的步骤。准客户开拓工作可以分五步进行：①获取尽可能多的车主姓名；②尽可能多地了解车主情况，确认他们是否有可能成为保险的购买者；③建立准客户信息库，将准客户的资料储存起来；④利用各种方式与准客户建立联系；⑤淘汰不合格的准客户。

2) 准客户开拓的途径。保险销售人员一般依据自己的个性和销售风格进行准客户的开拓。常被用来选择的准客户开拓途径有陌生拜访、缘故开拓、连锁介绍、电话营销、网络营销等。陌生拜访是一种无预约的拜访；缘故开拓是利用已有的关系，如亲朋关系、工作关系、商务关系等从熟人那里开始推销，这是准客户开拓的一条捷径；连锁介绍是通过老客户的介绍寻找有可能购买产品的其他客户的方法；电话营销是指通过打电话给事先选定的准客户，推广并了解他们感兴趣的产品，以发现他们的真正需求，从而决定是否需要面谈的一种准客户开拓方法。网络营销是指利用电子邮件、微信、微博、论坛等传递保险产品信息，获取准客户需求信息的一种准客户开拓方法。

2. 准客户资料的收集与整理

尽可能多地收集客户资料，并进行整理分析。

3. 约访

包括电话约访、电子邮件约访、当面约访、信函约访等。

4. 面谈

保险销售员与客户成功约访后，下一步就要和客户面谈了。保险销售员与客户初次面谈时，一定要格外谨慎，要用心去听，用心去讲，千万不要在陌生的客户面前口若悬河夸大事实。在与客户面谈时，要注意以下事项：

(1) 不谈对方敏感的事。

(2) 不谈对方的出身。

(3) 不和对方开过分的玩笑。

(4) 不要作讲演。

(5) 不要与客户争论。

(6) 不要坚持改变对方。

(7) 不谈对方的隐私。

(8) 不要指责对方。

(9) 不可忽视神态举止。

(10) 不要讲大话，言过其实，不得欺骗客户。

5. 保险促成

保险促成就是代理人帮助和鼓励客户做出投保决定，并协助其完成投保手续的行为和过程。

6. 拒绝处理

没有拒绝的销售是不完整的销售，没有经历过拒绝的保险销售人员，就很难成长为一个优秀的保险销售人员。真正优秀的保险销售员是在不断地被拒绝，又不断地再拜访中磨炼出来的。

常见的拒绝理由及拒绝处理话术：

(1) 拒绝理由——买保险不吉利

拒绝处理话术：请问您家里常备一些药品吧，为什么会在身体没毛病时却预备了药呢？买药是预防得病，不是就一定得病，保险也一样，并且能提供很高的保障。

(2) 拒绝理由——保险是骗人的

拒绝处理话术：保险是受到法律保护的，不是骗人的。只有骗人的业务员，没有骗人的保险，所以您一定要认真地选择业务员。

(3) 拒绝理由——没钱

拒绝处理话术：我们为您准备了多种保险方案和不同的险种组合，您可以购买经济型的保险组合，花钱少但保障好。

(4) 拒绝理由——我们老总都没有买，我们买干什么

拒绝处理话术：老总不买保险是因为他现在的能力能够应付突然的变故。而您现在这个阶段，选择一份合适的保险才能为您与家人提供更好的保护。

7. 签单

保险促成后，接下来就是客户和销售员签订保险投保单了。

8. 递送保险单

递送保险单既是销售的结束，更是真正意义上保险服务的开始。

三、汽车保险销售礼仪

1. 保险销售员的工具准备

在销售之前应当准备好各种销售工具，主要有：笔、名片、计算器、公司简介、宣传广告资料、保险单证、保险条款等。

2. 保险销售员的心理准备

(1) 正确的销售心态

保险销售员需要正确的销售心态，如热爱保险营销事业，具备积极向上的人生观，有较强的心态调节能力，充满自信等。

(2) 团队精神

保险销售员要善于利用团队中各方面的资源，与大家精诚合作，以团队的力量来规划个人的职业生涯，以团队的力量去帮助个人实现自我价值。

(3) 遵守职业道德

保险销售员无论是在与客户的日常交往中，还是在讲解保险的工作中，都要诚实守信，保持不欺骗、不隐瞒、不夸大的职业道德，向客户如实地讲解客户应知的各项内容。不能贬低、诽谤同行。

3. 保险销售员的形象准备

保险销售员必须塑造专业的形象，主要包括仪容仪表、行为举止、语言谈吐、社交礼仪等。

(1) 保险销售员的仪容仪表

1) 男销售员的仪容仪表。男销售员的仪容仪表要求如图 5—1—1 所示。

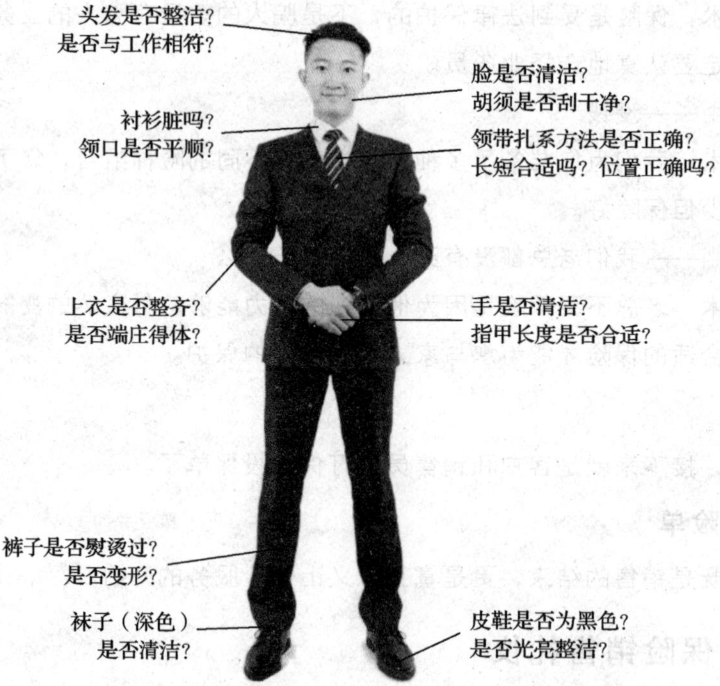

图 5—1—1　男销售员的仪容仪表要求

①发型。应留短发，保持头发的清洁、整齐。

②脸妆。应精神饱满，面带微笑；注意清洁，每天刮胡须。

③衣着。应穿白色或单色衬衫，领口、袖口无污迹；领带紧贴领口，系得美观大方；西装应平整、清洁，西装口袋不放物品；西裤平整，有裤线。

④指甲。应留短指甲，注意保持清洁。

⑤袜子。应穿黑色或深色袜子。

⑥鞋。应穿黑色皮鞋，保持光亮，无灰尘。

2）女销售员的仪容仪表。女销售员的仪容仪表要求如图 5—1—2 所示。

图 5—1—2 女销售员的仪容仪表要求

①发型。女性发型应文雅、庄重，梳理整齐，长发要用发夹夹好。

②脸妆。女销售员应化淡妆，面带微笑。

③衣着。女销售员应穿套装，以正规、大方、得体为宜。穿裙子应长度适宜。

④指甲。指甲不宜过长，并保持清洁。涂指甲油时须选用自然色。

⑤袜子。袜子应穿肤色丝袜，无破洞。

⑥鞋。鞋子应该光亮、清洁。

⑦饰品。除结婚戒指外，尽量不戴其他饰品。

(2）保险销售员的行为举止

1）用微笑表达善意。表情中微笑最能予人好感，传递友善，增加沟通机会。有感染力的微笑应是发自内心的、自然大方的、真实亲切的。微笑时眼睛要平视对方，高于对方视线的微笑会让人感到被轻视，低于对方视线的微笑会让人感到有戒心。

2）注意眼神的交流。眼神的接触是重要的交流手段，与客户交谈时，两眼视线应落在对方的鼻间，偶尔也可以注视对方的双眼。恳请对方时，注视对方的双眼。为表示对客户的尊重和重视，切忌斜视或眼神游离，避免让客户感到你心不在焉。

3）得体的姿态体现素养

①站姿。销售人员的站姿如图 5—1—3 所示。

基本要求：抬头，目视前方，挺胸直腰，平肩，双臂自然下垂，收腹。

男性：两脚分开，比肩略窄，身体重心放到两脚中间，双手合起放在背后或置于身前。

女性：双脚并拢，两脚尖分开呈“V”形，双手合起放在腹前。

②坐姿。销售人员的坐姿如图 5—1—4 所示。

图 5—1—3　销售员的站姿

图 5—1—4　销售员的坐姿

入座时应轻轻坐下，至少坐满椅子的 2/3，后背轻靠椅背，双膝自然并拢（男性可略分开）。

对坐谈话时，身体稍向前倾，表示尊重和谦虚；如果长时间端坐，可将两腿交叉重叠，但要注意将小腿回收。

③行姿。抬头、挺胸、收紧腹部，肩膀往后垂，手要顺势放在两边，自然摆动，步伐轻盈，不可拖泥带水，身体有向上拉长的感觉。行走的轨迹应是一条直线，脚尖指向前进的方向，双脚内侧应落在一条直线上。

④手势。手势是一种重要的身体语言，在洽谈过程中有助于表达自己的情绪，说明某个问题，从而使自己的语言更加有说服力和感染力。但手势不宜过多、过密，否则容易分散对方的注意力，甚至引起对方的反感。做手势时动作不能过大，不能将手伸过双方距离中界线的地方。另外，不分场合与对象地拍打客户肩膀或与客户勾肩搭背极易引起对方的不快。在做手势动作时一般不要超过双肩以内的范围，否则会给人以手舞足蹈、轻浮乃至轻狂的印象。当然，手势也不可太过于拘谨，显得生硬怯懦，缺乏应有的自信，难以让人产生信赖感。

4）合适的交流空间距离。有位销售专家曾经说过：“优秀的销售人员会严格注意其与客户间的空间距离，并能在逐渐破除种种障碍的过程中表现出亲近感。”人与人之间的空间距离实际上是相互之间心理距离的体现，过于鲁莽地进入对方的距离，会引起对方的戒备心理。人们所在的空间距离一般可分为四个层次：

①亲密距离：15～46 cm，一般在最亲近的人之间出现，如父母、爱人。

②个人距离：46～120 cm，一般出现在亲朋好友之间。

③社交距离：1.2～3.6 m，一般出现在社交场合，上下级之间，保持此距离会产生威严感、庄重感。

④公共距离：大于 3.6 m。

在销售中应该保持多大的距离才算合适呢？一般来说运用个人距离与社交距离是比较合适的。但还需要考虑其他各种情况，如交往对象、交往内容、交往场合、交往心境等因素。通常销售双方的人际关系以及所处的环境决定双方之间的距离。

(3) 保险销售员的语言谈吐

1) 打动人的声音

发音：没有浓重的地方口音；尽量使每个字的发音都正确。

语法：正确。

内容：不说令人厌恶的字眼；不要一再使用口头禅。

语速：适中。

音调：不可过高，声音听起来应圆熟而稳重。

2) 恰当的称呼。在与客户交谈的过程中，恰当的称呼显得非常重要。对男士的称呼，最普遍的称呼是先生，以表明严肃的态度和对于对方的尊重。对女士的称呼，未婚者称小姐，已婚者称太太、夫人，不明确者称女士，以表示对女性的尊重。对具有一定身份地位的人，在官方场合要称其职衔，对有学问的人称其学衔。

3) 选择客户喜欢的话题。

(4) 社交礼仪

1) 问候对方。郑重并亲切地问候是社交礼仪的基础，是打开人际关系之门的第一步，是良好人际关系的润滑油。在销售中应主动向别人问候；在对方没有注意时，应在适当时机问候。每一次见面都要问候。

2) 介绍自己。问候对方之后应主动介绍自己。简要介绍自己的单位、职务、姓名。介绍时语言明朗、爽快，速度稍慢，保持流畅。

3) 见面握手。与别人握手时一定要伸右手，伸左手是不礼貌的。伸出的手掌应当垂直，这是通常的习惯。握手时掌心向上，有谦卑之态；掌心向下，会有傲慢之嫌。握手的时间以 3～5 s 为宜。用力大小应适度，用力太猛太重，会把对方握疼，是不礼貌行为；太轻甚至用指尖稍微碰触，会让对方觉得你在敷衍。握手的力度，对男子可以稍重些，对女子则应轻柔。如图 5—1—5 所示为正确的握手方式。

图 5—1—5　握手方式

4）交换名片。递名片时，应起身站立，走上前，用双手或右手递上名片，名片的正面对着对方；如果是外宾，将英文的一面对着对方。递名片时可说“请多指教”“多多关照”“常联系”等礼貌用语，或做自我介绍。

与多人交换名片时，应由近而远，由尊而卑。交换次序一般是位卑者应当首先将名片递给位尊者。

接名片时，应起身站立，面含微笑，目视对方，用双手捧接，或以右手接过。接过名片后，从头到尾认真默读一遍，意在表示重视对方。接受他人名片时，应使用谦敬语，如“请您多关照”“请您多指教”。如图 5—1—6 所示为正确的交换名片方式。

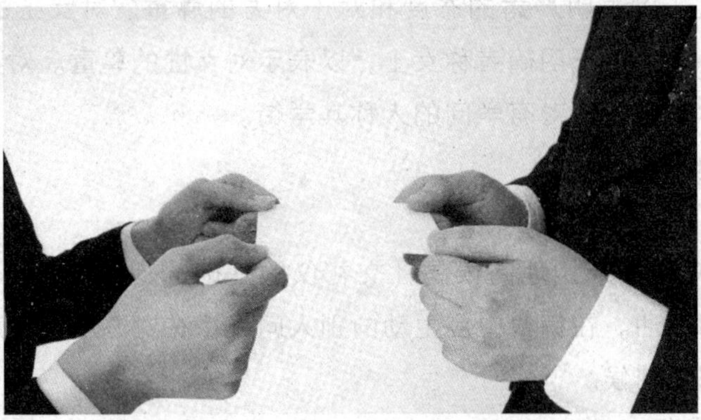

图 5—1—6　交换名片方式

四、汽车保险促成

1. 促成的概念

促成是指帮助和鼓励客户做出购买决定，并协助其完成购买手续的行为和过程。促成是整个销售流程中的关键环节，之前与客户所做的沟通都是为促成而准备的。有很多销售员对促成都有压力，怕这个环节做得不好。其实成功的关键在于掌握促成原则，即掌握促成时机，运用适当的促成方法，以万变应不变。促成需要注意以下几个要点：

（1）要在客户心目中树立良好的形象

在与客户沟通的过程中，除了要注意给客户留下良好的第一印象外，在以后的见面中，也要注意自己的形象。

（2）整个销售流程要有完善的销售计划

从开始见客户第一面，在拜访计划中就要确定相应的销售策略，然后按着规划一步步进行。

（3）坚定客户购买的信心

当客户出现犹豫，那可能是保险方案中的利益部分没有讲清楚，此时就要再回过头，从分析保险需求开始，与客户共同做一个回顾，以保险利益为重点再次进行讲解。

（4）不要操之过急

操之过急等于杀鸡取卵。应在适当的时候做适当的事，如果促成的时机未到而急于促成，往往会适得其反，而且前期做的大量工作也就白费了。

2. 把握成交的时机

如何在有效的时间里及时提出自己的成交请求，是每个销售员都要面对的问题。这就需要销售员在销售过程中察言观色，及时把握成交信号，看准时机，进行促成，完成交易。促成的时机可以通过客户的各种语言、表情、动作等来判断，一般有以下几个方面。

（1）观察客户的行为

1）客户表现出沉思神情。

2）客户拿过保险费率表仔细查看、仔细演算费用。

3）客户再次拿起宣传单阅读。

4）客户问起别人的投保情形。

5）客户逐渐向销售员靠近时。

6）客户反对意见逐渐减少时。

7）客户态度明朗，明显赞同时。

8）客户对你的敬业精神赞赏时。

（2）倾听客户的话语

1）客户询问能否给予优惠时。

2）客户询问如何交费、办手续时。

3）客户把话题集中在某一险种或某一保障，并一再关注某一险种的优点和缺点时。

4）客户关注细节，询问发生事故如何理赔时。

5）客户询问有没有其他服务时。

6）客户询问如果改变主意，能否退保时。

7）客户询问如果以后真的出险，能否找销售员帮助时。

3. 运用恰当方法促成

保险促成方法有很多，以下介绍几种常见的方法。

(1) 风险分析法

运用一个可能发生的风险事故对客户的影响，通过举例或提示，让客户感觉到购买保险的重要性和迫切性。例如，保险销售员对客户可以这么说："汽车经常在外面使用，最常遇到的风险就是车辆碰撞到其他车辆或者行人，这样的事故很可能造成他人的死亡或残疾，需要赔偿大笔的费用。您考虑过没有，突然间如果要您拿出几十万元的赔偿费用来，是否会对您和您的家庭造成影响呢？我们的这些险种正是为了防范此种风险而准备的。"

(2) 激将法

俗语有云"请将不如激将"。运用适当的激励，可以促成客户购买的决心。当然，激将法要看清对象，言辞要讲究，既要防止过度，也要避免不及。

保险销售员可以对客户这么说："很多像您这样的客户都已经办理了该保险，以您的实力，相信应该没有问题，更何况您是一位非常热爱驾驶运动的人！"

"相信对您来说，每年多交 5 000 元，应该不会给您的生活造成压力。"

"这么好的产品，相信您一定不会拒绝它！每年保 10 万元如何？"

(3) 假设成交法

即假设客户已经同意购买，主动帮助客户完成购买的过程，但这种过程通常会让客户做一些重点的选择，而不是要求他立即签单或支付费用。

保险销售员可以对客户这么说："那我就帮您做一些险种的组合选择吧，您这种情况需要车损险、第三者损失险，还有玻璃险……"

"您觉得第三者责任险是选择 25 万元还是 20 万元合适？"

"请问您以后的保单是送到您家里还是单位呢？"

"请问您的身份证号码是……"

这种方法只要会谈氛围较好，随时可以使用。

(4) 利益驱动法

该方法以客户利益为说明要点，主要让客户意识到投保带来的好处，打破当前客户的心理平衡，让客户产生购买的意识和行为。这种利益可以是金钱上的节约或者回报，也可以是购买产品后所获得的无形利益。对于前者如节省保费、资产保全；对于后者如购买车险后如何有助于达成个人、家庭或事业的目标等。

保险销售员可以对客户这么说："先生，您的这份保险计划，不但能保障孩子自身的安全，您的家人或朋友如果驾驶您的汽车，他们的人身安全也可得到保障，一举多得，很全面，请抓紧办理吧……"

"这两天我们正搞促销活动，今天办要比平时实惠，马上就可为您做申请礼品的登记！"

(5) 邀请法

邀请法即直接点明，若保险方案符合对方的需求，可以明确地邀请客户购买。例如，保险销售员对客户可以这样说："您现在的需求正适合这份计划，请相信我为您专门设计的方案，其他的手续就交给我帮您办理吧！"

"请问您的身份证号码是多少？我帮您办一下手续！"

此方法适合于客户对产品的理解较清晰且对为其设定的计划较为满意，但对类似交费等问题有些犹豫，待作最后决定的情况。

(6) 行动法

行动法即当客户问到一些不重要的问题时，不要与客户争辩、解释而是继续交谈，以自己的行动来促成客户成交。

具体的做法主要有：拿出投保单填写、签发暂收收据、询问投保单上告知事项、请准客户出示身份证、请准客户确定保险金额等。

促成的方法有很多，不一而论。但是有一点是相同的，即促成过程就是与客户沟通互动的过程。在促成中，既要准确地把握时机，又要有良好的心态和促成方法，随机应变，灵活应对。

4. 促成的禁忌

(1) 心存恐惧

有些销售员对促成有恐惧心理，其实完全不必有这种心理。只要前期的工作做得扎实，是站在客户的角度考虑，同时保险计划做得合理，促成是水到渠成的事。即使不成，找出原因和问题，总结经验和教训，以便再促成。

(2) 硬套话术

促成话术有很多，不同的时机、不同的客户要使用不同的话术。没有一种促成话术是万能的，不可本末倒置，一味地去追求有效的话术。

(3) 制造问题

如果在促成中制造出这样或那样的问题，促成的机会就从身边溜走。千万不要因为自己比客户知道得多，在客户面前卖弄，或者将简单的问题复杂化，用很多专业术语解答问题，使客户听得云里雾里，不知所措。

(4) 急躁盲目

有些业务人员属于急性子，觉得只要自己不欺骗客户，都是为他好就行。保险计划说不明白没关系，反正不会害客户，买了就比没买强。如此会让客户觉得你很不稳重，甚至会觉得你在隐瞒着什么问题，从而"敬而远之"。

(5) 计划不周

促成这个环节是对前期的各个环节的检验。常言道：万丈高楼平地起。同理，从与客户接触开始，一步一步走到促成这个环节，前面的环节是否做得足够扎实，足以影响促成的成败。前面做得好，促成就顺利，如果前面的环节“偷工减料”，在促成环节就会暴露出问题。因此，我们对促成前的各个工作环节要有计划，扎扎实实地推进。

(6) 减价

有些业务人员为了抢夺市场，使用一些不正当的竞争手段，随意减价，这不仅扰乱了行业的正常秩序，同时也会给自己带来无穷的伤害。

任务实施

保险销售员小刘可以按照以下步骤来开展自己的汽车保险销售业务。

1. 寻找潜在客户

通过各种途径收集潜在客户信息，并进行整理。潜在客户一般是指关注保险或者有投保意愿，但是尚未签单的客户群体。一般可以通过咨询、电话、信函、陌生拜访、老客户介绍、网络销售等方法来获取潜在客户。

2. 约见客户

对潜在客户进行约见，争取面谈机会。当拥有了潜在客户之后，需要对潜在客户进一步接触，建立双方的关系，才能为其提供服务，促成交易。约见的方式可以有电话约见、信函邮件约见、QQ（微信）约见等。在约见的过程中可以承诺提供优质服务或赠送礼品等，以提高约见客户的成功率。

3. 与客户面谈

对客户进行拜访，与客户进行面谈，了解客户信息，介绍保险的相关信息。

4. 分析客户需求

根据客户的实际情况，分析客户风险及其保障方案。在分析客户需求的过程中发现客户的真正潜在需求，为正确地引导客户购买最需要的保险，获得真正的保险保障打下基础。同时也只有了解了客户的需求，才能够为客户量身定做保险方案，只有合理的保险方案才能满足客户的真正需求。

5. 推荐保险方案

结合客户的实际情况，设计并推荐介绍保险方案。

6. 促成签单

处理客户的各种异议，抓住时机促成交易，签订保单。帮助和鼓励客户做出购买的决定，并协助其完成购买手续。促成是整个销售流程中的关键环节，之前与客户所做的沟通都是为促成而准备的。促成签单成功的关键在于掌握促成的时机，运用适当的促成方法，以万变应不变。

7. 保单送达

出单后，将保单送到客户手中。递送保单虽然是此次销售活动的结束，却是保险服务的开始。在拿到保险公司审批下来的保单后，小刘应主动把保单送给客户，在这个过程中需要认真仔细地为客户服务，让客户感觉受到了应有的重视。

8. 售后服务

保险销售员为客户提供售后服务可以消除客户购买保险后的疑虑，提升保单的内在价值，以获得再次开发客户和开拓新市场的机会。一般售后服务包括：理赔服务、与客户保持联系、接受咨询、路途营救等。

小刘作为一名保险销售员，要想在激烈的市场竞争中立于不败之地，就要靠服务去赢得客户，做到人无我有、人有我精、人精我专。售后服务一定要遵循服务的原则，否则所提供的服务将会大打折扣。同时，售后服务也是激励自我、提升个人业绩、缩短与客户距离、树立保险良好形象的有力武器。

强化训练

保险业务员小田刚参加工作一年，之前主要在保险公司从事汽车保险理赔柜台服务，现在转做汽车保险销售，正在跟进一位客户。客户是一名知名公司的部门经理，年龄 38 岁，其太太是企业会计，女儿上小学三年级。小田了解到该客户刚买一年的凌志轿车保险就要到期，小田想争取这名客户，于是从陌生拜访入手，接触了客户，并介绍了自己与公司。但客户对他提出了一些异议，说身边的有些朋友购买保险后，到真要理赔时，销售员却推三阻四让直接找事故理赔组，有的业务员甚至不接电话，跟卖保险之前承诺的售后服务完全不同。客户有几次小事故嫌理赔麻烦干脆就放弃了理赔。

此案例中的业务员小田销售的障碍是什么？业务员小田该如何突破？

【步骤】

(1) 分组。将教学班级按每小组 5～8 人分为不同的学习小组。

(2) 研讨。以学习小组为单位组织研讨案例中的问题，在充分讨论的基础上，形成各小组的课题报告，并进行汇报。

(3) 点评。学生自评，小组互评，最后由指导教师对操作过程进行点评，然后综合评定各学习小组本次实训的成绩。

任务 2　核　　保

知识目标

熟悉核保的概念、原则及意义。

能力目标

熟悉核保的流程，能够精准、快速地办理核保业务。

情景描述

田女士为某公司主管，未婚，27 岁，驾龄 3 年。今年以 18.88 万元购买了一辆起亚轿车作为上下班的代步工具，只限她本人使用，驾驶区域相对比较稳定，有固定停车地点；作为女性，驾驶较为小心，发生事故的概率相对较小。

表 5—2—1 为田女士所购车辆相关资料信息。

表 5—2—1　　田女士所购车辆相关资料信息

序号	项目	说明
1	被保险人与投保机动车辆的关系	所有
2	车辆所有人	田女士
3	号牌号码	苏 A—123××
4	号牌底色	蓝色
5	厂牌型号	SVW7181××××
6	发动机号	LSVCC2A49CN01××××
7	VIN	17 位码，由英文字母和数字组成
8	车架号	CEA88××××
9	核定载客	5 人
10	排量/功率	1.8 L
11	初次登记日期	2019 年 2 月
12	已使用年限	0
13	年平均行驶里程	0
14	车身颜色	红
15	机动车种类	6 座以下客车
16	机动车使用性质	家庭自用
17	是否本公司续保	否
18	行驶区域	中国境内
19	上年赔款次数	无
20	是否为未还清贷款车辆	否
21	车损险、车身划痕险选择专修厂	否
22	上年度交通违规行为	无

保险销售员为其制订好的投保方案为：交强险、机动车损失险、车上人员责任险、第三者责任险、车身划痕损失险、不计免赔率险。作为保险业务员，应该如何为田女士办理核保业务?

任务剖析

保险公司除了要大量承揽业务外，还要保证每笔业务的质量，否则大量不符合要求的风险出现，将使公司赔付率上升，影响正常的经营。保险核保是保险人对每笔业务的风险进行辨认、评估、定价，并确认承保条件的一种行为。在办理核保业务之前需要了解什么是核保、核保的原则，以及核保的业务流程。

相关知识

一、核保的概念

保险人在承保时必须经过核保过程。核保是指保险人在承保前，对保险标的的各种风险情况加以审核与评估，从而决定是否承保、承保条件与承保费率的过程。

核保工作的目的在于辨别投保风险的大小，并使可接受承保的风险品质量趋于一致，即对不同风险程度的风险单位进行分类，按不同标准进行承保、制定费率，从而保证承保业务质量，保证保险经营的稳定性。

二、核保的原则

1. 保证长期的承保利润

核保时应避免片面追求承保数量的短期行为，这将影响公司的经营目的和方向，不利于公司的长远发展。应该做到全面、细致、严格地核保，争取最好的承保条件，保证公司实现长期的承保利润。

2. 提供优质的保险服务

核保时应尽力为客户设计优化的保险方案，充分满足客户的需要，并不断完善以适应客户新的保险要求。通过核保为客户提供全方位和多层次的保险服务，保持客户的数量及长期的客户关系。同时公平对待每一位客户，承保条件和承保费率对所有的客户要一视同仁。

3. 争取市场的领先地位

通过不断提高承保技术来拓展新的业务领域，努力保持市场的领先优势或争取市场的领先地位。核保时应能够根据市场的变化，及时调整公司业务规章，保持在市场的竞争力。

4. 谨慎运用公司的承保能力

在任何情况下，都不要在条件不成熟或能力不足的条件下盲目承保高风险或巨额风险项目。应认真做好风险的控制工作，累积各类风险的处理经验，为以后的承保和理赔工作打下基础。

5. 坚持规范化的管理

在核保过程中要遵守国家法律、地方法规，遵守行业规章及公司的制度和市场准则。

6. 有效利用再保险支持

以确保公司利润为原则，最大限度地利用再保险，而不是片面依赖于再保险支持。应严格核保，确定自留额以便合理分散风险，争取实现最大的利润及最小的风险代价。

三、核保的意义

1. 防止逆选择，排除经营中的道德风险

在保险公司的经营过程中始终存在一个信息问题，即信息的不完整、不精确和不对称。这种信息的不对称是指投保人或被保险人比较了解或能较精确评估其自身风险，而保险人却较难做到。尽管最大诚信原则要求投保人在投保时应履行充分告知的义务，但是事实上始终存在着信息不完整和不精确的问题。保险市场信息问题的存在，可能导致投保人或被保险人的道德风险和逆选择（即投保人所作的不利于保险人的合同选择），而道德风险与逆选择将给保险公司经营带来巨大的潜在风险。

小提示：

保险公司通过建立核保制度，由资深人员运用专业技术和经验对投保标的进行风险评估，可以最大限度地解决信息不对称的问题，排除道德风险，防止逆选择。

在保险欺诈的案件中有一个共同的特点，就是在投保时虚构保险利益。在汽车保险业务中反映为高估车辆的实际价值。这种现象可以通过认真和专业的核保予以排除。

2. 确保业务质量，实现经营的稳定

保险公司是经营风险的特殊行业。它经营的是社会的风险，所以保险公司经营状况的好与坏不仅仅是保险公司自身的问题，同时也是整个社会的稳定问题。

保险公司要实现经营的稳定，关键的一个环节是控制承保业务的质量。随着国内保险市场的发展，保险市场竞争日趋激烈，保险公司在扩大业务的同时，经营风险也在不断增大。其主要表现为以下三点。

(1) 为了拓展业务而急剧扩充业务人员，但这些新人员的素质有限，无法认识和控制承保的质量。

(2) 保险公司为了扩大保险市场占有份额，稳定与保户的业务关系，放松了对拓展业务方面的管理。

(3) 保险公司为了拓展新的业务领域，开发了一些不成熟的新险种，签署了一些未经详细论证的保险协议，增加了风险因素。

小提示：

核保制度是保险公司防范、避免和解决以上种种现象的发生，强化经营风险控制的重要手段。通过建立核保制度，将展业和承保相分离，实行专业化管理，严格把好承保关，可以防止“病从口入”，确保保险公司实现稳定经营。

3. 扩大市场规模，与国际惯例接轨

我国传统的市场运作模式大都是由保险公司的业务人员通过市场营销工作进行的，这种模式在一个特定的历史时期曾经发挥了重要的作用。但是，随着我国市场经济体制改革的深入和加入国际经济一体化的进程，以及保险市场主体的增加和完善，社会专业分工将成为一个必然的发展趋势。其在保险领域表现为保险中介市场的发育和完善。

一方面外国的保险中介组织对于中国的市场表现出极大的兴趣，纷纷要求进入中国市场。加入 WTO 以来，我国逐步向国外的保险中介机构开放。另一方面我国的保险中介力量也在不断壮大，中国保监会已经批准设立了保险经纪人公司及保险专业代理公司和数以千计的保险兼业代理公司。我国的保险中介组织已经初具规模并将成为推动保险业务发展的重要力量。在看到保险中介组织对于扩大业务的积极作用的同时，也应当注意到其可能带来的负面影响。

由于保险中介组织经营目的和价值取向的差异以及人员的良莠不齐，保险公司在充分利用保险中介机构进行业务发展的同时，更需要加强保险中介组织的业务管理。核保制度是对中介业务质量控制的重要手段。因此，保险公司核保制度的建立和完善是配合保险中介市场建立和完善的必要前提条件。

4. 实现经营目标，确保持续发展

在市场经济条件下，企业发展的重要条件是对市场进行分析，并在此基础上确定企业的经营方针和策略，包括企业的市场定位、特定业务和客户群的选择。同样，在我国保险市场的发展过程中，保险公司要在市场上争取和赢得主动，就必须确定自己的市场营销方针和政策。这包括选择特定的业务和客户作为自己发展的主要对象，确定对于各类风险承保的态度，制定承保业务的原则、条款、费率等。这些市场营销方针和政策实现的主要手段是核保制度，通过核保制度，实现对风险选择和控制的功能，保险公司能够有效地实现其既定的经营目标，并保持业务的持续发展。

四、核保的程序

核保工作原则上采取两级核保制。先由展业人员、保险代理人进行初步核保，然后再由保险公司专业核保人员复核决定是否承保、承保条件及保险费率的适用等。核保的程序一般要包括审核投保单、查验车辆、核定保险费率、计算保险费等步骤。

1. 审核投保单与查验车辆

(1) 审核投保单

业务人员在收到投保单以后，首先根据保险公司内部制定的承保办法决定是否接受此业务。如果不属于拒保业务应加盖公章，载明收件日期。随后审查投保单所填写的各项内容是否完整、清楚、准确。核保所要审查的投保单项目包括：

1）投保人资格。投保人资格审核的核心是认定投保人对保险标的拥有保险利益，机动车保险业务中主要是通过核对机动车行驶证来完成。

2）投保人或被保险人的基本情况。投保人或被保险人的基本情况主要是针对车队业务的。通过了解企业的性质、是否设有安保部门、经营方式、运行主要线路等，分析投保人或被保险人对车辆管理的技术管理状况，保险公司可以及时发现其可能存在的经营风险，采取必要的措施降低和控制风险。

3）投保人或被保险人的信誉。投保人与被保险人的信誉是核保工作的重点之一。对于投保人和被保险人的信誉调查和评估逐步成为机动车核保工作的重要内容。评估投保人与被保险人信誉的一个重要手段是对其以往损失和赔付情况进行了解，那些没有合理原因，却经常“跳槽”的被保险人往往存在着道德风险。对保险车辆应尽可能采用“验车承保”的方式，即对车辆进行实际的检验，包括了解车辆的使用和管理情况，复印机动车行驶证、购置车辆的完税费凭证，拓印发动机与车架号码，对于一些高档车辆还应当建立车辆档案。

4）保险金额。保险金额涉及保险公司及被保险人的利益，往往是双方争议的焦点，因此保险金额的确定是汽车保险核保中的一个重要内容。在具体的核保工作中应当根据公司制定的汽车市场指导价格确定保险金额。对投保人要求按照低于这一价格投保的，应当尽量劝说并将理赔时可能出现的问题进行说明和解释。对于投保人坚持己见的，应当向投保人说明后果并要求其对于自己的要求进行确认，同时在保险单的批注栏上注明。

5）保险费。核保人员对于保险费的审核主要分为费率适用的审核和保费计算的审核。

6）附加条款。主险和标准条款提供的是适应汽车风险共性的保障，但是作为风险的个体是有其特性的。一个完善的保险方案不仅解决共性的问题，更重要的是解决个性问题，附加条款适用于风险的个性问题。特殊性往往意味着高风险，所以在对附加条款的适用问题上更应当注意对风险的特别评估和分析，谨慎接受和制定条件。

(2) 查验车辆

根据投保人提供的有关证件，如机动车行驶证、介绍信等，进行详细审核。首先，确定投保人称谓与其签章是否一致，如果投保人称谓与投保车辆的行驶证明不符合，则要求投保人提供其对投保车辆拥有可保利益的书面证明；其次，检验投保车辆的行驶证与保险车辆是否吻合，投保车辆是否年检合格。核实投保车辆的合法性，确定其使用性质。检验车辆的号牌号码、发动机号码是否与行驶证一致等。

根据投保单、投保单附表和机动车行驶证，对投保车辆进行实际的查验。查验的具体内容包括：

1）确定车辆是否存在和有无受损，是否有消防和防盗设备等。

2）车辆的实际号牌号码、车辆类型及发动机号码、车身颜色等是否与机动车行驶证一致。

3）检查发动机、车身、底盘、电气等部分的技术状况。

根据检验结果，确定整车的新旧程度。对于私有车辆一般要填具验车单，附于保险单副本上。

当车辆查验工作的业务量较大时，可对一些重点车辆或重点项目进行检查。

重点车辆包括：首次投保车辆；未按期续保车辆；投保第三者责任险后，又加保车辆损失险的车辆；申请增加附加险的车辆；接近报废的车辆；特种车辆；重大事故后修复的车辆等。

重点项目包括：号牌号码、车辆类型、发动机号、车架号、车身颜色是否与机动车行驶证一致——目的是避免拼装车；是否按期年检——目的是避免报废车或不合格车；设备的齐全性，如消防配备、防盗装置等——目的是控制风险；车辆技术状况、车辆有无受损、转向性能、制动性能等——目的是确定车辆新旧及车辆状况。

2. 核定保险费率与计算保险费

保险费率是保险人计算保险费的依据。它是保险人向被保险人收取的每单位保险金额的保险费，通常用百分率或千分率来表示。应根据投保单上所列的车辆情况和保险公司的机动车辆保险费率规章，确定投保车辆所应适用的保险费率。

(1) 确定车辆使用性质

目前，各保险公司一般把车辆分为家庭自用车辆、非营业车辆和营业车辆三类。

1）家庭自用车辆：指用作个人家庭代步的车辆。

2）非营业车辆：指各级党政机关、社会团体、企事业单位自用的车辆或仅用于个人及家庭生活的车辆。

3）营业车辆：指从事社会运输并收取运费的车辆。

对于兼有不同类使用性质的车辆，按高档费率计费。

(2) 分清车辆种类

1）车辆种类中“以下”二字，是指不含其本身的意思。例如 6 座“以下”客车，是指不含 6 座的客车。

2）客车：客车的座位（包括驾驶员座位）以交通管理部门核发的机动车行驶证载明的座位为准，不足标准座位的客车按同型号客车的标准座位计算。

3）货车：所有通用载货车辆、厢式货车、集装箱牵引车、电瓶运输车、简易农用车、装有起重机械但以载重为主的起重运输车等，均按其载质量分档计费。客货两用车按客车或货车中相应的高档费率计费。

4）挂车：适用于没有机动性能，需用机动车拖带的载重车、平板车、专用机械设备车、超长悬挂车等。

5）油罐车、气罐车、液罐车、冷藏车：适用于各类装载油料、气体、液体等专用罐车，同时适用于装有冷冻或加温设备的厢式车辆。普通载重货车加装罐体都按此档计费。

6）起重车、装卸车、工程车、监测车、邮电车、消防车、清洁车、医疗车、救护车等：适用于各种有起重、装卸、升降、搅拌等工程设备或功能的专用车辆；同时适用于车内固定装有专用仪器设备，从事专业工作的监测、消防、清洁、医疗、救护、电视转播等车辆；邮电车辆也按此档计费。

（3）其他说明

1）短期收费：基本险和附加险的保险期限不足一年的按短期费率表计算。不足一个月的按一个月计算。

2）对其他特种型车辆，在费率表中选择相应档次计费，如啤酒罐车按罐车档计费，大于 0.5 t 的载货三轮车按“2 t 以下货车”档计费。

3）机动车辆提车暂保单承保的机动车辆，购置价在 10 万元以内的，固定保险费为 300 元；购置价在 10 万元以上，30 万元以内的，固定保险费为 400 元；购置价在 30 万元以上的，固定保险费为 500 元。

（4）短期保险保费计算

保险期限不足一年，按短期费率计算。短期费率分两类：

1）按日计算保费：适用于已参加保险的被保险人新增车辆投保或同一保险车辆增加其他险种，为统一终止日期而签订的短期保险合同。其计算方法如下：

短期保险费＝年保费×保险天数÷365

2）按月计算保费：适用于根据被保险人要求签订的短期保险合同，短期保险的费率根据短期费率表确定，保险期限不足整月的按整月计算。其计算方法如下：

短期保险费＝年保费×短期费率

（5）合同解除时的保险费计算

保险合同生效后，且未发生保险事故，被保险人要求解除保险合同的，保险人应按照下述方式计算日费率：收取保险合同生效日起至保险合同解除日止期间的保险费，并退还剩余部分保险费。

1）保险合同有效期不足或等于 8 个月的，按年费率的 1/300 计算日费率。

2）保险合同有效期超过8个月且不足一年的，按年费率的1/365计算日费率。

3）除法律另有规定或合同另有特别约定外，保险车辆发生车辆损失险保险事故，被保险人获取部分保险赔偿后一个月内提出解除合同的，则保险人应当根据保险合同有效期的长短，按第1）项所列方法计算日费率，并将保险金额扣除保险赔款和免赔金额后的未了责任部分的剩余保险费退还被保险人。

4）被保险人在单独投保商业第三者责任险时，因保险车辆发生丢失，且保险人未支付任何保险赔款情况下，保险人应按年费率的1/365计算日费率，并退还未了保险责任部分的保险费。

5）因保险赔偿致使保险合同终止时，保险人不退还保险费。

3. 核保

计算保险费率后，应进行核保工作。核保工作的主要依据是“核保手册”，因为“核保手册”已经将在进行机动车保险业务过程中可能涉及的所有文件、条款、费率、规定、程序、权限等全部包含其中，并将可能遇到的各种问题及其处理方法用书面文件的形式予以明确。三级核保人员主要负责常规业务的核保。汽车保险与理赔过程中还可能遇到一些核保手册没有明确规定的问题，例如，高价值车辆的核保、特殊车型业务的核保、车队业务的核保、投保人特别要求的业务核保等，这些核保工作，应由二级核保人员和一级核保人员进行。二级核保人员和一级核保人员应运用保险的基本原理、相关的法律法规和自己的经验，通过研究分析来解决这些特殊的问题，必要时应请示上级核保部门。

(1) 保险公司的二级核保

1）审核保险单是否按照规定内容与要求填写，有无疏漏；审核保险价值与保险金额是否合理。对不符合要求的，退给业务人员指导投保人重新填写，进行相应的更正。

2）审核业务人员或代理人是否在一级核保时验证和查验了车辆，是否按照要求向投保人履行了告知义务，对特别约定的事项是否在特约栏内注明。

3）审核适用的费率标准和计收保险费是否正确。

4）对于高保额和投保盗抢险的车辆，审核有关证件以及实际情况是否与投保单填写一致，是否按照规定拓印号牌存档。

5）对高发事故和风险集中的投保单位，提出公司的限制性承保条件。

6）对费率表中没有列明的车辆，包括高档车和其他专用车辆，可视风险情况提出厘定费率的意见。

7）审核其他相关情况完毕后，二级核保人应在投保单上签署意见。对超出本级核保权限的，应上报上级公司核保。

(2) 上级核保

上级公司接到下级公司的核保申请以后，应有重点地开展核保工作。

1）根据掌握的情况，考虑是否接受投保人的投保。

2）接受投保的险种、保险金额、赔偿限额是否需要限制和调整。

3）是否需要增加特别的约定。

4）协议投保的内容是否准确、完善，是否符合保险监管部门的有关规定。

上级公司核保完毕后，应签署明确的意见并立即返回请示公司。

核保工作结束后，核保人将投保单、投保意见一并转给业务内勤部门，公司的内勤缮制保险单证。

（3）核保业务的分类

核保的具体方式应当根据公司的组织结构和经营情况进行选择和确定，通常将核保业务分为标准业务核保和非标准业务核保、计算机智能核保和人工核保、集中核保和远程核保、事先核保和事后核保等。

1）标准业务核保和非标准业务核保。标准业务是指常规风险的汽车保险业务，这类风险的特点是其基本符合汽车保险险种设计设定的风险情况，按照“核保手册”能够对其进行核保。保险金额巨大等需有效控制的业务称为非标准业务，“核保手册”对于这类业务没有明确的规定。

标准业务可以依据“核保手册”的规定进行核保，通常是由三级核保人完成标准业务的核保工作；而非标准业务则是无法完全依据“核保手册”进行核保，应由二级或者一级核保人进行核保，必要时核保人应当向上级核保部门请示。

汽车保险非标准业务主要有：

①保险价值浮动超过“核保手册”规定的范围。

②特殊车型业务。

③军牌和外地牌业务。

④高档车辆的盗抢业务。

⑤统保协议。

⑥代理协议。

2）计算机智能核保和人工核保。计算机技术的飞速发展和广泛应用将给核保工作带来前所未有的变化。从目前计算机发展的水平看，尤其是智能化计算机的发展和应用，计算机已经完全可以胜任对标准业务的核保工作。在核保过程中应用计算机技术可以大大缓解人工核保的工作压力，提高核保业务的效率和准确性，减少在核保过程中可能出现的人的负面因素。但是，计算机不可能解决所有的核保问题，至少在现阶段还需要人工核保的模式与之共存，解决计算机无法解决的核保方面的问题。

3）集中核保和远程核保。从核保制度发展的过程分析，集中核保的模式代表了核保技术发展的趋势。集中核保可以有效地解决统一标准和规范业务的问题，实现技术和经验最大限度的利用。但是，集中核保在实际工作遇到的困难是经营网点分散，缺乏便捷和高效的沟通渠道。

计算机技术的出现和广泛应用，尤其是互联网技术的出现带动了核保领域的革命性进步，远程核保的模式应运而生。远程核保是指建立区域性的核保中心，利用互联网等现代通信技术，对辖区内的所有业务进行集中核保。这种核保的模式较以往任何一种核保模式均具有不可比拟的优势，它不仅可以利用核保中心的人员技术的优势，还可以利用中心庞大的数据库实现资源的共享。同时，远程核保的模式还有利于防范经营过程中的管理疏忽和道德风险。

4）事先核保和事后核保。事先核保是核保工作中广泛应用的模式。它是指投保人提出申请后，核保人员在接受承保之前对标的风险进行评估和分析，决定是否承保。在决定承保的基础上，根据投保人的具体要求确定保险方案，包括确定适用的条款、附加条款、费率、保险金额、免赔额等承保条件。

事后核保主要是针对标的金额较小，风险较低，承保业务技术比较简单的业务。这些业务往往是由一些偏远的经营机构或者代理机构承办。对于单笔保费较小，保险公司从人力和经济的角度难以做到事先核保的，可以采用事后核保的方式。因此，事后核保是对事先核保的一种补救措施。

任务实施

为客户田女士办理核保业务的流程如下。

1. 审核投保单、查验车辆

（1）审核投保单

根据机动车行驶证和机动车驾驶证的复印件，审核投保单上所填写的内容是否有错误；确定被保险车辆的所有人是否为田女士本人；在保险公司信息平台上查看田女士的信誉是否良好，有无违章违法行为；检查投保单上车辆的保险金额与车辆的实际购置价格是否一致，不要出现超出或者投保金额不足的情况，以免影响事故理赔。

（2）检查车辆

根据田女士提供的有关证件，对车辆进行详细的审核。核实投保车辆的合法性，确定使用性质；检查车辆的号牌号码、发动机号码是否与机动车行驶证一致等。

2. 核定保险费

田女士制订好的投保方案的保险种类有交强险、机动车损失险、车上人员责任险、第三者责任险、车身划痕损失险、不计免赔率险。因为田女士为首次投保，之前没有出险事故，所有保险费率是没有优惠的，均采用基础费率，只要查阅“核保手册”便可计算出保险费。根据田女士的车辆信息，核定保险费，并确认与投保单一致。

3. 核保

因为田女士为首次投保，根据保险核保工作流程的要求，只需要保险公司的三级核保审核。

核保工作结束后，核保人员将投保单、投保意见一并转给业务内勤部门，最后由公司的内勤缮制保险单证。

强化训练

小张是保险公司业务员，今天接触到一个客户李女士。李女士在本市汽车城购买了一辆宝马 750Li 轿车，主要用于上下班代步，并接送上初中的儿子上下学，节假日经常一家人外出周边自驾游。小张和李女士沟通后，向她介绍了汽车保险的有关知识，并根据李女士的实际情况为其认真设计了投保方案。李女士对投保方案比较认可，通过小张签订了汽车保险合同。李女士投保了交强险、机动车损失保险、车上人员责任险、第三者责任险、不计免赔率险、进口玻璃单独破碎险。

现在李女士的机动车保险进入了核保阶段，请为李女士办理核保业务。

【步骤】

(1) 分组。将教学班级按每小组 5～8 人分为不同的学习小组。

(2) 研讨。以学习小组为单位组织研讨案例中的问题，在充分讨论的基础上，形成各小组的课题报告，并进行汇报。

(3) 点评。学生自评，小组互评，最后由指导教师对操作过程进行点评，然后综合评定各学习小组本次实训的成绩。

任务 3　保险单证的缮制、签发、续保、批改与退保

知识目标

熟悉保险单证的缮制、签发、续保、批改与退保业务的含义及办理条件。

能力目标

能够为客户准确快速地办理单证的缮制、签发、续保、批改与退保业务。

情景描述

本项目任务 2 中的田女士对所购买的保险和保险业务员的服务非常满意，一年保险期限满后需要续保。作为保险业务员，该如何为田女士办理续保业务呢？

田女士续保两个月后，将保险车辆转让给了张先生。作为保险业务员，又该如何为田女士办理批改业务呢？

任务剖析

批改单证是汽车保险实务中的一项常见业务。保险车辆在保险有效期内发生转卖、转让、赠送他人，变更使用性质，调整保险金额或每次事故最高赔偿额，增加或减少投保车辆，终止保险责任等都需申请办理批改单证。

相关知识

一、缮制、签发保险单证

1. 缮制单证

缮制单证是指在接受投保后，填制保险单或发放保险凭证以及办理批单手续。保险单或保险凭证是载明保险合同关系双方当事人的权利与义务的书面凭证，是被保险人向保险人索赔和保险人处理赔款事项的主要依据。因此，缮制单证是承保工作的重要环节，其质量的好坏，直接关系到保险合同当事人双方的义务和权利能否正常履行与实现。业务内勤接到投保单及其附表以后，根据核保人员签署的意见，即可开展缮制保险单工作。

保险单原则上应由计算机出具，暂无计算机设备而只能由手工出具的营业单位，必须得到上级公司的书面同意。

(1) 计算机制单

在计算机保险单界面将投保单有关内容输入到保险单对应栏目内，在保险单“被保险人”和“厂牌型号”栏内登录统一规定的代码。录入完毕并检查无误后，打印保险单。

(2) 手工制单

手工填写的保险单，必须是保监会统一监制的保险单，保险单上的印制流水号码即为保险单号码。将投保单的有关内容填写在保险单对应栏内，要求字迹清晰、单面整洁。如有涂改，涂改处必须有制单人签章，但涂改不能超过三处。制单完毕后，制单人应在“制单”处签章。

(3) 缮制保险单时的注意事项

1) 双方协商并在投保单上填写的特别约定内容，应完整地载明到保险单对应栏目内，如果核保有新的意见，应该根据核保意见进行修改或增加。

2) 无论是主车和挂车一起进行投保，还是挂车单独投保，挂车都必须同时出具具有独立保险单号码的保险单。在填制挂车的保险单时，“发动机号码”栏统一填写“无”。当主车和挂车一起投保时，可以按照多车承保方式处理，给予一个合同号，以方便调阅。

3) 特约条款和附加条款应印在或贴在保险单正本背面，加贴的条款应加盖骑缝章。注意责任免除、被保险人义务和免赔等规定的印刷字体，应该与其他内容的字体不同，以提醒被保险人注意阅读。

保险单缮制完毕后，制单人应将保险单、投保单及其附表一起送复核人员复核。

2. 单证复核

单证复核是业务承保工作的一道重要程序，也是确保承保质量的关键环节，因此必须配备具有较高政治和业务素质的人员担此重任。复核时应注意审查投保单、验险报告、保险单、批单、明细表及其他各种单证是否齐全，内容是否完整、符合要求，字迹是否清楚，计算是否正确，并与原始凭证相对照，力求无差错。一切复核无误后，要加盖公章及负责人、复核员签名，然后对外发送。

3. 单证发送

业务内勤在填写发送单证和收付款项流转签收簿后，将保单、批单正本、明细表、机动车辆和船舶保险证以及保险费收据交外勤人员签收送交投保人，并收取保险费。

4. 收取保险费

收费员经复核保险单无误以后向投保人核收保险费，并在保险单“会计”处和保险费收据的“收款人”处签章，在保险费收据上加盖财物专用章。

小提示：

只有被保险人按照约定支付了保险费，该保险单才能产生效力。

5. 签发保险单证

汽车保险合同实行一车一单（保险单）和一车一证（保险证）制度。投保人支付保险费后，业务人员必须在保险单上注明公司名称、详细地址、邮政编码及联系电话，加盖保险公司业务专用章。根据保险单填写“汽车保险证”并加盖业务专用章，所填内容应与保险单有关内容一致。险种一栏填写总险种代码，电话应填写公司报案电话，所填内容不得涂改。

小提示：

签发单证时，交由被保险人收执保存的单证有保险单证正本、保险费发票（保户留存联）、汽车保险证。对已经同时投保机动车损失险、第三者责任险、车上人员责任险、不计免赔率险的投保人，还应签发事故伤员抢救费用担保卡，并做好登记。

6. 保险单证的补录

手工出具的汽车保险单、提车暂保单和其他定额保单，必须按照所填内容录入到保险公司的计算机车险业务数据库中，补录内容必须完整准确。补录时间不能超过出单后的第 7 个工作日。

小提示：

单证补录必须由专人完成，由专人审核，业务内勤和经办人不能自行补录。

7. 保险单证的清分与归档

对投保单及其附表、保险单及其附表、保险费收据、保险证，应由业务人员清理归类。

投保单的附表要贴在投保单的背面，保险单及其附表需要加盖骑缝章。清分时，应按照以下送达的部门清分。

(1) 财务部门留存的单证

保险费收据（会计留存联）、保险单副本。

(2) 业务部门留存的单证

保险单副本、投保单及其附表、保险费收据（业务留存联）。

留存业务部门的单证，应由专人保管并及时整理、装订、归档。每套承保单包含保险费收据、保险单副本、投保单及其附表；其他表单的整理，按照保险单（包括作废的保险单）流水号码顺序装订成册，并在规定时间内移交档案部门归档。

二、续保

1. 汽车保险续保准备

当投保人所办理的汽车保险接近合同所载的终止日期时，就需要考虑续保的事宜了。汽车保险续保可以在上一年度汽车保险投保的保险公司投保，也可以换另外的保险公司进行投保。在续保时，需要提供上一年度的机动车辆保险单、保险车辆经交通管理部门核发并检验合格的机动车行驶证及车主有效身份证件。

在续保时，续保公司的选择也需要按实际情况确定。各保险公司价格不同，事先一定要多询价。保险公司的费率与上一年度被保险人的出险情况有很大关系，因此如果没有出险且原来的公司信誉比较好，可以选择继续在该公司投保，相对会有优惠。

2. 汽车保险续保要点

投保人在续保时需要注意以下事项：

(1) 无赔款优待

无赔款优待是指保险车辆在上一年保险期限内无赔款，续保时可享受减收保险费优待，优待金额为本年度续保险种应交保险费的10%。

上年度投保的机动车损失险、第三者责任险、附加险中任何一项发生赔款，续保时均不能享受无赔款优待。不续保者不享受无赔款优待。发生事故后到续保时案件未决，不能给予无赔款优待；但事故经交管部门处理后，车主没有责任，保险公司不需赔款，则可补给无赔款优待。在上一年保险期限内，车辆所有权转移，即车辆转卖、转让、赠送他人，续保时保险公司也不给予无赔款优待。

(2) 享受无赔款优待的原则

1) 被保险人投保车辆不止一辆的，无赔款优待分别按车辆计算。

2) 上年度无赔款的机动车辆，如果续保的险种与上年度不完全相同，无赔款优待则以险种相同的部分为计算基础；如果续保的险种与上年相同，但投保金额不同，无赔款优待则以本年度保险金额对应的应交保险费为计算基础。

3) 不论机动车辆连续几年无事故，无赔款优待一律为应交保险费的10%。

3. 汽车保险续保技巧

目前汽车保险产品繁多，若要制订一个比较合适的保险方案，一定要结合投保人的需要和驾驶技术的高低来仔细选择。交强险是国家规定必须购买的保险。商业险中，机动车作为流动标的，每天在道路上行驶，为避免驾驶失误可能导致的对第三者的巨额赔偿，投保第三者责任险是必须的。机动车损失险是赔偿本车修理损失的，对自己驾驶技术有信心或是考虑到车辆维修费相对便宜的，可以不购买，否则还是应该足额投保机动车损失险。盗抢险的选择与否应该根据投保人的实际情况作决定，如果车辆仅仅用于上下班且有固定停车场，则不需购买。玻璃单独破碎险一般在中、高档车辆上选择，如果车价较便宜，玻璃也相对便宜，就没有必要投保玻璃单独破碎险了。

三、批改

1. 批改的含义

批改是指在保险单签发以后，在保险合同有效期限内，如保险事项发生变更，经保险双方当事人同意办理变更合同内容的手续。

保险合同签订之后，保险合同的双方当事人都应严格遵守并履行合同所规定的内容，任何一方都无权擅自变更合同；但是在保险有效期限内，由于实际情况的变化，对合同内容所规定的有关事项会产生变更的要求，如被保险人名称、保险财产占用性质、保险财产所在地址、保险财产危险程度等事项的变更和投保科目（或投保项目)、保险金额的增减，以及单位撤并、中途加保附加险等，若不及时办理变更批改手续，在保险财产遭受保险责任范围内的灾害事故损失时，因与合同规定不符，会影响到保险的赔偿处理。因此，在保险合同有效期内，被保险人名称、保险财产占用性质、保险财产所在地址、保险财产增加危险程度等事项如有变更，被保险人应当及时向保险人申请办理批改手续。保险合同内容变更的批改手续，一般由被保险人提出申请，填写定式的“批改申请书”，经保险人同意后凭此出立“批单”(也称“背书”)。“批单”是保险单（合同）的组成部分，具有同等的法律效力。

小提示：

批单一旦签发，就自动成为保险单的一个重要组成部分，而且当批单的内容和保险单相矛盾时，以批单的内容为准。

2. 批改的条件

根据《机动车商业保险条款》的规定，在保险合同有效期内，保险车辆转变、转让、赠送他人、变更用途或增加危险程度，被保险人应当事先书面通知保险人并申请办理批改。

（1）保险车辆转卖、转让、赠送他人

保险车辆转卖、转让、赠送他人可分不同情况办理：

1）在保险合同有效期内，保险车辆合法转卖、转让和赠送他人，被保险人应该事先书面通知保险人。

2）转卖的保险车辆经车辆交易市场合法交易后，应凭工商部门认可的发票，向保险人申请办理批改被保险人称谓。

3）保险车辆转让或赠送他人，在向交通管理部门办理异动手续后，应向保险人申请办理批改被保险人称谓。

保险车辆转卖、转让、赠送他人，虽未到交通管理部门办理机动车行驶证异动手续，但只要产权转移、转卖、转让、赠送他人已成事实，可保利益也就随之转移。因此，也必须向保险人申请办理变更被保险人称谓。

（2）变更用途

在保险合同有效期内，保险车辆改变使用性质或改装变型，被保险人应事先通知保险人，并申请批改车辆使用性质或车型。

（3）增加危险程度

增加危险程度是指订立合同未曾预料和未予估计的危险程度可能性的增加，直接影响到保险人在承保当时是否增收保险费或接受承保。在保险合同有效期内，保险车辆增加危险程度，被保险人应事先书面通知保险人，并申请办理批改，按规定补交保险费。

3. 批改的内容

批改的主要内容包括保险金额增减、保险种类增减或变更、保险费变更、保险期间变更等。

小提示：

当办理保险车辆的过户手续时，应将保险单、保险费收据、新的机动车行驶证和有原被保险人签章的批改申请书等有关资料交送保险人。保险人审核同意后，将车辆号牌号码和被保险人姓名及住址等相关内容进行批改。若批改涉及保险费的返还，应根据相应规定执行。

4. 批改的流程

投保人填写批改申请书送交保险公司，保险公司审核同意后，出具批改单给投保人存执。存执粘贴于保险单正本背面。保险凭证上的有关内容也将同时批改异动，并在异动处加盖保险人业务专用章。

四、退保

车辆保险中的交强险一般是不能退保的，除非出现车辆报废或者车辆丢失等情况才能退保。商业保险随时可以退保，但会按天扣费。

1. 退保的条件

车辆退保时首先必须满足两个条件：一是车辆的保险单必须在有效期内；二是在保险单有效期内，被保险车辆没有向保险公司报案或索赔过。

2. 退保的流程

退保时被保险人要向保险公司递交退保申请书，说明退保的原因和从什么时间开始退保，签字或盖公章，交给保险公司的业务管理部门。保险公司业务管理部门对退保申请进行审核后，出具退保批单，批单上注明退保时间及应退保费金额，同时收回机动车保险单。然后退保人持退保批单和身份证，到保险公司的财务部门领取应退还的保险费。

保险公司计算应退保费是用投保时实缴的保险费金额，减去保险已生效的时间内保险公司应收取的保险费，剩下的余额即是应退的保险费。计算公式如下：

应退保险费＝实缴保险费—应收保险费

退保的关键在于应收保险费的计算。一般按月计算，保险每生效一个月收10%的保险费，不足一个月的按一个月计算。

3. 退保需提供的单证

(1) 退保申请书

写明退保原因和时间，被保险人是单位的需盖公章，是个人的需签字。

(2) 保险单

需要原件。若保险单丢失，则需事先补办。

(3) 保险费发票

一般需要原件，有时复印件也可以。

(4) 被保险人的身份证明

被保险人是单位的需要单位的营业执照，是个人的需要身份证。

(5) 证明退保原因的文件

1) 因车辆报废退保，需提供报废证明。

2) 因车辆转卖他人退保，需提供过户证明。

3) 因重复保险退保，需提供互相重复的两份保险单。

小提示：

从保险公司得到过赔偿的车辆不能退保；仅仅向保险公司报案而未得到赔偿的车辆也不能退保。

任务实施

田女士在一年保险期满之后，觉得原投保的保险公司服务周到，决定在下一年继续使用该保险公司的保险。

田女士办理续保之前，需要携带机动车行驶证、机动车驾驶证的原件及复印件和上一年的保险单，前往保险公司办理续保手续（上一年度机动车车辆保险单的出单点）。

保险公司业务员根据田女士的事故出险情况，以及购买的险种与上一年是否发生变化，来判断是否可以享受无赔款优待。

(1) 上一年度保险期限内无赔款，续保可享受减收保险费10%的优待。

(2) 上一年度保险期限内无赔款，但续保的险种与上一年度不完全相同，无赔款优待则以险种相同的部分为计算基础。

(3) 上一年度保险期限内无赔款，但投保金额不同，无赔款优待则以本年度保险金额对应的应交保险费为计算基础。

保险业务员还可以根据投保人实际情况的变化，适当建议投保人调整保险项目，这样不仅可以降低投保人风险，还可以提高保险公司的服务质量。

田女士在续保两个月之后，将车子转卖给了张先生，被保险人发生了变化，需要到保险公司办理保险合同批改业务。

保险车辆是田女士经车辆交易市场合法交易后转卖给张先生的。张先生应到保险公司填写定式的“批改申请书”，并向保险公司提供工商部门认可的购车发票。

批改的过程中，保险业务员要注意保险金额是否有增减，保险种类有无增减和变更，保险费有无变更，保险期限有无变更等。

确认各项信息无误后，经保险公司同意，可凭“批改申请书”出具“批单”。

强化训练

李女士在本市汽车城购买了一辆宝马750Li轿车，主要用于上下班代步，并接送上初中的儿子上下学，节假日经常一家人外出周边自驾游。保险业务员小张为其办理了汽车保险。

一年保险期限满后李女士要求续保，保险业务员小张为李女士办理了续保手续。李女士续保半年后，将被保险车辆赠送给了她的表哥田先生。作为保险业务员，该如何为李女士办理批改业务?

【步骤】

(1) 分组。将教学班级按每小组5～8人分为不同的学习小组。

(2) 研讨。以学习小组为单位组织研讨案例中的问题，在充分讨论的基础上，形成各小组的课题报告，并进行汇报。

(3) 点评。学生自评，小组互评，最后由指导教师对操作过程进行点评，然后综合评定各学习小组本次实训的成绩。

课后练习

1. 汽车保险销售的流程是什么?
2. 汽车保险销售礼仪有哪些?
3. 如何促成汽车保险销售?
4. 核保工作的意义是什么?
5. 核保工作有哪些实施方式?
6. 在核保过程中，查验车辆的主要内容有哪些?
7. 常见的保险单证有哪些?

项目六　汽车保险理赔实务

任务 1　报案受理及调度派工

知识目标

1. 了解汽车保险理赔的含义、意义和特点。
2. 熟悉汽车保险理赔的流程。
3. 掌握汽车保险理赔的报案受理及调度派工。

能力目标

能够正确接受各种方式的报案，做好报案记录并安排人员查勘，确保保险理赔工作顺利开始。

情景描述

小刘是一位保险公司业务员，他在工作期间接到了客户王女士打来的报案电话，王女士驾车在高速公路上由于变道与其他车辆发生了剐蹭。通过电话交流得知王女士是第一次出事故，显得很慌张。小刘在接听报案电话的过程中该如何引导王女士去做好接下来的报案理赔工作？需要记录哪些必要的信息？如何安排好接下来的查勘理赔工作？

任务剖析

随着汽车数量的增多和汽车流动性的不断增大，各种类型的交通事故不断发生。提供各种畅通的全天候的报案渠道，及时了解事故现场的状况和被保险人相关信息并做好记录，对于维护保险公司和被保险人双方利益都十分重要。

相关知识

一、汽车保险理赔概述

1. 汽车保险理赔的含义

汽车保险理赔是保险车辆在发生保险责任范围内的损失后，保险人依据保险合同对被保险人提出的索赔请求进行处理的行为。

保险汽车发生事故后，被保险人造成的经济损失有的属于保险责任范围，有的则在责任免除范围，属于哪个范围直接影响着赔偿金额，所以汽车保险理赔是一项涉及双方权利与义务的重要工作，也是整个汽车保险过程中非常重要的一环。

2. 汽车保险理赔的意义

(1) 理赔对被保险人的意义

1) 汽车保险理赔是汽车保险基本功能的实现。汽车保险的基本功能是损失补偿。当保险车辆发生事故后，被保险人就会因此而产生经济损失并向保险人索赔，保险人根据合同对被保险人的损失予以补偿，从而实现保险的损失补偿功能。因此保险理赔是保险人依照保险合同履行保险责任，被保险人享受保险权益的实现形式。

2) 汽车保险理赔的及时到位，能使得被保险人及时恢复生产，安定生活。所以汽车保险理赔也能促进社会生产的顺利进行和社会生活的稳定，提高汽车保险的社会效益。

(2) 理赔对保险人的意义

1) 汽车保险理赔可以检验承保能力和质量。通过赔付率和额度等指标，可以检验保险费率和保险金额设定的合理性，进一步改进保险企业的管理水平和提高经济效益。

2) 提高保险公司知名度。汽车保险的被保险人涉及各行各业，是保险公司向社会宣传、推广企业形象的重要窗口。理赔作为保险产品的售后服务环节，服务质量的好坏，将直接影响保险公司在公众心目中的形象，进而影响保险产品的购买。

3) 识别保险欺诈。保险欺诈的最终目的是获得赔偿，只有通过理赔才能实现。理赔人员通过加强查勘、定损、核损等，可以有效识别保险欺诈，为保险公司挽回经济损失。

4) 发现机遇，促进保险业发展。通过汇总合格保险理赔数据，可以分析出客户经常出险的驾龄和事故种类的信息，通过有关企事业单位和机构针对性的管理和教育，能减少保险事故的发生，促进保险业更好的发展和经营。

3. 汽车保险理赔的特点

汽车保险与其他保险相比有着显著不同。

(1) 被保险人的公众性

随着私家车的普及，被保险人中个人购车车主的比例在逐年快速增加。汽车已成为一个大众化的产品走进千家万户，被保险人的文化、知识、修养差异性很大，被保险人对于汽车保险产品、交通事故处理、车辆维修等方面的认识各不相同，给保险理赔工作带来了很多交流障碍。

(2) 损失率高，损失金额小

汽车保险的事故损失金额一般都不大，但事故发生的频率较高，保险公司在运营过程中需要投入大量的精力和财力以提供高质量的服务。对于单个投保人的累积损失赔偿也不可忽视，虽然单次的赔偿数额不大，但积少成多也会对保险公司的经营活动产生不利影响。

(3) 流动性大

汽车的流动性大，导致发生事故的地点和时间很不确定，这就需要保险公司要有全天候受理案件的能力和有一个覆盖全面的网络来支持理赔服务。

(4) 受制于维修服务企业

汽车保险理赔中对车辆损失的赔偿方式多以维修为主，所以在汽车理赔过程中汽车维修服务企业扮演着重要角色。客户对于维修服务企业的服务质量的评价也会延伸到对保险公司的印象，而实际保险公司只负责承担保险合同约定内容损失的补偿，对于在事故车辆维修中产生的问题不承担责任。

(5) 存在道德风险问题

欺诈理赔是汽车保险中的难题。汽车保险的标的流动性和信息不对称等特点，以及相关条款和法律法规不尽完善等，给了不法分子以可乘之机。

二、汽车保险理赔流程

根据汽车保险理赔的操作流程，理赔工作大致可分为六个步骤，即受理案件→现场查勘→定损→赔款理算→核赔→赔付结案。

(1) 受理案件

受理案件是指保险人接受被保险人的报案，并对相关事项做出安排。受理案件是汽车保险理赔工作的第一步，保险公司对此非常重视，开通了多种渠道的报案方式，并要求对报案内容进行详细记录等。

(2) 现场查勘

现场查勘是指运用科学的方法和现代技术手段，对保险事故现场进行实地勘察查询，将事故现场、事故原因等内容完整而准确地记录下来的工作过程。现场查勘是查明汽车保险事故真相的重要手段，是分析事故原因和认定事故责任的依据，也为事故损害赔偿提供了重要证据。各保险公司均建立了各自的查勘服务网络，配备了专业完善的查勘工具，通过经验丰富的现场查勘人员，保证事故查勘工作的快速、有效、准确。

(3) 定损

定损是指根据汽车保险合同的规定和现场查勘的实际损失情况，在尊重客观事实的基础上，确定保险责任，开展事故损失认定的工作过程。损失认定包括车辆损失、人身伤亡和其他保险合同约定的财产损失等。车辆损失主要是确定维修项目的工时费和换件项目的价格；人身伤亡费用按道路交通事故的相关规定进行计算；其他财产损失一般按实际损失通过协商确定。

(4) 赔款理算

赔款理算是保险公司按照法律和保险合同的有关规定，根据保险事故的实际情况，核定和计算应向被保险人赔付金额的过程。理算工作决定保险人向被保险人赔偿数额的多少与准确性，因此保险公司理赔人员应本着认真负责的态度做好理算工作，确保维护被保险人和保险公司双方的利益。理算工作的开展以被保险人提供的单证为基础，首先核对单证的真实、合法、合理，然后理算人员分别对交强险、机动车损失险、第三者责任险、附加险及施救费用等计算赔偿金额。计算完赔款后，要缮制赔款计算书。赔款计算书分险别项目计算并列明。负责人审核无误后在赔款计算书上签署意见和日期，送交核赔人员。在完成各种核赔和审批手续后，转入赔付结案程序。

(5) 核赔

核赔是指在保险公司授权范围内独立负责理赔质量的人员，按照保险条款及公司内部有关规章制度对理赔案件进行审核的工作。核赔工作的主要内容包括核定保险标的出险原因、损失情况，核定保险责任，核定损失金额及赔款理算。

(6) 赔付结案

赔付结案是指业务人员根据核赔的审批金额，向被保险人支付赔款，对理赔的单据进行清分并对理赔案卷进行整理的工作，是理赔案件处理的最后一个环节。

三、报案受理

报案受理是保险公司接受报案、做好记录并安排人员查勘的过程，是理赔环节的第一步。报案受理后，才有后续的现场查勘与定损工作。

1. 报案方式

机动车辆发生保险事故后，被保险人应及时向保险公司报案，除不可抗拒力外，被保险人应在保险事故发生后的 48 小时内通知保险公司。

保险人一般会向被保险人提供多种便捷通畅的报案方式，如上门报案、电话报案、网络报案等。其中电话报案快捷方便，也是最常用的报案方式，各保险公司也提供了全国统一的客服报案电话。被保险人可通过多种途径向保险公司的理赔部门或客服中心报案；对于在外地出险的事故，也可直接向保险公司的分支机构报案，或者向各地设立的理赔中心报案。

虽然有多种报案渠道供被保险人选择，但在现实中被保险人出险后，会因交通不便、通信受阻等各种原因无法及时报案，此时可暂缓报案，尽量保留证据，等有条件时再报案，但一定要向保险人说明事实真相。

2. 报案记录

被保险人报案时，保险公司工作人员会填写出险报案表（见表 6—1—1），对相关内容进行记录，主要内容包括：

(1) 报案人、被保险人、驾驶人的姓名和联系方式等。

(2) 出险的时间、地点、简单原因、事故形态等案件情况。

(3) 保险车辆的情况，如厂牌型号、车辆类型、号牌号码等。涉及第三方车辆的，也需询问第三方车辆的厂牌型号、车辆类型、号牌号码等信息，根据这些信息查询第三方车辆是否为同一保险公司系统内承保的车辆，如果是且在事故中负有一定比例的事故责任则一并登记，进行报案处理。

(4) 保险单号码。以便查询保险单信息，核对承保情况等。

(5) 如果保险事故有公安交通管理部门参与，也要记录其名称、经办人姓名和电话号码等信息。

表 6—1—1　××财产保险公司机动车辆保险出险报案表

机动车辆保险出险报案表

报案编号：

被保险人：			保险单号：		
厂牌型号：		号牌号码：	号牌底色：		车辆类型：
出险时间：			出险原因：		
报案人：			报案时间：		
报案方式：□电话　□传真　□上门　□其他			是否第一现场报案：□是　□否		
联系人：			联系电话：		
出险地点：			出险地邮政编码：		
出险地点类型	□高速公路　□普通公路　□城市道路		车辆已行驶里程：		已使用年限：
	□乡村便道和机耕道　□场院及其他		车辆初次登记日期：		
处理部门：□交警　□其他事故处理部门　□保险公司　□自行处理					排量/功率：
驾驶人员情况	驾驶人姓名：		初次领证日期：　年　月　日		
	驾驶证号码：				
	准驾车型：□A　□B　□C　□其他		性别：□男　□女		年龄：
	职业分类	□职业驾驶员	□国家社会管理者	□企业管理人员	
		□私营企业主	□专业技术人员	□办事人员	
		□个体工商户	□商业服务业员工	□产业工人	
		□农业劳动者	□军人	□其他	
	文化程度	□研究生及以上　□大学本科　□大专　□中专　□高中　□初中及以下			
事故经过：（请您如实填报事故经过。报案时的任何虚假、欺诈行为，均可能成为保险人拒绝赔偿的依据） 报案人签字： 年　月　日					
事故处理结果： 查勘人员签字： 年　月　日					

小提示：

被保险人出险后要保护好事故现场，采取合理施救措施并立即通知保险公司。

如果被保险人在保险事故发生后，经过一段合理的时间，并且能够通知而没有向保险人发出通知的，依据不同保险险种的规定，保险公司有权拒绝赔偿。

3. 查核保险单

根据保险单号码，查询保险单信息，核对承保情况。根据保险单信息，查验出险时间是否在保险期限以内、出险时间是否接近保险期限起讫时间、与上起案件报案时间是否比较接近，查明投保人投保了哪些险种、是否存在不足额投保、是否已经交费，核对驾驶人是否为保单中约定的驾驶员，并初步审核报案人所述事故原因与经过是否属于保险责任等。对于明显不属于保险责任的情况，应向投保人明确说明，并耐心做好解释工作。对属于保险责任范围内的事故和不能明确确定拒绝赔偿的案件，应写入保险车辆报案登记簿，并立即调度查勘人员赶赴现场，通知查勘人员进一步了解详细情况。

四、调度派工

通过查核保险单信息，对于属于保险责任范围内的事故或暂不能明确确定拒绝赔偿的案件，在保险车辆报案登记后，应立即调度查勘人员赶赴事故现场，进一步了解事故详细情况。对查勘符合赔偿的案件，应立案登记并统一编号管理；对于不符合赔偿的案件，在出险通知书和机动车辆保险报案、立案登记簿上签注不予立案的原因，向被保险人出示书面通知，并进行必要的解释。

1. 调度派工方法

调度人员在派工时需根据调查级别、损失类型、查勘地点等因素进行正确派工。

(1) 按调查级别派工

1) 一级调度。一级调度是指调度人员将案件直接派工给本公司查勘人员处理。大部分保险公司的查勘工作都是由自己的查勘人员进行处理。

2) 二级调度。有部分保险公司将查勘定损的工作委托给公估公司进行处理。二级调度就是调度人员将案件派给委托的公估公司，由公估公司再次派工给其查勘人员处理。

(2) 按损失类型派工

不同损失类型的案件需要不同专业背景的查勘人员进行处理，调度人员应根据案件损失情况进行派工。人伤查勘与物件查勘有明显区别，车损与物损可以由同一查勘员处理。

(3) 按查勘地点派工

为了快速处理交通事故，各保险公司在全国各地建立了较多快速处理服务中心，中心内安排有驻点查勘定损人员。当保险事故符合快速处理要求时，保险公司的报案受理人员应推荐保险车辆到离事故地点最近的快速处理中心进行查勘定损，调度人员将案件调度给最近定损点的查勘人员。

2. 调度派工流程

(1) 查找待调度案件

案件调度对时效性的要求很高，一般在报案受理后几分钟就应该派工，所以调度人员应当不停地刷新待调度案件，发现有新的待调度案件应该及时调度，以确保查勘人员能在第一时间联系投保人，正确处理好交通事故。

(2) 了解案情

调度人员应快速了解待调度案件的案情，确定案件类型，从而准确调度。

(3) 联系查勘人员

调度人员应根据案情确定调度方案，及时联系查勘人员，告知查勘人员案件的基本情况及案件风险点，以便于及时处理。

(4) 系统派工

调度人员联系查勘人员后应在理赔系统内派工，把案件派工到查勘人员的查勘平台，以便于查勘人员及时处理案件。

(5) 任务改派

调度之后，如果由于客观原因导致该查勘员无法进行查勘的，应及时安排其他查勘人员进行查勘，同时系统内进行任务改派。

任务实施

保险业务员在接到报案电话后，可按照以下步骤记录并安排报案受理以及调度派工。

1. 报案受理

被保险人通过各种渠道在出险后的规定时间内向保险公司报案，保险公司应在第一时间受理并做好相关信息的记录，初步核实保险责任，尽早掌握事故真实原因。

2. 查核保险单抄件

(1) 查看保险单抄件，核实承保情况

在接受报案时，需核实出险车辆的承保情况。接报案人员在系统中核对或查抄保险单，核对出险车辆的厂牌型号、号牌号码、发动机号或车架号，确认出险车辆是否为承保标的。查看出险时间是否在保险单有效期限内，保险费是否到账。并初步确认承保范围，即受损项目是否在承保险种责任范围内。

(2) 解释不予受理原因

如果案件属于不受理情况，接报人员应耐心解释不予受理的原因。

3. 记录报案信息

属于可以受理的案件，接报人员应详细询问案件的相关信息，并做记录。主要的记录信息有：

(1) 报案人姓名及其与被保险人关系、联系电话等。

(2) 保险单号、被保险人名称、出险车辆的号牌号码、厂牌型号。

(3) 出险时间、地点、原因及经过，驾驶员姓名、联系方式等。

(4) 车辆受损程度及部位，能否开动，现车辆停放地点，施救情况。

(5) 人员伤亡情况，包括伤者姓名、送医院时间、就医医院名称及地址、伤者与被保险人的关系等。

(6) 受损财物种类、所有人名称及与被保险人的关系、施救情况等。

(7) 本次事故是否已报警处理，交警处理意见或双方协商的情况。

4. 判断保险责任

(1) 接案人员根据驾驶人对事故的描述，对案件进行初步判断。对于明显不属于保险责任的案情，接案员可直接告知报案人并进行解释；对于可能不属于保险责任的情况，接案人员无须表态，应详细收集案件信息，并记录在报案记录中，在调度派工时提示查勘人员。

(2) 如果案件属于保险责任，详细询问案件情况，注意在报案人叙述完相关内容后，对案件的要点进行重述，并与报案人确认，避免遗漏案件的信息，特别对于风险点要详细记录。

(3) 根据案件的损失情况，选择案件的类型，给出案件受理意见，生成报案号。

5. 告知注意事项

在被保险人叙述完案件情况后，接报人员应告知被保险人一些注意事项，主要包括：

(1) 提醒报案人需要采取防止损失扩大的必要和适当的应急措施。

(2) 向报案人说明理赔的相关规定、定损时需要的证件，如《道路交通事故认定书》、机动车驾驶证、机动车行驶证等。

(3) 告知报案人以下情况必须保护现场并立即报警：发生人员伤亡事故的；机动车无号牌的；事故有争议的；不能自行移动车辆的；碰撞建筑物、公共设施或其他设施的。同时要求报案人在索赔时提供《道路交通事故认定书》。

(4) 人伤案件和盗抢案件应要求报案人留下当事驾驶人的姓名和联系电话。

(5) 对于《道路交通安全法》规定的不需交通警察出险的情况，指导报案人与对方达成记载肇事时间、地点、双方姓名、电话、赔偿责任划分、号牌号码、机动车驾驶证号码、保险单号、碰撞部位等内容的书面赔偿协议。

6. 查勘调度派工

派工工作由调度员完成，必须及时派工，督促查勘人员及时与客户联系并赶赴现场查勘或定损，合理调配查勘人员、车辆和辅助人员，保证案件处理的时效。

（1）接收待调度案件

调度人员需进行调度的案件一般有两种：一是通过刷新待调度页面，对于新受理的案件进行派工；二是对查勘或定损人员申请改派的案件进行派工。

（2）案件信息处理

1）登录保险公司系统或查阅保险单、报案抄单取得案件信息记录。

2）对敏感案件做好记录，以备派工时提醒查勘员并将异常情况通知保险公司相关负责人。

（3）联系查勘人员派工

1）根据案件现场类型及查勘员区域分布进行电话派工处理。非现场案件需向查勘员提供案件相关信息和联络方式。对受损轻微、责任明确的现场案件可直接派工给查勘员处理。

2）对查勘或定损人员的改派申请，核实确需改派的，进行改派处理。

（4）系统派工

在联系查勘人员派发出查勘任务之后，调度员应把该案件派工到查勘人员的查勘平台，以便于查勘人员对案件进行处理。

强化训练

2019 年 2 月 13 日，投保人李女士打来报案电话，描述了其车辆在城市公路上由于变道与其他车辆碰擦导致左前侧保险杠及车灯损坏。请根据李女士的电话报案询问相关情况，并做好报案记录，引导报案人做好事故现场相关证据的保留并派遣相关人员到现场核查相关情况和单据，进一步完成报案表的填写。

机动车驾驶证信息如下：

证号：32020219850423××××		
姓名：李某某	性别：女	国籍：中国
住址：江苏省无锡市惠山区××地		
出生日期：1985－04－23	初次领证：2014－03－10	
准驾车型：C1		
有效起始日期：2014－03－10	有效期限：6 年	

机动车行驶证信息如下：

号牌号码：苏 BM00××	车辆类型：小型客车	
所有人：李某某		
住址：江苏省无锡市梁溪××号		
使用性质：非营运	品牌型号：WVGAA62L	
车辆识别代号：WVGAA62L38××××		
发动机号码：BMW000013		
注册日期：2014－09－10　发证日期：2014－09－18		

机动车保险单信息如下：

被保险人：李某某		
号牌号码：苏 BM00××	厂牌型号：WVGAA62L	
VIN 码：WVGAA62L38××××	车架号：WVGAA62L380132	机动车种类 ：客车
发动机号：BMW000013		
初次登记日期：2014—09—10		新车购置价：288 000.00 元
行驶区域：中华人民共和国境内（不含港澳台）		
承保险种	保险金额/责任限额（元）	保险费
机动车损失保险（A）	215 000.00	2 128.22
第三者责任保险（B）	1 000 000.00	1 250.00
不计免赔率（M）覆盖 A/B		508.89
保险期间自 2018 年 09 月 09 日零时起至 2019 年 09 月 08 日二十四时止		

【步骤】

(1) 分组。将教学班级按每小组 5～8 人分为不同的学习小组。

(2) 研讨。以学习小组为单位组织研讨案例中的问题，在充分讨论的基础上，形成各小组的课题报告，并进行汇报。

(3) 点评。学生自评，小组互评，最后由指导教师对操作过程进行点评，然后综合评定各学习小组本次实训的成绩。

任务 2　事故现场查勘

知识目标

1. 了解事故现场分类。
2. 熟悉事故现场查勘工作准备。
3. 掌握事故现场查勘内容。

能力目标

能够完成事故现场查勘工作，准确掌握事故现场信息，正确填写现场查勘记录表，确保保险理赔工作的顺利进行。

情景描述

李女士驾驶家庭自用汽车在城市道路上与其他车辆发生了剐蹭，随即李女士拨打了保险公司报案电话。为了不影响交通，李女士及另一当事人在现场简单拍照后，将车辆挪到了路边等待保险公司现场查勘人员前来查勘。作为保险公司查勘人员到达现场后要做哪些查勘工作？又是否应该报警呢？

任务剖析

随着汽车在日常生活中的普及，各类机动车驾驶人员大量增加，其驾驶技能和驾驶习惯良莠不齐，使各种类型的车辆剐蹭事故不断发生。只有通过查勘准确掌握和还原事故现场的情况，才能确定事故损失，确认保险理赔责任。因此，事故现场查勘工作在整个保险理赔过程中起着非常重要的作用。

相关知识

一、事故现场分类

所有的事故都会有事故现场（也称出险现场）。根据事故现场的不同状况，一般分为原始现场、变动现场和恢复现场三类。

1. 原始现场

原始现场也称第一现场，是指事故现场的车辆、物体以及痕迹等仍保持着事故发生的原始状态，没有任何改变和破坏。原始现场保留了事故原貌，可为事故原因的分析与认定提供直接证据，是现场查勘最理想的出险现场。

2. 变动现场

变动现场也称移动现场，是指由于自然因素或人为原因，致使出险现场的原始状态发生改变的事故现场。包括正常变动现场、伪造现场、逃逸现场等。

(1) 正常变动现场

1) 为抢救伤者而移动车辆，致使现场的车辆、物体或人员位置发生了变化。

2) 由于风吹、雨淋、日晒、下雪等自然因素导致事故现场被破坏。

3) 由于事故车辆另有特殊任务，比如消防车、救护车、工程救险车等正在执行任务过程中出险后需驶离现场，致使出险现场发生变化。

4) 由于保护不善，导致事故现场被过往车辆和行人破坏。

5) 在交通主干道或者城市快速路等繁忙路段发生的交通事故，为疏导交通而导致出险现场变化。

6) 其他原因导致的事故现场变化，如车辆在发生事故后，当事人没有察觉而离开现场的。

(2) 伪造现场

伪造现场是指当事人为逃避事故责任或嫁祸于人，有意改变现场遗留物状态的现场。

(3) 逃逸现场

逃逸现场是指当事人为逃避事故责任而驾车逃逸，导致事故现场原貌改变的现场。

3. 恢复现场

恢复现场是指事故现场撤离后，为分析事故或复查案件，根据现场调查记录等资料重新布置恢复的现场。

二、事故现场查勘准备

接到报案后，查勘人员要及时到达现场。出发前需做好查勘前的准备工作。

1. 查阅保险单

(1) 保险期限

查验保险单，确认出险时间是否在保险期限之内。对于出险时间接近保险起止时间的案件，要做出标记，重点核实。

(2) 承保的险种

查验保险单记录，重点注意投保人是否只承保了第三者责任险。对于报案称有人员伤亡的案件，查验投保人是否承保了车上人员责任险，车上人员责任险是否有指定座位；对于火灾引发的车损案件，查验是否承保了自燃损失险；对于与非机动车的碰擦案件，查验是否承保了无过失责任险等。

(3) 保险金额及责任限额

注意各险种的保险金额及限额，以便在查勘时心中有数。

(4) 交费情况

注意保费是否属于分期付款，是否按照约定准时交足保费等。

2. 阅读报案记录

(1) 了解被保险人名称，被保险车辆号牌号码。

(2) 了解出险时间、地点、原因、处理过程、损失概要。

(3) 了解被保险人、驾驶人及当事人联系电话。

3. 查勘资料及工具

(1) 查勘资料

查勘资料主要包括出险报案表、保险单抄件、索赔申请书、报案记录、现场查勘记录、索赔须知、询问笔录、事故车辆损失确认书等。

(2) 查勘工具

查勘工具主要包括通信设备、定损笔记本电脑、数码相机、手电筒、卷尺、砂纸、笔、记录本等。

三、事故现场查勘内容

现场查勘的主要内容包括查明查清出险时间、出险地点、出险车辆情况、驾驶人情况、事故原因，施救整理受损财产以及查清事故损失情况等。

1. 出险时间

查明出险时间的主要目的是判断事故是否发生在保险期限内。对接近保险期限起止时间的案件应特别注意，认真查实，排除道德风险。

为获取到真实出险时间，应仔细核对公安交通管理部门的证明与当事人的陈述时间是否一致，同时详细了解车辆的启程时间、返回时间、行驶路线、伤者住院治疗等时间。若涉及装载货物出险的，还要了解委托运输单位的装卸货物时间等。同时，对出险时间和报案时间进行比对，是否在 48 小时之内。

出险时间的确定有时还可对事故原因的判断提供帮助。在一些特定时间段，比如餐后时间段等，对一些特定驾驶人员，出险后应考虑是否存在酒驾等问题。

2. 出险地点

出险地点分为高速公路、普通公路、城市道路、乡村便道和机耕道、场院及其他，查勘时要详细写明，并记录出险地邮政编码。查明出险地点，主要是判断事故是否在此处发生，如果不是要查明变动原因。尤其是对擅自移动出险地点或谎报出险地点的，必须排除道德风险。同时，确定出险地点还可确定车辆是否超出保单所列明的行驶区域，是否属于在责任免除地发生的损失，比如在营业性维修场所或收费停车场出险等。

3. 出险车辆情况

查明出险车辆的情况，首先是查明车辆类型、号牌号码、发动机号码、VIN 码、车架号、机动车行驶证，详细记录事故车辆已行驶公里数、车身颜色，并与保险单或批单核对是否相符。同时，要查实车辆出险时的使用性质是否与保险单记载的一致，以及是否运载危险品、车辆结构有无改装或加装。如果是与第三方车辆发生事故，还应查明第三方车辆的基本情况。

车辆使用性质与其使用风险直接相关，当使用性质改变，导致车辆危险程度增加后出险的，保险人一般不予赔偿。查勘时，务必查清出险车辆的实际使用性质。营运货车按非营运货车投保或非营运乘用车从事营业客运，是常见的两种使用性质与保险单不符的情况。

随着人们对汽车需求的多样化，对于车辆的私自改装也越来越多，现场查勘时，查清车辆结构有无改变非常重要。对车辆自行改装，可能破坏原有的性能，影响行车安全的，出险后的损失保险人可以不予赔偿。

4. 驾驶人情况

查勘时要查清驾驶人的姓名、机动车驾驶证号码、准驾车型、初次领证时间、职业类型等。注意检查机动车驾驶证的有效性，是否为被保险人或其允许的驾驶人，是否为保险合同中约定的驾驶人；特种车辆出险要查验驾驶人是否具备国家有关部门核发的特种车辆驾驶有效证件，对驾驶营运性客车的驾驶人要查验是否具有国家有关行政管理部门核发的有效资格证书等。

5. 事故原因

查明事故原因是现场查勘的重点，要深入调查，利用现场查勘技术进行现场查勘，并采取多听、多问、多看、多想、多分析的方法，索取证明，收集证据，全面分析。凡是与事故有关的重要情节，都要尽量收集以反映事故全貌。

对驾驶人有饮酒、吸食或注射毒品、被药物麻醉后使用保险车辆或无照驾驶、驾驶车辆与准驾车型不符、超载等嫌疑时，应协同公安交通管理部门获取相应证人证言和检验证明等。

对于所查明的事故原因，应明确是客观因素还是人为因素，是车辆自身因素还是车辆以外因素，是违章行驶还是故意违法行为。

对于复杂或有疑问的理赔案件，要走访有关现场见证人或知情人，了解事故真相，做出询问记录，注明询问日期和被询问人地址并由被询问人签字确认。

对于造成重大损失的保险事故，如果事故原因存在重大疑点难以断定的，应要求被保险人、造成事故的驾驶人、受损方对现场查勘记录内容确认并签字。

6. 事故现场受损财产施救

施救受损财产是查勘人员的义务。查勘人员到达现场后，如险情尚未控制，应立即会同被保险人及有关部门研究、确定施救方案，采取合理施救措施，以防损失进一步扩大。

保险车辆受损后，如当地维修价格合理，应安排就地修理，不得使车辆带伤行驶。如果当地修理费用过高需拖回原籍地修理的，应采取防护措施，拖拽牢固，以防再次发生事故。无法修复的，应妥善处理机动车的残值部分。

7. 事故损失情况

查清受损车辆、承运货物和其他财产的损失或人员伤亡情况，查清事故各方应承担的责任比例，确定损失程度。同时应核查保险车辆有无重复保险情况，以便理赔计算时分摊赔款。

现场查勘结束后，查勘人员应按上述内容及要求认真填写现场查勘记录（见表6—2—1）。如果可能，应力争让被保险人或驾驶人签字确认。

表6—2—1　　××财产保险公司机动车辆保险事故现场查勘记录

保险单号码：　　　　报案编号：　　　　立案编号：

保险车辆	厂牌型号：	发动机号：	车辆已行驶里程：	已使用年限：
	号牌号码：	车架号（VIN）：		初次登记日期：
驾驶人员姓名：		驾驶证号码：□□□□□□□□□□□□□□□□□□		职业：
初次领证日期：　年　月　日	性别：□男　□女	年龄：	准驾车型：□A　□B　□C　□其他	
查勘时间：　年　月　日　时	查勘地点：		是否第一现场报案：□是　□否	
赔案类别：□一般　□特殊（□简易　□互碰　□救助　□其他）　双代（□委托外地查勘　□外地委托查勘）				
出险时间：　年　月　日　时	出险地点：　省　市　县			
第三方车辆	厂牌型号：	号牌号码：	是否保险：□是　□否	车辆已行驶里程：
	驾驶人员姓名：	驾驶证号码：□□□□□□□□□□□□□□□□□□		车辆初次登记日期：
	初次领证日期：	准驾车型：□A　□B　□C　□其他	职业：	车辆已使用年限：

续表

<table>
<tr><td rowspan="2">现场查勘时请按右侧所列内容仔细查验并认真完整填写</td><td colspan="7">1. 出险原因：□碰撞　□倾覆　□火灾　□爆炸　□自燃　□外界物体倒塌　□外界物体坠落
□雷击　□暴风　□暴雨　□洪水　□雹灾　□玻璃单独破碎　□其他（　）
2. 事故原因：□制动失灵　□转向失灵　□其他机械故障　□疲劳驾驶　□超速行驶　□违章并线
□逆向行驶　□安全间距不够　□违章装载　□其他违章行驶　□疏忽大意、措施不当　□其他
3. 事故所涉及险种：□交强险　□车损险　□三责险　□盗抢险　□玻璃单独破碎险　□自燃损失险
□车上人员责任险　□车上货物责任险　□其他（　）
4. 保险车辆的号牌号码、发动机号、车架号与保险单上所载明的是否相符：□是　□否
5. 出险时间是否在保险有效期内：□是　□否
6. 出险时间接近保险起讫期的，有无相应时间证明：□有　□无
7. 出险地点：（1）分类：□高速公路　□普通公路　□城市道路　□乡村便道和机耕道　□场院及其他；
（2）与报案人所报是否一致：□是　□否
8. 实际使用性质与保险单上所载明的是否一致：□是　□否
9. 保险车辆驾驶人员情况与报案人所述是否一致：□是　□否
10. 保险车辆驾驶人员的驾驶证是否有效：□是　□否
11. 保险车辆驾驶人员准驾车型与实际驾驶车辆是否相符：□是　□否
12. 使用各种专用机械车、特种车的人员是否有国家有关部门核发的有效操作证：□是　□否
13. 驾驶营业性客车的驾驶人员是否有国家有关部门核发的有效资格证书：□是　□否
14. 保险车辆驾驶人员是否为被保险人允许的驾驶人员：□是　□否
15. 保险车辆驾驶人员是否为保险合同约定的驾驶人员：□是　□否
16. 保险车辆驾驶人员是否为酒后驾车：□是　□否
17. 事故车辆损失痕迹与事故现场痕迹是否吻合：□是　□否
18. 保险车辆安全配置情况：□安全气囊　□ABS　□倒车雷达　□卫星定位　□其他防盗装置
19. 第三者车辆是否已向其承保公司报案、索赔：□是　□否
20. 事故是否涉及第三方人员伤亡：□是（伤＿＿＿人，亡＿＿＿人）　□否
21. 事故是否涉及第三方财产损失：□是　□否
22. 事故是否涉及本车上人员伤亡：□是（伤＿＿＿人，亡＿＿＿人）　□否
23. 确定或预计责任划分：□全部　□主要　□同等　□次要　□无责任　□单方肇事
24. 保险车辆损失程度：□全部损失　□部分损失
25. 其他需要说明的内容：</td></tr>
<tr><td colspan="7">是否属于保险责任：□是　□不是　□待确定（原因是：　　　　　　　　）</td></tr>
<tr><td rowspan="8">事故估损金额</td><td colspan="7">事故损失金额估计合计：</td></tr>
<tr><td colspan="7">交强险损失：</td></tr>
<tr><td rowspan="2">交强险</td><td colspan="3">死亡伤残：</td><td colspan="3">财产损失：</td></tr>
<tr><td colspan="3">医疗费用：</td><td colspan="3">其他费用：</td></tr>
<tr><td colspan="3">车损险损失：</td><td colspan="2">第三者损失：</td><td colspan="2">其他损失：</td></tr>
<tr><td rowspan="3">商业保险</td><td rowspan="3">车损险</td><td rowspan="2">标的损失：</td><td rowspan="3">三责险</td><td>车辆：</td><td rowspan="3">其他险别</td><td rowspan="3"></td></tr>
<tr><td>人员：</td></tr>
<tr><td>施救费：</td><td>财产：</td></tr>
<tr><td colspan="6" rowspan="3">查勘人意见（包括事故经过简单描述和初步责任认定）：

查勘人签字：</td><td colspan="2">询问笔录　张</td></tr>
<tr><td colspan="2">现场草图　张</td></tr>
<tr><td colspan="2">事故照片　张</td></tr>
</table>

说明：1. 估计损失金额单位为人民币元。

2. 第三方车辆不止一辆，可增加《机动车辆保险事故现场查勘记录》用纸。

四、事故现场查勘工作

事故现场查勘工作主要包括收取物证、现场摄影、现场丈量、绘制现场图等。

1. 收取物证

物证是分析事故原因最为客观的依据，收取物证是现场查勘的核心工作。事故现场物证的类型有散落物、附着物和痕迹。

(1) 散落物

散落物可分为车体散落物、人体散落物及他体散落物三类。车体散落物主要包括零件、部件、钢片、木片、漆片、玻璃、胶条等；人体散落物主要包括事故受伤人员的穿戴品、携带品、器官或组织的分离物；他体散落物主要包括事故现场人、车之外的物证，如树皮、断枝、水泥、石块等。

(2) 附着物

附着物可分为喷洒或黏附物、创痕物和搁置物三类。喷洒或黏附物主要包括血液、毛发、纤维、油脂等；创痕物主要包括油漆微粒、橡胶颗粒、热熔胶塑料涂膜、反光膜等；搁置物主要包括织物或粗糙面上的玻璃颗粒等。

(3) 痕迹

不同的痕迹，各有其形状、颜色和尺寸，它们往往是事故过程某些侧面的反映，因此也是事故现场物证收集的重点。痕迹可分为车辆行走痕迹、车辆碰擦痕迹及涂污与喷溅痕迹三类。车辆行走痕迹主要包括轮胎拖印、压印和擦印等；车辆碰擦痕迹主要包括车与车之间的碰擦痕迹，车与地面之间的刮擦痕迹，车与其他物体之间碰撞、刮擦痕迹。车与车之间的碰擦痕迹包括车辆正面与正面、正面与侧面、追尾等的碰擦痕迹；车与地面之间的刮擦痕迹常见于车辆倾覆或坠落的事故；车与其他物体间碰撞、刮擦痕迹主要有车与路旁建筑物、道路设施、电线杆、树木等的接触产生。涂污与喷溅痕迹包括油污、泥浆、血液、汗液、组织液等的涂污与喷溅。

2. 现场摄影

现场摄影是真实记录现场和受损标的客观情况的重要手段之一。它比人工绘制现场图和文字记录更能直观地反映现场和事故车辆的原貌，是处理事故的重要证据。现场摄影是现场查勘中的一项重要工作。

(1) 现场摄影的原则

对事故现场进行摄影时一般遵循以下原则：应有反映事故现场全貌的全景照片；有反映受损车辆号牌号码及受损财产部位和程度的近景照片；有某些重要局部及编码的特写照片。

(2) 现场摄影的方式

现场摄影时应根据事故的实际情况和具体的拍摄目的，选择不同的拍摄方式，常见的现场摄影方式有方位摄影、中心摄影、细目摄影和宣传摄影四种。

1）方位摄影。即以事故车辆为中心反映周围环境情况的拍摄。此拍摄方式重在突出事故现场的全貌，目的是反映出事故车辆与其他物体之间的相互关系。

2）中心摄影。即以事故接触点为中心，反映事故接触各部位的拍摄。此拍摄方式重在突出事故现场的中心位置，目的是反映出事故损坏部位及其相关部位的特点、状态。

3）细目摄影。即分别对事故中具体物体进行的拍摄。此拍摄方式重在突出各个具体物证，目的是反映出重要物证的大小、形状、特征。

4）宣传摄影。即运用技巧突出反映事故某一侧面的拍摄。此拍摄方式重在突出事故某一侧面的状态、特征，目的是为了制作相关宣传资料。

(3) 现场拍摄的方法

常见的现场拍摄方法有相向拍摄法、十字交叉拍摄法、连续拍摄法和比例拍摄法四种。

1）相向拍摄法。从两个相对的方向对现场中心部分进行拍摄。该方法可较为清楚地反映现场中心两个相对方向的情况。

2）十字交叉拍摄法。从四个不同的地点对现场中心部分进行交叉拍摄。该方法可从前、后、左、右四个角度准确反映现场中心情况。

3）连续拍摄法。将面积较大的事故现场分段拍摄。为获得完整的现场照片，需对分段照片进行接片。分段拍摄时，各照片取景应略有重合，并要求同样的拍摄距离和光圈等。

4）比例拍摄法。将带有刻度的量尺放在被损物体旁进行摄影。该方法可确定被摄物体的实际尺寸和大小，常用于痕迹、碎片及微小物证的拍摄。

(4) 现场拍摄的技巧

现场拍摄具有一定的技巧，需要查勘人员熟练掌握。主要有取景、接片技术运用、滤镜的使用和事故现场常见痕迹的拍摄等。

1）取景。现场拍摄取景时，应根据拍摄目的和要求，合理确定拍摄角度、距离和光照等，力求所要表达的主体物突出、明显、清晰和准确。根据拍摄者立足点和被拍物体方位，拍摄角度可分为俯视、平视、仰视、正面、侧面拍摄等。根据拍摄者立足点和被拍物体的远近，拍摄距离可分为远景、中景、近景、特写拍摄等。根据光线和拍摄方向，拍摄光照可分为正面光、侧面光、逆光拍摄等。

2）为了记录事故的发生地，应尽量让静止的固定参照物进入拍摄画面。

3）要拍摄好两个45°的照片。前45°的照片反映的是车辆侧面和前号牌号码；后45°的照片反映另一侧面及后号牌号码。

4）总成或高价值的零部件一定要拍摄照片，小损失、低值零部件视情拍摄。

5）产生裂纹的零部件，若拍摄时无法直接拍出裂纹，可以在裂纹处涂抹些油，再用滑石粉末撒在裂纹上，轻轻用小锤敲击裂纹附近，使之形成线条后再进行拍摄。

6）对碰擦痕迹的拍摄，要合理选择拍摄角度和光线，以准确反映其凹陷、隆起、变形、断裂、穿孔或破碎等特征。对于较小、较浅的凹陷一般要采用侧面光、反光板、闪光灯等进行拍摄。

7）对刮擦痕迹，如为有色物质，可选择滤镜拍摄，突出被黏挂物。

8）拍摄血迹时，应选用滤镜拍摄。如血迹滴落在黄土或洒有泥土的柏油路上，可用黄色滤镜拍摄。

9）拍摄制动拖印时，要注意反映起点与道路中心线或路边的关系，为反映制动拖印的起止点及其特征，可对拖印起点用白灰等进行标记。

3. 现场丈量

现场丈量前，要认定与事故有关的物体和痕迹，然后逐项进行并做好相应记录。

(1) 确定事故现场方位

事故现场的方位以道路中心线与指北方向的夹角来表示。如果事故路段为弯道，以进入弯道的直线与指北方向夹角和转弯半径表示。

(2) 事故现场定位

事故现场的定位方法有三点定位法、垂直定位法、极坐标法等。三种定位方法首先都需要选定一个现场的固定基准点，比如可选有标号的里程碑或电线杆。

三点定位法是用基准点、事故车辆某一点以及基准点向道路中心线作垂线的交点三个点所形成的三角形来固定现场位置，所以此时只需要量取三角形各边的距离即可。

垂直定位法是用经过基准点且平行于道路边线的直线与经过事故车辆某一个点且垂直于道路边线的直线相交所形成的两个线段来固定事故现场，所以该方法只需要量取基准点与交点、交点与事故车辆某一点两条线段的距离即可。

极坐标法是用基准点与事故车辆某一点连接形成线段的距离以及线段与道路边线垂直方向的夹角来固定事故现场，所以该方法只需量取线段长度和夹角度数即可。

(3) 道路丈量

道路的路面宽度、路肩宽度以及边沟的深度等参数一般需要丈量。

(4) 车辆位置丈量

事故车辆位置用车辆的四个轮胎外缘与地面接触中心点到道路边缘的垂直距离来确定，所以只需量取四个距离即可。车辆行驶方向可根据现场遗留的痕迹判断。

(5) 制动印痕丈量

直线形的制动印痕的拖印距离直接测量即可。弧形制动印痕的拖印距离量取，先四等分弧形印痕，分别丈量等分点至道路一边的垂直距离，再量出制动印痕的长度即可。

(6) 事故接触部位丈量

事故接触部位的丈量，最关键的是先准确判定事故接触部位。事故接触部位是形成事故的作用点，是事故车辆的变形损坏点，可根据物体的运动、受力、损坏形状以及散落距离等因素综合科学判断事故接触部位。对事故接触部位丈量时，应测量车与车、车与人，或者车与其他物体接触部位距地面的高度、接触部位的形状大小等。

(7) 其他丈量

如果事故现场还有毛发、血皮、纤维、车身漆皮、玻璃碎片、脱落的车辆零部件、泥土、物资等遗留物，并且它们对事故认定起着重要作用，则需要一并丈量它们散落的距离或黏附的高度等。

4. 绘制现场图

对重大赔案的查勘应绘制事故现场图。事故现场图应在出险现场当场绘制。由于在查勘现场绘制，且绘制时间较短，所以对事故现场图不要求十分工整，只要求内容完整，尺寸数字准确，物体位置、形状、尺寸、距离的大小基本成比例即可。

(1) 事故现场图的基本内容

事故现场图要反映出事故车辆的方位、道路情况及外界影响因素，要表明车辆以及与事故有关的遗留痕迹和散落物的相互位置。

简单平面图加上适当的文字说明，即可反映出事故现场概况。如果道路线形复杂，为准确表达事故现场的空间位置和道路纵横断面几何线形的变化，事故现场图也经常采用立体图或剖面图等。

(2) 事故现场图的绘制过程

1) 选比例。根据出险情况，选用适当比例进行图的总体构思。

2) 画轮廓。按照近似比例画出道路边缘线和中心线。确定道路走向，在图的右上方绘制指北标志。标注道路中心线与指北线的夹角。

3) 画车辆。以同一近似比例绘制出险车辆，再以出险车辆为中心绘制各有关物体。

4) 标尺寸。根据现场具体条件，选择基准点和定位法，为现场出险的车辆和主要物品、痕迹定位，标注尺寸。

5) 小处理。根据需要绘制立体图、剖面图和局部放大图，必要的地方加注文字说明。

6) 先校核。如两名查勘人员，一名负责绘制现场图，另一名负责校核。

7) 后签名。图绘制完成后，由绘图人员、校核人员、当事人员、见证人员分别签名。

现场查勘结束后，应根据现场查勘图所标明的尺寸和位置，按照正投影的绘图原理，选用一定比例和线型，工整准确地绘制出正式的事故现场图，它是理赔和申请诉讼的依据。

任务实施

为了不影响交通，李女士及第三者当事人在简单拍照后，将车辆挪到了路边，因此查勘人员看到的应是变动现场。查勘人员可依据前述现场查勘步骤与方法进行事故调查。

根据调查情况，判断是否应当报警。发生交通事故有下列情形之一的，需要报警：

(1) 造成人员死亡、受伤的。

(2) 发生财产损失事故，当事人对事实或者成因有争议的，以及虽然对事实或者成因无争议，但协商损害赔偿未达成的。

(3) 机动车无号牌、无检验合格标志、无保险标志的。

(4) 载运爆炸物品、易燃易爆化学物品以及毒害性、放射性、腐蚀性、传染病病原体等危险物品的车辆。

(5) 碰撞建筑物、公共设施或者其他设施的。

(6) 驾驶人无有效机动车驾驶证的。

(7) 驾驶人有饮酒、服用国家管制的精神药品或者麻醉药品嫌疑的。

(8) 当事人不能自行移动车辆的。

如果交通事故仅发生财产损失，当事人对事实或者成因无争议的，可以自行协商处理。

强化训练

马先生的车辆在城市道路上与其他车辆相撞，两辆车呈“人”字形停在车道里，阻碍了外侧两车道。如果你是查勘人员，在抵达现场后，应该做哪些工作？

【步骤】

(1) 分组。将教学班级按每小组 5～8 人分为不同的学习小组。

(2) 研讨。以学习小组为单位组织研讨案例中的问题，在充分讨论的基础上，形成各小组的课题报告，并进行汇报。

(3) 点评。学生自评，小组互评，最后由指导教师对操作过程进行点评，然后综合评定各学习小组本次实训的成绩。

任务3　定 损 核 损

知识目标

1. 了解定损、核损的基本工作流程
2. 掌握车辆损失的确定程序。
3. 掌握人员伤亡费用的组成。
4. 了解其他财产损失的确定要求。
5. 了解施救费用和残值的确定要求。

能力目标

能够进行事故损失的确定工作，保障理赔工作的顺利进行，保护好保险双方的利益。

情景描述

郑先生将车辆停放在了一幢高楼下，不料一阵强风将高楼外墙上的建筑构件吹落，把郑先生车辆的天窗和发动机舱盖砸坏。郑先生打电话向保险公司报案，保险公司通知外勤人员出现场，外勤人员在查勘了现场后，根据郑先生的保险情况，通知郑先生前往保险公司进行定损。那么保险公司定损员应该怎样定损与核损呢?

任务剖析

保险事故损失的确定是多方面的，并与投保人投保的保险种类等多种因素有关。为了提高定损质量，保证定损准确、标准和统一，对事故各种损失的确定需要定损与核损人员有很强的工作能力。

相关知识

一、定损、核损的基本工作流程

1. 定损的基本工作流程

(1) 接受调度，进行查勘准备。

(2) 联系客户。

(3) 现场查勘。

(4) 决定是否受理。

(5) 指导客户填写相关单证。

(6) 初步确定损失项目及价格，出具定损报告。

(7) 告知客户相关理赔事宜。

2. 核损的基本工作流程

(1) 判断事故真实性。

(2) 核定更换项目、维修项目、配件价格、修复费用、施救费等。

(3) 确定物损赔偿费用。

二、车辆损失的确定

保险人应会同被保险人一起进行车辆损失确定。如涉及第三者车辆损失的，还应会同第三者车损方进行定损。

1. 车辆损失的确定程序

(1) 保险公司一般应指派两名定损员一起参与车辆定损。

(2) 根据现场查勘记录，认真检查受损车辆，找出本次事故造成的损伤部位，并由此判断和确定因肇事部位的撞击间接引起其他部位的损伤；最后确定出损失部位、损失程度、损失项目等，并对损坏的零部件由表及里进行逐项登记，同时进行修复与更换的分类。鉴定登记工作应认真细致。对于估损金额超过本级处理权限的，应及时报上级公司协助定损。

(3) 与客户协商确定修理方案，包括确定修理项目和换件项目。修理项目需列明各项目工时费；换件项目需明确零配件价格，零配件价格需通过询价、报价程序确定。

(4) 对更换的零配件属于本级公司询价、报价范围的，要将换件项目清单交报价员审核，报价员根据标准价或参考价核定所更换的零配件价格；对属于上级公司规定的报价车型和询价范围的，应及时上报，并编制零配件更换项目清单，向上级公司询价。上级公司对询价金额低于或等于公司报价的进行核准；对询价金额高于公司报价的逐项报价，并将核准的报价单或询价单传递给询价公司。

(5) 定损员接到核准的报价单后，再与被保险人和第三者车损方协商修理、换件项目和费用。协商一致后，签订《汽车保险车辆损失情况确认书》一式两份，保险人、被保险人各执一份。

(6) 对损失金额较大，双方协商难以定损的；或受损车辆技术要求高，定损人员由于技术局限导致难以确定损失的，可聘请专家或委托公估机构定损。

(7) 受损车辆原则上应一次定损。对于严重的车辆事故，一般需拆解后定损。为此各保险公司会规定一些自己的协议拆解点。

(8) 定损完毕后，由被保险人自选修理厂修理或到保险人推荐的修理厂修理。保险人推荐的修理厂一般不低于二级资质。

(9) 保险车辆修复后，保险人可根据被保险人的委托直接与修理厂结算修理费用，但双方必须事先明确各自负担的费用，并在《汽车保险车辆损失情况确认书》上注明，由被保险人、保险人和承修方三方签字确认。

小提示：

为保障被保险人的权益，受损车辆一定要经过保险公司定损人员定损后，再送修理厂修理，不要擅自修理。涉及第三者人员伤亡的费用支付，应先向保险公司理赔人员咨询后，再予以支付。否则被保险人自行承诺和支付的费用中不合理的部分，保险公司不予赔偿。

2. 车辆损失确定过程中的注意事项

事故车辆的损失确定，既需要较强的专业知识，又需要丰富的实践经验，同时要求定损人员能跟上汽车技术的发展，熟悉各种汽车的结构。车辆损失的确定是一项比较复杂的工作。为此，应在车辆损失确定的过程中注意以下事项：

(1) 注意本次事故造成的损失和非本次事故造成的损失的界定。区分时一般根据事故部位的痕迹进行判断。对本次事故的碰撞部位，一般有新脱落的漆皮痕迹和新的金属刮痕；对非本次事故的碰撞部位一般有油污和锈迹。进行区分的目的主要是避免重复赔偿。因为以往的部分小事故在定损估价赔偿后，由于被保险人的某些原因，车辆往往不进行修复，若本次事故定损时再考虑以往事故损失，就会存在重复估价和重复赔偿的问题。

(2) 注意事故损失和机械损失的界定。保险人只承担条款约定的事故损失的赔偿。因制动失灵、机械故障和轮胎爆裂，以及零部件的锈蚀、老化、变形、开裂等所造成的车身损失，不负赔偿责任。若因这些原因而事实上已构成碰撞、倾覆、爆炸等的保险责任，对当时的事故损失部分可以负责赔偿，非事故损失部分不负责赔偿。

(3) 注意机动车保险事故损失和产品质量或维修质量问题引发的事故损失的界定。车辆损失保险责任只负责赔偿被保险机动车所有人或驾驶人因驾驶而使被保险车辆发生碰撞、倾覆、坠落、火灾、爆炸等意外事故或因暴风、暴雨、雹灾、泥石流等自然灾害造成的车辆损毁的损失。若由产品质量或维修质量引发的车辆损失，应由生产厂家、配件供应商、机动车销售公司或机动车维修企业负责赔偿。机动车质量是否合格，保险人可委托专业机动车辆司法鉴定部门进行鉴定。

(4) 注意过失行为引发事故损失与故意行为引发事故损失的界定。过失行为引发的事故损失属于保险责任，故意行为引发的事故损失属于责任免除。损失鉴定时，根据当事人、见证人的描述，事故车辆的实际损失，事故痕迹，事故处理部门意见等多项信息综合判断。现实中有一些案件先是由被保险人或驾驶人过失行为引发事故损失，又有故意行为导致损失扩大，定损时应注意鉴别。

(5) 对确定为事故损失的部位应坚持尽量修复的原则。如被保险人或第三者提出扩大修理范围或应修理而要求更换的，超出部分的费用由其自行承担，并在合同中明确注明。

(6) 经保险人同意，对事故车辆损失原因进行鉴定的费用应负责赔偿。

(7) 受损车辆解体后，如发现尚有因本次事故造成损失的部位没有定损的，经定损员核实后可追加修理项目和费用。

(8) 受损车辆未经保险人同意而自行送修的，保险人有权重新核定修理费用或拒绝赔偿。重新核定时，应对照现场查勘记录，逐项核对修理费用，剔除扩大修理费用或其他不合理项目费用。

(9) 换件的残值应合理作价，如被保险人同意接受，则在定损金额中扣除。如被保险人不愿接受，保险人应将残件收回，并按照损余物资处理流程做好残件处理。

(10) 定损人员应随时掌握最新零配件价格，了解机动车辆修理工艺和新技术，避免因不熟悉业务而一味压低理赔费用，造成维修单位无法正常修复。

3. 维修费用的构成

目前我国汽车维修价格以各省（区、市）交通厅、物价局联合制定的《机动车辆维修行业工时定额和收费标准》为依据。

事故车辆的维修费用主要由修理工时费、材料费和其他费用三部分构成。

(1) 修理工时费

修理工时费＝定额工时×工时单价

定额工时是实际维修作业项目核定的结算工时数。

工时单价是在生产过程中，单位小时的收费标准。

(2) 材料费

材料费＝外购配件费＋自制配件费＋辅助材料费

外购配件费按实际购进的价格结算。

自制配件费按实际制造成本结算。

辅助材料费是指在维修过程中使用的辅助材料的费用，但在计价标准中已经包含的辅助材料不得再次收取费用。

(3) 其他费用

其他费用＝外加工费＋材料管理费

外加工费是在维修过程中实际发生的厂外加工费用。

材料管理费是在材料采购过程中发生的采购、装卸、运输、保管、损耗等费用。

4. 零配件询报价

对需要更换的零配件应确定其价格，且确定的零配件价格应符合市场行情，并能让修理厂保质保量地完成维修任务，所以零配件报价应“有价有市”。

由于零配件生产厂家众多，市场上不但有原厂零配件，而且还有许多其他厂商生产的零配件，市场价格差异很大。另外由于生产厂商生产调整、市场供求变化、地域差异等多种因素也会造成零配件价格波动，特别是有些进口零配件缺乏价格标准，价格差异更大。

各保险公司为了更好地确定损失和理赔，都会建立一个完整、准确、动态的询报价系统，以使定损人员在定损过程中能够争取主动，保证定出的零配件价格符合市场行情，加快理赔速度。针对一些报价系统中没有的特殊车型，则采用与专业机构合作的方式，安排专人定期收集整理零配件信息，掌握和了解零配件市场行情变化，与各汽配商及经济信息部门联系，获取各方面的零配件信息。对高档车辆及更换零配件价值较大的可与周边地区联系，多地比较价格。

零配件报价中常见的问题及处理方式：

(1) 询价单中车型信息不准确、不齐全，相互矛盾，无法核定车型，无法确定零配件，导致报价部门不能顺利报价。一般要求应准确填写标的的详细信息。

(2) 零配件名称不准确或零配件特征描述不清楚。一般要求提供准确的零配件名称，并备注说明，对于重要或特殊零配件，可查找实物编码或零配件编码或上传照片。

(3) 把总成与零配件混淆。一般要求定损人员必须熟悉车辆结构和零配件市场供给情况。必要时，定损人员可以向零配件供应商咨询。

(4) 对老旧、稀有车型的零配件报价，应准确核对车型，积极寻找通用互换件。

(5) 报价后价格波动或缺货。报价有一定时效，一般为3～7天，市场上货源紧张时价格上涨，所以报价、供货时间要快，避免涨价或缺货。

(6) 无现货必须订货的，原则上按海运价报价。

三、人员伤亡费用的确定

交强险、第三者责任保险、车上人员责任险等险种中涉及的人员伤亡费用，理赔人员应按相关法律法规以及保险合同的约定赔偿，赔偿项目和赔偿标准依据《最高人民法院关于审理人身损害赔偿案件适用法律若干问题的解释》确定。

人身伤亡可以赔偿的合理费用主要包括以下几项。

1. 赔偿医疗费用

受伤人员治疗支出的医疗费、误工费、护理费、交通费、住宿费、住院伙食补助费、必要的营养费，赔偿义务人应予以赔偿。其中医疗费指受伤人员在治疗期间发生的由本次事故造成损伤的医疗费用（限公费医疗的药品范围）。

2. 残疾赔偿费用

受害人因伤致残的，赔偿义务人应赔偿其因生活需要增加的必要费用以及因丧失劳动能力导致的收入损失，包括残疾赔偿金、残疾辅助器具费、被抚养人生活费，以及因康复护理、继续治疗实际发生的必要的康复费、护理费、后续治疗费。

3. 死亡人员的赔偿

受害人死亡的，除应根据抢救治疗情况赔偿规定的相关费用外，还应赔偿丧葬费、被抚养人生活费、死亡补偿费以及受害人亲属办理丧葬事宜支出的交通费、住宿费和误工损失等。

4. 精神损害抚慰金

根据侵权法原理，应当先确定物质损害赔偿金，再赔偿精神损害抚慰金。根据《人身损害赔偿司法解释》第十八条第一款及第三十一条之规定，结合《精神损害赔偿司法解释》第六条“当事人在侵权诉讼中没有提出赔偿精神损害的诉讼请求，诉讼终结后又基于同一侵权事实另行起诉请求赔偿精神损害的，人民法院不予受理”之规定，可以得出人身损害赔偿案件中，精神损害抚慰金必须依附于物质损害赔偿金，而不得在物质损害赔偿金获赔后，另行提起精神损害赔偿。精神损害抚慰金应当在物质损害赔偿金确定的基础上予以确定。

四、其他财产损失的确定

保险事故导致的财产损失，除车辆本身损失和第三者人员伤害外，还可能造成第三者的财产损失和车上承运货物的损失，从而构成第三者责任险、车上货物责任险赔偿等。

1. 第三者财产损失的确定

第三者财产损失包括第三者车辆所载货物、道路、道路安全设施、房屋建筑、电力和水利设施、道路旁树木花卉、道路旁农田庄稼等。第三者的财产涉及范围较大，所以对其定损的标准、技术以及掌握的尺度相对机动车辆来说要难得多。

第三者财产损失的确定依据是《中华人民共和国民法通则》和机动车辆第三者责任险保险条款。第三者财产损失赔偿责任是基于被保险人的侵权行为产生的，致害人应按照被损害财产的实际损失予以赔偿。事故造成财产直接损失的，应恢复原状或折价赔偿。确定时可与被害人协商，协商不成可申请仲裁或诉讼。

机动车辆第三者责任险保险条款规定，保险车辆发生意外事故，直接造成事故现场他人现有财产的实际损毁，保险人依据保险合同的规定予以赔偿。保险人对第三者财产损失只负责赔偿直接损失，间接损失、第三者无理索要及处罚性质的赔偿不予负责，因此保险人的实际定损费用与被保险人实际赔付第三者的费用往往有差距，这就需要定损人员做好被保险人的解释说服工作。

2. 车上货物损失的确定

凡发生保险责任内的车上货物损失，原则上保险公司应立即派人前往事故现场，对车上货物损失进行查勘处理，然后会同被保险人和有关人员对受损的货物进行逐项清理，以确定损失数量、损失程度和损失金额。在损失金额的确定方面应坚持从保障利益原则出发，注意掌握在出险当时标的具有或者已经实现的价值，确保体现补偿原则。

五、施救费用和残值的确定

1. 施救费用的确定

施救费是保险标的遭遇保险责任范围内的灾害事故时，被保险人或其代理人、雇用人员为减少事故损失而采取适当措施抢救保险标的时支出的额外费用。施救费用是用一个相对较小的费用支出来控制损失扩大。施救费用的确定要坚持必要、合理的原则。

2. 残值的确定

残值处理是指保险公司根据保险合同履行了赔偿并取得受损标的所有权后，对尚存一部分经济价值的受损标的进行的处理。

机动车商业保险条款规定，残值应协商作价归被保险人，并在保险赔款中扣除。若保险双方协商不成，则保险公司应将已赔偿的受损物资收回。这些受损物资可委托有关部门拍卖，处理所得款项应冲减赔款。一时无法处理的，则应交保险公司的损余物资管理部门。

任务实施

在实际工作中，定损与核损业务应按照如下流程进行。

1. 确认事故性质

为了确定事故性质，应详细查看现场查勘人员的查勘意见，必要时可以跟现场查勘人员联系，或向被保险人了解情况。

2. 区分定损界限

为了把握好定损范围，定损人员需区分定损的界限。

(1) 区分事故损失与正常机械损失。

(2) 区分新事故损失与已经存在的旧损失。

(3) 区分属于保险责任范围内的损失与除外责任损失。

3. 确定车辆修换方案

确定损伤项目之后，定损人员应当根据车辆损失程度、车辆零配件的价格按照汽车零配件换修标准确定换修方案。

4. 确定材料费用

在定损时应根据车辆维修单位和零配件来源确定换件材料费用。

(1) 特约维修站的零配件价格以厂商指导价确定。

(2) 一般维修店则在市场零售价的基础上加上部分管理费来确定。

5. 确定修复费用

在实际定损工作中，维修费用一般包括拆装、钣金、涂装费用等。

6. 残值处理

对换件的残值应做妥善处理，计算一定残值。

7. 签订定损单

各项费用确定后，要签订定损单，定损单中各项费用应开列明确。

强化训练

某运输公司购置了一辆新型货车并为其投保了机动车损失险。某日该货车行驶在国道干线上时，为了躲避路边农用车，临时借道行驶，此时对向驶来了一辆奔驰轿车，货车司机猛打转向盘躲避，但因用力过猛将转向盘转向直拉杆扳断，货车失控迎面撞上了奔驰车。事故造成货车受损，司机受伤；奔驰车严重损坏，车上人员1死2伤。经过交通事故处理部门认定，货车负事故全部责任。该事故中的事故损失应如何认定?

【步骤】

(1) 分组。将教学班级按每小组5～8人分为不同的学习小组。

(2) 研讨。以学习小组为单位组织研讨案例中的问题，在充分讨论的基础上，形成各小组的课题报告，并进行汇报。

(3) 点评。学生自评，小组互评，最后由指导教师对操作过程进行点评，然后综合评定各学习小组本次实训的成绩。

任务4 赔款理算

知识目标

1. 了解汽车保险赔款理算过程。
2. 掌握机动车交通事故责任强制保险赔款的理算。
3. 掌握商业机动车保险赔款的理算。

能力目标

能够根据相应险种做出符合实际情况的赔款理算，获得科学合理的赔款理算结果。

情景描述

甲乙两辆汽车相撞，甲车车辆损失 6 万元，医疗费 8 万元，货物损失 10 万元；乙车车辆损失 12 万元，医疗费 4 万元，货物损失 8 万元。甲车负主要责任，承担 70%责任；乙车负次要责任，承担 30%责任。甲车在 A 公司投保了保险金额为 16 万元的车损险，赔偿限额为 50 万元的第三者责任险；乙车在 B 公司投保了保险金额为 20 万元的车损险，赔偿限额为 20 万元的第三者责任险。在不考虑免赔率的条件下，A、B 保险公司对甲、乙两车的被保险人各应承担多少赔偿金额呢？

任务剖析

赔款理算是理算人员根据被保险人提供的经审核无误的有关赔款损失单证等，对机动车损失险、第三者责任险、附加险及施救费用的分别计算赔偿金额的过程。理算工作是保险公司在理赔过程中的一个关键环节。

相关知识

一、交强险赔款的理算

在赔偿顺序上，交强险是第一顺序，商业机动车保险是第二顺序。因此交强险的赔款理算将影响到商业机动车保险的赔款理算。

由于交强险对死亡伤残、医疗费用、财产损失三类分别设定了赔偿限额，同时又设定了无责任赔偿限额，而无责任赔偿限额又分死亡伤残、医疗费用、财产损失三类，所以交强险的赔款理算比较烦琐。

1. 交强险赔偿的责任承担方式

在商业机动车保险中（以下简称商业车险），按事故责任比例来计算赔偿额度，交强险则不然。

《中华人民共和国道路交通安全法》第七十六条规定，机动车发生交通事故造成人身伤亡、财产损失的，由保险公司在机动车第三者责任强制保险责任限额范围内予以赔偿。交强险应实行无过错赔偿，即只要发生事故，就在责任限额内予以赔偿，而不问及被保险人在事故中的过错责任。

《机动车交通事故责任强制保险条例》第二十三条规定，机动车交通事故责任强制保险在全国范围内实行统一的责任限额。责任限额分死亡伤残赔偿限额、医疗费用赔偿限额、财产损失赔偿限额以及被保险人在道路交通事故中无责任的赔偿限额。据此，交通事故的责任限额分为一般事故赔偿限额与无责任赔偿限额。

其实，两者的规定并不矛盾，可以理解为交强险采用简单的二分法，将责任仅区分为有责和无责。如果有责，则按一般责任限额来确定赔偿；如果无责，则按无责任限额进行赔偿。这与商业机动车保险按照全部责任、主要责任、同等责任和次要责任等具体的责任比例来计算赔偿是不同的。交强险的这种责任承担方式，是由交强险保护社会公众和受害人利益的宗旨决定的，是交强险与商业机动车保险的主要区别。

2. 交强险理算注意事项

(1) 交通事故损失应优先在交强险项下赔偿，交强险赔偿不足部分的损失，再纳入商业保险理赔。对已获得交强险赔偿的部分，在商业保险理算时予以扣除。

(2) 交强险实行限额责任赔偿，而商业车险实行比例责任赔偿。因此，公安交通管理部门划定的责任比例，在交强险理算时没有意义；但在商业车险中却是理赔的重要依据，实行按责划分，依责理赔。

(3) 只投保商业车险而没有投保交强险的车辆，在理赔时将视同已投保交强险，商业车险仅负责对应在交强险项下获得赔偿以外的部分进行赔偿。

(4) 理算时应参照法律法规确定的标准。人伤案件的医疗费用依据国务院卫生主管部门制定的交通事故人员创伤临床诊疗指南和国家基本医疗保险标准理算，人身伤残核定主要依据道路交通事故人身伤残评定准则等标准理算。

(5) 无责方车辆对有责方车辆损失应承担的财产损失赔偿金额，由有责方在本方交强险无责任财产损失赔偿限额项下代赔。

(6) 对被保险人依照法院判决或者调解承担的精神损害抚慰金，原则上在其他赔偿项目足额赔偿后，在死亡伤残赔偿限额内赔偿。

(7) 初次计算后，如果有致害方交强险限额未赔足，同时有受害方损失没有得到充分补偿，则对受害方的损失在交强险剩余限额内再次进行分配，在交强险限额内补足。对于待分配的各项损失合计没有超过剩余赔偿限额的，按分配结果赔付各方；超过剩余赔偿限额的，则按每项分配金额占各项分配金额总和的比例乘以剩余赔偿限额分摊，直至受损各方均得到足额赔偿或应赔付方交强险无剩余限额。

(8) 机动车保险的理算应按保险事故的损失和所保险种的情况，在对应险种范围内，将交强险、商业第三者责任险和车损险等险种项下的财产损失、人身伤亡费用、医疗费用分别对应理算，避免交叉、重复和缺漏。

二、商业车险赔款理算

1. 机动车损失保险赔款理算

(1) 投保时按被保险机动车的新车购置价确定保险金额

1) 全部损失。保险车辆发生全部损失包括实际全损或推定全损两种。实际全损是保险车辆在事故中发生整体损毁；推定全损是保险车辆在事故中受损严重，失去修复价值或事故后的施救费用与修复费用之和超过车辆价值的。

保险金额高于保险事故发生时被保险机动车实际价值时：

赔款＝（实际价值－残值－交强险赔偿金额）×事故责任比例×（1－免赔率之和）

式中，免赔率之和是保险条款中约定的各项免赔率之和。

保险事故发生时被保险机动车的实际价值根据新车购置价减去折旧金额后的价格确定。新车购置价根据保险合同签订地同类型新车的市场销售价确定，无同类型新车市场销售价的，双方协商确定。

折旧金额＝保险事故发生时的新车购置价×被保险机动车已使用月数×月折旧率

事故责任比例以公安交通管理部门确定的值为准。但在特殊情况下，如出现公安交通管理部门确定的事故责任比例与实际赔偿比例不一致，且经过核赔人员认真审核，认为此种判定不符合实际情况时，可用赔偿比例代替事故责任比例。如果被保险人或被保险机动车驾驶人根据有关法律、法规的规定选择自行协商来确定事故责任比例的，应按下列规定确定事故责任比例：被保险机动车方负主要责任的，比例为70%；负同等责任的，比例为50%；负次要责任的，比例为30%。

保险金额等于或低于保险事故发生时被保险机动车实际价值时：

赔款＝（保险金额－残值－交强险赔偿金额）×事故责任比例×（1－免赔率之和）

因总残值里有一部分是属于被保险人自保的，所以

残值＝总残值×（保险金额÷实际价值）

2) 部分损失：

赔款＝（实际修理费用－残值－交强险赔偿金额）
×事故责任比例×（1－免赔率之和）

此时还需比较赔款与被保险车辆的实际价值。若赔款小于实际价值，则按实际计算出的赔款赔付。若赔款不小于实际价值，则按实际价值赔付，即：

赔款＝实际价值

3) 施救费赔款计算：

施救费赔款＝实际施救费用×事故责任比例×
（保险财产价值÷实际施救财产总价值）×（1－免赔率之和）

(2) 投保时按被保险机动车的实际价值确定保险金额或协商价格确定保险金额

1）全部损失：

①保险金额高于保险事故发生时被保险机动车的实际价值时：

赔款＝（实际价值－残值－交强险赔偿金额）
×事故责任比例×（1－免赔率之和）

②保险金额等于或低于保险事故发生时被保险机动车的实际价值时：

赔款＝（保险金额－残值－交强险赔偿金额）
×事故责任比例×（1－免赔率之和）

③如果保险金额低于实际价值：

残值＝总残余值×（保险金÷实际价值）

2）部分损失：

赔款＝(实际修理费用－残值－交强险赔偿金额）×事故责任比例×
（保险金额÷投保时保险车辆的新车购置价）×（1－免赔率之和）

如果赔款小于实际价值，则按实际计算出的赔款赔付；如果赔款不小于实际价值，则按实际价值赔付，即：

赔款＝实际价值

3）施救费赔款计算：

施救费赔款＝实际施救费用×事故责任比例×（保险金额÷投保时保险车辆的新车购置价）×
（保险财产价值÷实际施救财产总价值）×（1－免赔率之和）

2. 第三者责任保险赔款理算

（1）当第三者损失减去交强险赔付金额后，被保险人按事故责任比例应承担的赔偿金额高于责任限额时：

赔款＝责任限额×（1－免赔率之和）

（2）当第三者损失减去交强险赔付金额后，被保险人按事故责任比例应承担的赔偿金额低于责任限额时：

赔款＝应承担的赔偿金额×（1－免赔率之和）

3. 车上人员责任险赔款理算

（1）当被保险人按事故责任比例应承担的每座车上人员伤亡赔偿金额未超过保险合同载明的每人责任限额时：

每人赔款＝应承担的赔偿金额×（1－免赔率之和）

（2）当被保险人按事故责任比例应承担的每座车上人员伤亡赔偿金额超过保险合同载明的每人责任限额时：

每人赔款＝责任限额×（1－免赔率之和）

（3）车上人员责任险赔款总额为：

赔款总额＝Σ每人赔款

赔款人数以投保座位数为限。

4．机动车盗抢险赔款理算

（1）全部损失：

赔款＝保险金额×（1－免赔率之和）

（2）部分损失：

赔款＝实际修理费用－残值

5．附加险赔款的理算方法

（1）自燃损失险

1）全部损失：

赔款＝（保险金额－残值）×（1－20％）

2）部分损失：

赔款＝（实际修理费用－残值）×（1－20％）

3）施救费用：

赔款＝实际施救费用×（保险财产价值÷实际施救财产总价值）×（1－20％）

以不超过保险金额为限。

（2）车身划痕损失险

在保险金额内按实际修理费用计算赔偿。在保险期限内，赔款金额累计达到保险金额时，保险责任终止。

（3）可选免赔额特约条款

赔款＝按车辆损失险计算的赔款—选定的免赔额

（4）新增设备损失险

车上新增设备的直接损毁，保险人在保险单该项目所载明的保险金额内，按实际损失计算赔偿。

（5）发动机涉水损失险

1）全部损失：

赔款＝（保险金额－残值）×（1－20％）

2）部分损失：

赔款＝（实际修理费用－残值）×（1－20％）

3）施救费用：

赔款＝实际施救费用×（保险财产价值÷实际施救财产总价值）×（1－20％）

以不超过保险金额为限。

（6）维修期间费用补偿险

1）全部损失：

赔款＝保险合同中约定的日赔偿金额×保险合同中约定的最高赔偿天数

2）部分损失。在计算赔偿天数时，以约定的修理天数和实际修理天数二者中短者为准。

当赔偿天数未超过合同约定的最高赔偿天数时：

赔款＝保险合同中约定的日赔偿金额×赔偿天数

当赔偿天数超过合同约定的最高赔偿天数时：

赔款＝保险合同中约定的日赔偿金额×保险合同中约定的最高赔偿天数

3）在保险期限内，赔款金额累计达到保险单载明的保险金额，此附加险保险责任终止。

4）在保险期限内发生保险事故，约定赔偿天数超出保险合同终止期限部分，仍应赔偿。

（7）代步机动车服务特约条款

1）保险人提供代步机动车服务的期限与修理期限一致。实际修理期限少于协商修理期限的，以实际修理期限为准；实际修理期限超过协商修理期限的，以协商修理期限为准。

2）保险人对每次提供代步机动车服务的期限累计计算，累计服务期限最长为 60 天。

（8）玻璃单独破碎险

赔款＝实际修理费用

（9）车上货物责任险

1）当被保险人按责任比例应承担的车上货物损失金额未超过保险合同载明的责任限额时：

赔款＝应承担的赔偿金额×（1－20％）

2）当被保险人责任比例应承担的车上货物损失金额超过保险合同载明的责任限额时：

赔款＝责任限额×（1－20％）

（10）更换轮胎服务特约条款

赔款＝服务费用

（11）送油、充电服务特约条款

赔款＝服务费用

（12）拖车服务特约条款

赔款＝服务费用

（13）随车行李物品损失保险

1）所载行李物品的直接损毁超过保险单所载明的赔偿限额：

赔款＝赔偿限额×事故责任比例

2）所载行李物品的直接损毁低于保险单所载明的赔偿限额：

赔款＝实际损失×事故责任比例

（14）不计免赔特约条款

赔款＝一次赔款中已承保且出险的各险种免赔额之和

但下列情况下，应由被保险人自行承担的免赔金额，保险人不负责赔偿：

1）机动车损失保险中应由第三方负责赔偿而无法找到第三方的。

2）因违反安全装载规定增加的。

3）被保险人根据有关法律法规选择自行协商方式处理交通事故，但不能证明事故原因的。

4）投保时指定驾驶人，保险事故发生时为非指定驾驶人使用被保险机动车而增加的。

5）投保时约定行驶区域，保险事故发生在约定行驶区域以外而增加的。

6）因保险期间内发生多次保险赔偿而增加的。

7）附加险条款中规定的。

任务实施

保险理赔人员面对甲、乙两车被保险人提出赔偿要求的时候，可按如下步骤进行处理：

1. 接受索赔资料

(1) 保险理赔人员应当热情接待被保险人，接收车险索赔资料，并审核索赔资料，保证车险理赔资料的正确流转。

理赔员接受被保险人索赔材料时要认真逐一审核，仔细查看每一张单证、每一项数字、印章，重点审核地点、金额、时间、报损单等，保证被保险人所交材料齐全、有效；拒收不合格的材料和不予赔付项目的材料，注意审核请求赔款的人是否有权提出索赔。单证要求齐全、标准和有效。对于被保险人上门报案和定损员现场查勘均未见到两证（机动车行驶证、机动车驾驶证）原件的，要求被保险人提供“两证”原件补验，防止“两证”未审验合格，提供“两证”复印件做假。若被保险人提交索赔的单证不完整，应暂不予受理，并一次性详细告知需要补充、完善的单证。

(2) 填写机动车辆保险索赔材料交接单，交接单一式两联，一联交与被保险人，一联留存案卷内。

(3) 简单计算赔付金额并告知被保险人，必要时让被保险人签署确认书。向被保险人说明理算方法。解释保单时，条理分明，依承保标的分类逐一说明理算金额及依据，有共识部分先请被保险人签字。利用快速与便捷的服务弥补赔款差异，承诺在几天内赔付，提供便捷的付款方式；不予以赔付的项目应同时告知被保险人。

2. 审核保险责任

(1) 被保险人将索赔单证交齐后，应仔细审核，确认是否属于保险责任，判断被保险人要求赔偿的损失是否在其投保的险种保障范围内。如不属于保险责任，则应通知被保险人，并出具拒赔通知书送交被保险人。

(2) 对照事故的损失类型，判断各损失属于何种险种的保险责任，应当在相应险种内赔付。

(3) 核对损失金额，对于超出相应险种赔付限额的损失，应明确说明保险公司的赔付金额以赔付限额为限，超过部分由被保险人自己承担。对索赔单证审核无误后，录入赔款信息并确认。

(4) 核对免赔率、免赔额扣除、责任限额、折旧、重复比例分摊等。

3. 进行赔款理算

根据各项损失的情况，确定在何种险种中赔偿，在对应险种下，根据各项损失确认书确定的损失金额、事故责任比例、免赔率、残值扣除等内容计算赔款。条款约定有绝对免赔的，应予以扣除。

(1) 各项损失项目的损失金额

查验通过核损核定的各项人伤、车辆、财物损失金额。注意审核被保险人提供的发票、赔付凭证上注明的金额是否与核定损失金额一致。

(2) 保险金额

查对保险金额，注意各项损失是否超过保险金额。

(3) 事故责任比例

根据事故认定书、法院判决书等材料确定标的车的事故责任比例。

(4) 事故责任免赔率

根据标的车在交通事故中所承担的事故责任比例确定事故责任免赔率。

(5) 绝对免赔率

标的车发生事故，有无车辆损失保险中应当由第三方负责赔偿而确实无法找到第三方、或违反安全装载规定加扣等保险合同条款规定应该加扣绝对免赔情况，如有则理算时加扣相应免赔率。

(6) 规定的免赔额

标的车有无存在应该扣除保险合同规定的应该扣除免赔额的情况。

(7) 残值

车辆损失的残值，以车辆损失部分零配件的残值计算。如车辆残值归被保险人，则在赔款中扣除。

4. 情境描述案例的赔款理算

(1) A保险公司承担的保险费用

A保险公司承担的保险费用＝甲车总损失×70%＋乙车总损失×70%

即：

甲车总损失＝（甲车车损＋甲车医疗费＋甲车货物损失）×70%

＝［60 000＋（80 000－10 000【交强险】）＋（100 000－2 000【交强险】）］×70%

＝228 000×70%

＝15.96（万元）

乙车总损失＝（乙车车损＋乙车医疗费＋乙车货物损失）×70％

＝［120 000＋（40 000－10 000【交强险】）＋（80 000－2 000【交强险】）］×70％

＝228 000×70％

＝15.96（万元）

A 保险公司承担的保险费用＝15.96＋15.96＝31.92（万元）

（2）B 保险公司承担的保险费用

B 保险公司承担的保险费用＝甲车总损失×30％＋乙车总损失×30％

即：

甲车总损失＝（甲车车损＋甲车医疗费＋甲车货物损失）×30％

＝［60 000＋（80 000－10 000【交强险】）＋（100 000－2 000【交强险】）］×30％

＝228 000×30％

＝6.84（万元）

乙车总损失＝［(乙车车损＋乙车医疗费＋乙车货物损失)］×30％

＝120 000＋（40 000－10 000【交强险】）＋（80 000－ 2 000【交强险】）×30％

＝228 000×30％

＝6.84（万元）

B 保险公司承担的保险费用＝6.84＋6.84＝13.68（万元）

5. 核对理算内容

完成各险种的赔款计算后，核对理算内容。主要有：

（1）核对理算单价。

（2）核对费用估算。

（3）核对折旧。

（4）核对拖车费、停车费、吊装费以及损坏路面、护栏、路标、草坪、绿地、苗木等的赔偿标准，应按照财政、物价管理部门的规定和补偿标准赔偿。

（5）核对追偿款及追偿费用的处理方式。

6. 制作保险赔款计算书

在赔款理算核对无误后，制作保险赔款计算书。计算书须有理算人、核赔人签章。

强化训练

甲车投保了交强险、足额的机动车损失险、商业第三者责任险 20 万元；乙车投保了交强险、足额的机动车损失险、商业第三者责任险 30 万元。两车相撞，甲车承担 70％责任，车辆损失 5 000 元；乙车承担 30％责任，车辆损失 3 500 元。按条款规定主要责任免赔率为 15％、次要责任免赔率为 5％，甲、乙两车各能获得多少保险赔款金额？

【步骤】

(1) 分组。将教学班级按每小组 5～8 人分为不同的学习小组。

(2) 研讨。以学习小组为单位组织研讨案例中的问题，在充分讨论的基础上，形成各小组的课题报告，并进行汇报。

(3) 点评。学生自评，小组互评，最后由指导教师对操作过程进行点评，然后综合评定各学习小组本次实训的成绩。

任务5 核　　赔

知识目标

1. 熟悉核赔流程。
2. 掌握核赔内容。

能力目标

能够按照相关条款进行保险赔案的审核工作，保证双方合法利益。

情景描述

张先生的保险事故报案已被受理，并且已完成了定损、赔款理算等工作。作为一名保险公司核赔人员，该如何对张先生的保险赔案进行最后的审核?

任务剖析

核赔是指在授权范围内按照保险条款及公司内部有关规章制度对赔案进行审核。核赔不是简单的单证审核，而是对整个赔案处理过程的控制，是保险公司控制业务风险的最后关口。

相关知识

一、核赔流程

汽车保险核赔工作流程如图 6—5—1 所示。

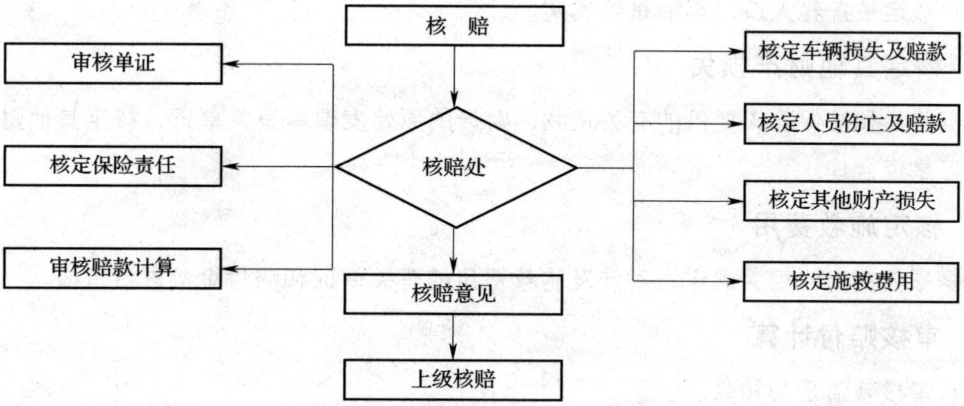

图 6—5—1　汽车保险核赔工作流程

二、核赔内容

1. 审核单证

（1）审核被保险人提供的单证、证明及相关材料是否齐全有效，有无涂改、伪造。

（2）审核经办人员是否规范填写有关单证并签字，必备的单证是否齐全等。

（3）审核相关签章是否齐全。

2. 核定保险责任

（1）核定被保险人与索赔人是否相符，驾驶人是否为保险合同约定的驾驶人。

（2）核定出险车辆的厂牌型号、号牌号码、发动机号码、车架号码、VIN 码等与保险单证是否相一致。

（3）核定出险原因是否为保险责任。

（4）核定出险日期是否在保险期限内。

（5）核定赔偿责任是否与保险险种相符合。

（6）核定事故责任划分是否清楚、明确、合理。

3. 核定车辆损失及赔款

（1）核定车辆损失项目、损失程度是否准确合理。

（2）核定更换的零配件是否按照规定进行询报价，定损项目与报价项目是否一致。

（3）核定换件等拟赔款金额是否与报价金额相符。

（4）核定残值确定是否合理。

4. 核定人员伤亡及赔款

根据现场查勘记录、调查证明和被保险人提供的公安交通管理部门事故认定书、事故调解书和伤残证明等材料，按照相关规定进行审核。

（1）核定伤亡人员数、伤残程度是否与调查情况和证明相符。

（2）核定伤亡费用是否合理。

(3) 核定被抚养人口、年龄是否属实。

5. 核定其他财产损失

根据照片和被保险人提供的有关货物、财产的原始发票等有关单证，核定其他财产损失有关项目是否合理。

6. 核定施救费用

根据施救费用的相关规定，对涉及施救费用的有关单证和赔付金额进行审核。

7. 审核赔付计算

(1) 审核残值是否扣除。

(2) 审核免赔率使用是否正确。

(3) 审核赔付计算是否准确。

任务实施

作为保险公司核赔人员，在面对保险赔案审核工作时，可按如下步骤进行：

(1) 审核保险合同、保险标的、被保险人与驾驶人资格，判断保险合同是否成立、有效，被保险人出险时是否具有保险利益和具备索赔资格。

(2) 分析、判断事故的性质及出险原因

1) 事故证明的主要种类及出具单位：道路交通事故认定书由公安交通管理部门出具；火灾原因认定及火灾事故证明由应急管理部门出具；气象灾害事故证明由气象部门出具；盗抢事故证明由县级以上公安刑侦部门出具；铁路、道路岔口事故证明由铁路公安部门出具。

2) 认真审核案卷，了解事故发生的全貌：发生事故的确切时间、地点；事故发生地的自然环境、显著标志物、路面条件、道路形态；出险时的天气情况；事故发生时的车速、行车轨迹、占道情况及事故发生情景；事故发生的原因；事故造成的各方损失情况，对第三者损失的情况需要特别注意。

3) 对于单方事故的公安交通管理部门证明，应明确是属于现场查勘记录还是凭被保险人口述。对产生施救费用的应明确施救单位及施救费收据。特别要注意防止事故发生后私了或自行协商后再重复索赔。

4) 对于载货、载人的情况，应明确有无超载、超宽、超长、超高、超员现象，车辆有无改装、变型而事先未报有关部门变更又未申请批改的。

在确认事故真实性的基础上，应根据机动车辆保险条款和保险法规，运用近因原则和一定的技术手段，分析判断事故是否属于保险责任范围。

(3) 监控整个理赔环节，对报案、查勘、定损、核损、理算存在的问题及时指出纠正，审核系统操作的合规性，确保赔案系统数据的准确性。对符合规定赔偿的案件及时核赔审核通过。对于特别重大复杂案件的理赔应当前置核赔工作。按照法律法规和相关规定要求，就相关问题及时通知被保险人。

强化训练

贾先生的保险报案已被受理，并且已完成了定损和理赔理算等工作，在进入最后的核赔工作时，保险公司核赔人员发现贾先生保险赔案中的车辆保险有效期限为 2018 年 5 月 1 日至 2019 年 4 月 30 日，车辆应于 2018 年 12 月进行车辆年检，但该车在 12 月 20 日年检中尾气检验不合格未能取得年检标志（其他检测项目均合格）。贾先生的事故报案时间为 2019 年 1 月 2 日，作为核赔人员请按照相应流程给出审核意见。

【步骤】

（1）分组。将教学班级按每小组 5～8 人分为不同的学习小组。

（2）研讨。以学习小组为单位组织研讨案例中的问题，在充分讨论的基础上，形成各小组的课题报告，并进行汇报。

（3）点评。学生自评，小组互评，最后由指导教师对操作过程进行点评，然后综合评定各学习小组本次实训的成绩。

任务 6　结案处理与赔案单证管理

知识目标

1. 熟悉结案处理的流程。
2. 掌握结案理赔单据的清分方法。
3. 掌握赔案单证管理的内容与方法。

能力目标

能够进行结案登记处理工作，并做好结案单据的整理、装订、登记与保管等。

情景描述

交通事故认定书明确认定了被保险人是疲劳驾驶，属于保险条款中的免责条款，保险公司为什么还要赔？面对这样一个赔案，新入职的保险理赔理算员小李对此很困惑。在赔案单证整理、清分、核实时发现，原来客户投保时正值新老保单条款更替，出单人员出具正式保单后错误地将旧的废弃条款盖好骑缝章粘贴在保单后面，而旧保单中疲劳驾驶属于正常的保险责任范围。因此对于被保险人的索赔，保险公司只能认账，按照被保险人手中的条款赔偿。

任务剖析

保险人对于理赔案卷的整理是一项非常重要的工作。对于案卷的整理、装订、登记、保管和编号，不仅能为案件的复核等提供重要的证据保存，也能积累经验，为今后处理同类型案件提供参考。

相关知识

一、结案处理

1. 结案登记

赔案按分级权限审批后，业务人员根据核赔的审批金额，填发机动车辆保险领取赔款通知书，并将赔案编号填写在赔款计算书上。然后通知被保险人领取、财会部门支付赔款。被保险人在收到机动车辆保险领取赔款通知书后在赔款收据上签章，财会部门即可支付赔款。在被保险人领取赔款时，业务人员应在保险单正、副本上加盖“某年某月某日出险，赔款已付”字样的条形印章。

被保险人领取赔款后，业务人员应按照赔案编号，输录《保险车辆保险已决赔案登记簿》，同时在《机动车辆保险报案、立案登记簿》备注栏中注明赔案编号与日期，作为续保时是否给付无赔款优待的依据。

2. 单据清分

赔付结案时，应进行理赔单据的清分。一联赔款收据交被保险人留存；一联赔款收据连同机动车辆赔款计算书或机动车辆保险费案审批表交财会部门作为付款凭证；另一联赔款收据和机动车辆赔款计算书或机动车辆保险赔案审批表，连同全案的其他材料作为赔案案卷。

二、赔案单证管理

被保险人领取赔款后，保险人要进行理赔案卷单证的整理。理赔案卷单证应按照一案一卷整理、装订、登记、保管。理赔案卷应单证齐全，编排有序，目录清楚，装订整齐，照片与原始单证应粘贴整齐并附必要说明。机动车辆保险赔案单证一般包括：

①赔案审批表。　　④出险报案表。

②赔款计算书。　　⑤报案记录。

③结案报告书。　　⑥索赔申请书。

⑦事故认定书、调解书、判决书或其他出险证明文件。

⑧现场查勘记录。

⑨现场查勘草图。

⑩现场查勘询问笔录及附页。

⑪车辆损失情况确认书。

⑫增加修理项目申请单。

⑬财产损失确认书。

⑭人员伤亡费用清单。

⑮伤残人员费用管理表。

⑯误工证明及收入情况证明。

⑰赔案票据粘贴用纸（有关原始单据）。

⑱赔案照片粘贴用纸（照片）。

⑲机动车行驶证复印件以及机动车驾驶证复印件。

⑳简易案件赔款协议书。

㉑保险权益转让书。

㉒领取赔款通知书。

㉓赔款统计明细表。

㉔拒赔通知书。

㉕拒赔案件报告书。

㉖代位追偿案件登记簿。

㉗诉讼、仲裁案件审批表。

㉘结案催告、注销通知书。

㉙救助调度记录清单。

㉚特约救助书。

㉛特约救助条款赔款结算书。

㉜预付赔款申请书。

㉝预付赔款审批表。

㉞损余物资回收处理单。

㉟异地出险联系函。

㊱受理查勘、定损复函。

㊲赔案流转时限卡。

㊳其他有关的证明与材料。

任务实施

通过相关知识的学习，明确赔案单证管理的重要意义，能够进行结案登记、单据清分和赔案单证管理等。

1. 结案登记

赔案按分级权限审批后，业务人员应根据核赔的审批金额做好相应的登记工作，并向客户支付赔款。

2. 单据清分

将分属不同部门的相应单据交付给相应部门，作为赔案的相应案卷。

3. 赔案单证管理

被保险人领取赔款后，保险人要进行理赔案卷单证的整理、装订、登记、保管、编号等。

强化训练

王某驾驶的摩托车与蒋某驾驶的小型客车发生碰撞，造成王某受伤的道路交通事故，经公安交通管理部门勘察认定，王某负事故主要责任，蒋某负事故次要责任。蒋某驾驶的车辆在保险公司投保了交强险。此后，蒋某持事故认定书和王某的受伤治疗单证到保险公司办理交强险理赔，并向保险公司称王某外出务工，由其办理理赔。

作为保险公司的工作人员，对于上述保险事故案件，该如何做好相应的结案登记、单据清分，以及赔案单证管理工作呢？

【步骤】

(1) 分组。将教学班级按每小组 5～8 人分为不同的学习小组。

(2) 研讨。以学习小组为单位组织研讨案例中的问题，在充分讨论的基础上，形成各小组的课题报告，并进行汇报。

(3) 点评。学生自评，小组互评，最后由指导教师对操作过程进行点评，然后综合评定各学习小组本次实训的成绩。

课后练习

1. 什么是现场查勘？查勘的工作要点有哪些？
2. 简述事故现场分类及现场查勘的范围。
3. 对现场查勘有哪些要求？
4. 调度派工的方法有哪些？
5. 事故现场查勘工作的主要内容有哪些？
6. 简述车辆定损过程中的注意事项。
7. 核赔的主要内容有哪些？

项目七　汽车保险欺诈风险控制实务

任务1　认识汽车保险欺诈

知识目标

1. 了解保险欺诈的定义。
2. 了解汽车保险欺诈的特征与形成的原因。
3. 了解汽车保险欺诈的影响。

能力目标

初步树立保险欺诈防范意识，能够分析汽车保险欺诈的危害和成因。

情景描述

某市一汽车运输公司，有4辆同型号同颜色的运输车。为节约费用，运输公司只为其中一辆车办理了所有手续，并为其投保了汽车保险。然后将其他三辆车同时“挂”在了这一辆车上，形成了套牌。由于该运输公司车辆经常长途运输，且在运输过程中经常出险，为了能让保险公司赔偿损失，运输公司通过非正常渠道不断获得保险赔偿。保险公司核查部门在审核旧案时，发现同一牌照的车辆在较短时间频繁出险，有骗保嫌疑，于是对这辆车展开调查，最终识破了该运输公司利用“套牌车”骗取保险赔款的欺诈伎俩。

任务剖析

近年来，随着社会经济的快速发展和汽车保有量的急剧增加，汽车保险行业得到了空前发展。但在快速发展的过程中，也存在一些问题，如赔付率过高、保险欺诈较多等。据统计，汽车保险欺诈金额约占赔付金额的20%～30%。过高的保险欺诈金额会直接导致赔付率过高，间接导致汽车保费的提高。因此，汽车保险欺诈对保险公司的经营效益和广大投保人购买保险的成本支出都会造成较大影响，保险欺诈已经成为财产保险业一个巨大的“黑洞”。

相关知识

一、保险欺诈定义

保险欺诈是指投保人、被保险人或受益人以骗取保险金为目的，以虚构保险标的、编造保险事故或保险事故发生原因、夸大损失程度等手段，致使保险人陷于错误认识而向其支付保险金的行为。

二、汽车保险欺诈的特征

通过一些典型汽车保险欺诈案件来看，与一般保险欺诈相比，汽车保险欺诈显示出一些新的特征。

(1) 欺诈手段不断升级

与传统的被保险人单方骗保所采用的伪造文书、虚报数目、隐瞒真相等手段相比，新的骗保手段不断翻新花样，如某些汽修厂采用的利用待修汽车伪造事故、加重损害、偷梁换柱赚取差价等手段，使保险公司防不胜防。

(2) 汽车保险欺诈隐蔽性强，犯罪“黑数”高

由于汽车保险范围大、数量多，使保险人无暇顾及每一个投保人，这使得汽车保险欺诈隐蔽性强、难以发现。此外，各地交通事故处理办法在变得更加便捷高效的同时，也使发现骗保的难度增加。以北京市为例，北京市出台了《机动车交通事故快速处理办法（试行）》，这种快速处理办法会造成责任认定时的仓促，也会导致保险公司事后无法勘查现场，客观上使一些汽车保险骗保行为变得更加隐蔽。汽车保险理赔的隐蔽性导致大部分案件处于未被发现的状态，汽车保险骗保的犯罪“黑数”(未被发现的案件数量）相对较高。

(3) 汽车保险骗保的实施主体呈扩散趋势

汽车保险理赔涉及的主体包括肇事双方、受害人、交通警察、定损理赔人员、汽车修理人员、医疗人员等。与传统的保险诈骗案件相比，汽车保险诈骗案件的实施主体日益呈现出扩大化趋势。传统的保险诈骗实施主体多局限于投保人或被保险人，在汽车保险理赔中，除投保人、被保险人之外，修理人员、定损理赔人员、医疗人员等都可能加入汽车保险诈骗的环节当中。

(4) 汽车保险诈骗多为连续实施的诈骗行为

通过总结汽车保险诈骗案件的典型案例可以发现，由于保险理赔制度有其相对固定的程序，使汽车保险诈骗过程具有可预料性和可操控性，且由于保险诈骗行为的隐蔽性，骗保行为被发现率低，行为人一旦得手，会多次连续实施诈骗行为。

三、汽车保险欺诈形成的原因

汽车保险欺诈的产生原因是多方面的，不仅有投保人、被保险人和受益人方面的，也有保险公司和社会方面的。

诚信的缺失固然是骗赔行为产生的社会根源，但保险公司的粗放经营、反欺诈手段的落后和追罚不力，也使骗赔者拥有了“低成本的巨大伤害力”。

1. 社会原因

(1) 整个社会尚缺乏诚信体系和健全的监控机制。在不少人看来，投保人、被保险人或受益人欺骗保险公司是一种可以原谅的过错，这只是一种小毛病，并不是什么违法行为。

这种社会评价，无疑为汽车保险的欺诈活动起到了推波助澜的作用。由于失去了社会公众的监督和有效的道德谴责，致使保险欺诈者在实施欺诈行为时往往有恃无恐。不少恶意骗保者得逞以后，保险公司就很难再找到他。如果在一个信用体系健全的社会，骗保事实一经确认，当事人的不良信用就会大白于天下，从而在某种程度上减少了保险欺诈行为的发生。

(2) 法律环境的影响。在现行的部分司法判例中，出于保护被保险人的考虑，有时候选择了有利于被保险人的证据从而驳回保险公司的拒赔主张，使得那些被保险人得到了本无权得到的赔偿。

2. 投保人原因

汽车保险之所以能够吸引保险欺诈分子的注意，是因为保险合同规定：在不发生保险事故时，保险公司只收取保险费而没有赔偿义务；当发生保险事故时，保险人需赔偿比保险费高得多的费用给投保人。这样，在高额赔偿的诱惑下，导致某些道德缺乏以及不法人员把欺诈转移到了汽车保险业，通过铤而走险的方式来获取不正当利益。

(1) 某些投保人或被保险人法治观念淡薄。他们对保险法规不熟悉，分不清罪与非罪的界限，认为即使诈骗行为被识破，充其量不过是被保险公司拒赔而已；他们守法意识不强，自以为骗赔手段诡秘，可以逃过法律的制裁。

(2) 有些投保人企图通过参加汽车保险，以支付保险费的较小代价，故意制造事故获取保险公司的高额赔偿，从而实现发财的目的。这类投保人的投保动机和欺诈动机相一致，即从投保时起，就蓄意欺诈，保险合同成立后，就会积极谋划实施欺诈行为。

(3) 有些投保人原来并没有利用汽车保险进行欺诈的想法，只是由于某种偶然因素的诱发，比如他人提醒，才产生了欺诈的邪念，所以这类投保人若无偶然因素干扰，其保险欺诈行为不会产生。

3. 保险公司原因

(1) 对如何有效防止保险欺诈重视不够，保险公司还没有成立专门的反欺诈机构。

(2) 保险业信息交流不畅。很多保险公司视对方为竞争对手，很少互相通报骗保、骗赔信息，这使得一些欺诈分子的欺诈行为屡屡得逞。而一些保险公司被诈骗后，为顾及自己的信誉和影响，往往采取不张扬的做法，使得保险欺诈分子更加有恃无恐。

(3) 承保程序不严谨。承保时，真正实施“验车承保”的保险公司并不多，这使一些存在明显缺陷的汽车得以实现高额投保。

(4) 理赔程序不完善、不科学。例如，为了所谓的减少查勘成本，允许汽车修理厂代为索赔，诱发汽车修理厂二次碰撞；发生事故后，保险公司不派员去现场查勘，而是等车辆修好之后，凭发票予以赔付；确定赔付金额时，往往以有关单位的证明作为唯一依据，而有些证明可能与事实不符。所以，不完善、不科学的理赔程序客观上为保险欺诈打开了方便之门。

(5) 保险公司对某些已经识破了的欺诈行为处理过宽，往往仅满足于追回被骗取的保险金或不承担赔偿责任，而不愿追究骗保者相关的法律责任，助长了保险欺诈行为的再次发生。

(6) 理赔人员素质偏低，理赔审核把关不严，给欺诈者以可乘之机；甚至有些理赔人员经不住金钱的诱惑，同欺诈者内外勾结，共同骗取保险金。

四、汽车保险欺诈的影响

由于汽车保险欺诈现象的存在，保险业不得不将其作为一种不可避免的风险因素而接受，严重制约了汽车保险行业的健康发展。

(1) 开发新险种时，不得不慎重考虑道德风险的因素。对于一些市场急需的险种，由于畏惧保险欺诈，在尚未找到行之有效的防范措施之前，不敢贸然推出。

(2) 计算保险费时，迫不得已将保险欺诈考虑在内，这不但增加了投保人的心理负担，也给保险业的正常经营增加了难度，从而给保险业的健康发展造成了负面影响。

(3) 理赔时如临大敌。理赔人员整日为识别案件的真伪而奔忙，导致查勘费用大幅度增加。“投保容易理赔难”的说法，有相当部分源于保险欺诈而引起的保险公司拒赔案件。这给保险公司的经营声誉造成了无形损害，影响了下一步的展业。

汽车保险欺诈不仅增加了保险公司的经营风险，也对投保人的保险权益造成了极大损害。

任务实施

某运输公司 4 辆同型号同颜色的运输车，利用一辆车的保险，其他 3 车均能获得保险赔款，必定是在保险查勘环节出现了问题。因为虽然车辆号牌号码、品牌型号、颜色都与保险单相符，但在查勘中通过 VIN 码很容易识别。该运输公司能够一再骗保成功，有查勘人员“配合”的可能性很大。实际上，这种“内外勾结”的骗保行为，也是一种犯罪行为。因此，查勘人员一定要洁身自爱，遵守职业道德！

上述案例在保险理赔中屡见不鲜，一些出租车公司、大型运输单位等有时也会“借鉴”。所以查勘人员在查勘时一定要提高警惕。

现实生活中，违法套牌分为两种：一种是自己本有一辆合法手续的车，自己或亲友买回一辆同型号同颜色的车辆，谎称车辆号牌、行驶证遗失，把补领的新号牌安装在无登记手续的新车上；或者直接通过不法手段购买或仿制假冒的同号牌号码挂在新车上。另一种是套牌者在街上抄下与自己无合法登记手续车辆的同车型、同颜色车的号码，在不法分子处伪造同样的号牌，挂在自己车上。

强化训练

搜集汽车保险骗保的相关案例并进行分析，认识汽车保险欺诈的危害，牢固树立防范意识。

【步骤】

(1) 分组。将教学班级按每小组 5～8 人分为不同的学习小组。

(2) 研讨。以学习小组为单位组织研讨案例中的问题，在充分讨论的基础上，形成各小组的课题报告，并进行汇报。

(3) 点评。学生自评，小组互评，最后由指导教师对操作过程进行点评，然后综合评定各学习小组本次实训的成绩。

任务 2　汽车保险欺诈风险控制

知识目标

1. 了解汽车保险欺诈的主要表现形式。
2. 掌握汽车保险欺诈的防范方法。
3. 掌握机动车保险欺诈和调查方法

能力目标

能够区分常见汽车保险欺诈形式，并能够运用防范汽车保险欺诈技术手段进行风险处理。

情景描述

某修理厂负责人张某于 2018 年 5 月承修了一辆丰田皇冠轿车。当时该车只有前保险杠和前照灯有局部损伤。第二天，张某与其表弟柳某商量用这辆车制造一起交通事故以向保险公司索赔。于是柳某就用自己公司的比亚迪轿车与皇冠轿车在郊区的路段制造了一起追尾事故。查勘人员在查勘过程中感觉有疑，怀疑骗保，遂向警方报案。在警方调查中，一名肇事驾驶员供述，当时皇冠轿车只是发动机舱盖边缘翘起、中网破损、水箱变形、冷凝器漏液，比亚迪轿车并没有损伤。但事故后，皇冠轿车的前照灯、边灯、前保险杠等均被破坏。最终张某供认：皇冠轿车的实际修理费只有 2 000 多元，但当保险公司来定损他们再次碰撞后的车时，却夸大了事故车辆的实际损失，意欲骗取理赔款 2 万多元。

任务剖析

保险欺诈是行为人故意实施的违法犯罪行为，此类案件大都有预谋和策划，隐蔽性较强，而对构成犯罪的此类诈骗案件的管辖权属于公安机关。

追究保险欺诈的法律责任是一种对保险违法行为的事后处理，而保险欺诈的对策研究，则是一种事前的防范，两者相辅相成。保险公司应该首先立足于严密防范汽车保险欺诈，其次是积极配合公安机关做好案件侦破工作。

相关知识

一、汽车保险欺诈的主要表现形式

汽车保险欺诈骗赔的表现形式多种多样，常见的有如下几种。

1. 先险后保

先险后保是指汽车出险时投保人尚未投保，出险后赶快投保，然后利用一定的手段，伪装成保险合同期内出险，达到获取汽车保险赔款的目的。实施先险后保时，采用的手段主要有两种：一种是伪造出险日期，另一种是伪造保险日期。伪造出险日期一般是通过人际关系，由有关单位出具假证明，或伪造、编造事故证明，待投保后再按正常程序向保险人报案索赔。这类案件保险人即使到现场复勘，若不深入调查了解也很难发现破绽。伪造保险日期一般是投保人串通保险签单人员，内外勾结，利用“倒签单”的手法，将起保日期提前。有的车辆在到期脱保后要求保险人按上年保单终止日续保也属此类。无论采取何种手段，先险后保案件有一个明显的特点，即投保时间与向保险公司报案的时间很接近，因此对两个时间比较接近的保险案件应当警惕。

2. 谎报出险

谎报出险是指本来没有出现事故，投保人或被保险人却无中生有，谎称发生了险情。这类情况往往投保人需要采用证人作伪证，制造虚假事故现场、证明材料等。

3. 一险多赔

一险多赔诈骗是汽车保险理赔工作中最常见、最普遍的现象。常见的一险多赔诈骗案有三种类型：一是一次事故向多个保险人索赔；二是一次事故多险索赔；三是一次事故先由事故责任者给予赔偿，然后再向保险公司索赔。

一次事故向多个保险人索赔的属于重复投保的情况。投保人向多个保险公司购买了汽车保险，且并不将该情况通知各保险公司，待汽车发生事故后，持各公司的保险单分别索赔，以获取多重保险赔款。由于重复保险多为长期蓄谋，且隐蔽性极高，再加上各保险公司之间信息交流不畅，因此欺诈的成功率较高。

一次事故多险索赔的现象也时有发生。如车辆造成货损后，投保人可在车上货物责任险和货物运输险项下同时索赔。因保险公司内部横向信息沟通不畅，投保人往往轻而易举地骗赔成功。

一次事故先由事故责任者给予赔偿后，再向保险公司索赔的骗案数额一般不大，但在日常生活中很常见。出险的原因一般都是投保人被别人追尾或被别人碰撞后第三方负事故责任，第三方已给予赔偿，然后投保人再到保险公司谎称事故是由倒车造成的，并以此进行骗赔。对单方事故，尤其是对车辆尾部损坏的单方事故进行现场查勘时，如果尽到了“注意”义务，可有效防止此类骗赔案件。

4. 冒名顶替

冒名顶替是指汽车出险后因某些违规违法行为被保险人没有资格向保险公司索赔，但却隐瞒这些行为，采取“移花接木”等手段骗取保险公司赔款。比如，有的无照驾驶肇事，而让原驾驶员报案索赔；有的酒后驾车出险，却开具虚假证明谎称当时是其他驾驶员开车，自己只是乘客。另外，一些单位投保时未将全部车辆参加保险，遇到未保险车辆发生事故时，将未保险的车辆顶替已保险的车辆向保险公司索赔，企图骗取赔款。

5. 低险高赔

低险高赔是指出险车辆损失很小，被保险人却故意夸大损失程度或损失项目，以小抵大，骗取赔款。例如，被保险人将事故车辆上未损坏的零部件，替换成损坏的零部件后再向保险公司报案的情形就属于此类诈骗。一些汽车修理企业为拉拢客户，有时会帮着客户进行欺诈骗赔。这些汽车修理企业与事故汽车同类型车辆的损坏零配件比较多，再加上专业人士的“参与帮忙”，助力被保险人夸大损失程度，骗取保险公司的高额赔款。因此，此类骗赔案件较难识别，这就要求车辆定损人员具有较强的专业知识和丰富的理赔经验。

6. 假险骗赔

假险骗赔是指故意出险，造成损失，骗取赔款。此类案件常见的有两种类型：一类是汽车趋于报废，其价值较低而车辆损失保险的保额又较高的情况，在被保险人企图获取高额赔款的欲望驱动下，故意造成汽车出险。例如，价值 3 万元的旧车装饰后以 10 万元投保，然后在偏僻地区将车推下山坡等。这类案件往往具有出险时间、地点精心选择的特点，所以查处的难度较大，有时尽管怀疑是骗赔案，但很难找到证据。另一类是由于汽车保险条款将一些特殊情况的车辆损坏规定为责任免除，被保险人为获取赔款故意造成保险责任范围内的事故，把不应赔偿的变成应赔偿的。例如，停放在家属院中的汽车左侧前照灯出现不明原因损坏，保险公司对此不予赔偿，车辆驾驶员于是故意撞墙，导致保险杠左侧、前照灯等损坏，报案谎称是自己不小心撞上的，保险公司如不能识别其诈骗企图，则很容易从车辆损失险中给予赔偿。

二、汽车保险欺诈的防范

1. 宏观防范

宏观防范覆盖面较广，主要举措有减少和抑制犯罪诱发因素等。

(1) 加强宣传教育，引导社会舆论

正确的社会舆论导向对遏制欺诈行为非常有效。工作的重点应该放在改变人们的观念上，使保险单持有者形成固定的思维方式，即保险欺诈是一种违法甚至犯罪的行为。这样的教育既需要保险公司之间相互交流与合作、共同宣传，也需要社会舆论的大力支持。

(2) 各部门协同，改进防范措施

公检法部门应切实履行职责，认真查处各类保险诈骗案件，严格执法，坚决打击犯罪分子。在办理各类保险诈骗案中，应及时将保险诈骗的状况、动态及预防经验以各类司法建议书的形式通知保险机构，以便其及时调整和改进防范措施。另外，各类出险的损失证明机关(包括公证机关)在证明过程中，应认真调查研究，严格审查，力求证明事项客观、真实、准确、合法，避免因证明失实而导致保险机构被骗。

(3) 建立预防保险欺诈中心，实现信息共享

在保险欺诈案中，威胁最大的是那些欺诈惯犯，他们往往一次得手后，会连续作案，而且其欺诈行为都经过精心策划，手段狡猾、隐蔽，不易被发现。但这类欺诈行为的表现形式及欺诈手段都十分相似，只是欺诈的保险人不同而已。因此，建立一个预防保险欺诈中心，收集有关信息，使保险人共享信息，加强保险人之间的联系与协作，使之能够及时发现以类似手段进行的保险欺诈，将有效防范保险欺诈的发生，降低欺诈行为所造成的损失。

(4) 加强行业监管，规范市场行为

各保险公司应充分加强行业自律，树立良好的行业形象。同时，保险监管部门要加强规范化管理，加大监管和打击力度，坚决制止并惩治不正当竞争行为。

2. 微观防范

微观防范是针对犯罪行为的具体防范措施，其实施主体是保险单位和从业人员。需采取的措施有：

(1) 严格贯彻执行《保险法》及有关法律法规

保险公司的工作人员，首先，必须认真学习《保险法》及有关法律法规，领会其精神实质，正确掌握各项法律规定，并积极向社会各界，尤其是向投保人、被保险人和受益人宣传，使他们自觉防止各种保险欺诈行为的发生。其次，当投保人、被保险人或者受益人实施保险欺诈行为，损害了保险人利益时，保险人应理直气壮地依据有关法律法规维护自己的合法权益，并积极向有关部门揭发、检举，要求对欺诈者予以行政或刑事处罚。

(2) 加强风险评估，提高承保质量

风险防范需从承保抓起，防微杜渐。提高承保质量可从几个方面展开：在验标与核保工作上，当投保人提出投保申请后，保险公司应严格审查申请书中所填写的各项内容及与承保车辆有关的各种证明材料。必要时，应对标的进行详细调查，以避免保险欺诈的发生。在操作上，应严格按照承保业务操作规程，对投保车辆进行风险评估。

(3) 完善保险条款，剔除欺诈责任

通过制定保险单除外责任条款或限制承保范围条款，进行责任限制，以减少或剔除道德风险卷入的部分。

(4) 建立科学的理赔程序，提高理赔人员素质

理赔是保险经营中的重要环节，做好理赔工作有助于保险公司的健康发展。建立科学的

理赔程序，提高理赔人员的素质，对防止保险欺诈的发生有着举足轻重的作用。

(5) 建立风险客户“黑名单”

风险客户“黑名单”的建立，将对欺诈者起到威慑作用，从而有效保障广大汽车投保人的利益。

(6) 提高员工专业技术水平

高素质的专业人员，是做好理赔工作、识别保险欺诈的基本条件。理赔人员必须及时了解和掌握新技术、新信息、新的修理工艺和方法，不能靠“吃老本”工作。同时，对公司老员工应经常进行新知识培训，从而保证拥有一支高水平的理赔队伍。

(7) 完善保险公司内部监控机制，严格管理，谨防疏漏

首先，保险公司要对所有员工加强思想教育，增强风险意识，把防范和化解风险作为公司生存和发展的根本所在。其次，保险公司内部要建立承保核审制度，对所要承揽的业务要按程序对风险进行多次识别、评估和筛选，以便有效控制责任，确保承保质量。最后，保险公司要建立规范的理赔制度，实行接案人、定损人、理算人、审核人、审批人分离制度和现场查勘双人制，人人把关、各司其职、互相监督、严格防范，以确保理赔质量。同时，在理赔工作中，如若发生以赔谋私或内外勾结欺诈等现象，必须严肃处理。

(8) 规避来自汽车修理厂的保险欺诈

汽车发生事故后，总是要通过汽车修理厂去“恢复至事故发生前的状态”。但是，个别汽车修理厂在利益驱动下，会想方设法谋取不正当利益，例如，扩大、夸大汽车损失程度，将一些本可以修复的零部件谎称无法修复，夸大修理作业量等。

为了有效规避来自汽车修理厂的道德风险，可以采取以下措施：

1) 投保人自行索赔。目前，许多规模较大的汽车4S店、汽车修理厂都在代办汽车保险，同时也代投保人办理向保险公司索赔的事宜。有个别汽车修理厂将微小损坏的保险车辆再次碰撞，人为扩大损坏程度，以此向保险公司索赔高额修理费用。如果实行投保人自行索赔制度，可以有效避免这一现象。

2) 定损人员掌握维修工艺，并了解当地维修情况。塑料保险杠的局部破损、前照灯的划磨、铝合金发动机罩的变形、风窗玻璃裂纹等，许多汽车修理厂明明拥有修理能力，却谎称无法修复，只能更换。这就需要定损人员了解当地的汽车维修情况，知道在哪个修理厂可以进行相关维修。

3) 尽量减少维修换件时的道德风险。

(9) 对查勘定损人员实施“拒赔奖励”制度

绝大多数的汽车保险欺诈案，是由查勘定损人员识别的。除了加强查勘定损人员的思想教育外，还可以推行“拒赔奖励”制度。每当他们成功拒赔一起案件时，可以按照“从案”“从值”“从案从值”三种模式进行奖励。其中，“从案从值”模式是指在每件拒赔案例给予定额奖励的基础上，再根据拒赔额的高低给予比例奖励。

三、汽车保险欺诈的调查

1. 及时查勘现场

事故现场会遗留各种痕迹的物证，记载着大量能够真实反映事故发生、发展过程的信息，但这些痕迹和物证极易受到自然或人为的破坏。因此，案发后，查勘人员应及时赶赴现场，掌握一切记录现场原始情况的资料，包括现场痕迹物证、访问笔录、影视资料、损失清单、财务账本等，这些资料将对揭露诈骗起到关键作用。

2. 认真调查事故经过

一方面，应围绕事故向投保人、被保险人、受益人及目击者进行调查，对事故发生的经过、原因、损失情况及被保险人经营状况、个人品行、近期异常表现、保险标的状况等与事故有关的情况进行详细询问，并做好调查记录；另一方面，与负责事故处理或鉴定的有关部门密切配合，及时了解事故处理情况，提出涉嫌诈骗的疑点，争取公安部门的支持，配合调查取证。

3. 综合分析案情，寻找揭露诈骗的突破口

运用现场查勘和调查访问所掌握的证据，分析案件性质，甄别保险事故和诈骗案件的区别，重点从以下三方面分析：

(1) 分析投保动机

特别注意两种情况：一是超额投保案件，要对投保标的实际价值进行核实。凡采用纵火、盗车等手段造成保险标的全损的案件，绝大多数诈骗者都属于超额投保，其动机是以损失价值较小的投保标的换取高额保险赔款。二是对多次拒绝投保而后又主动上门投保的案件，要重点分析其投保动机。这类案件，大多是先出险后投保，或是在风险即将发生时临危投保。

(2) 将有关时间联系起来分析

即分析投保时间、出险时间、报案时间之间的联系。实践证明，有预谋的诈骗案件，在几个关键时间上总有一些特殊联系。一般来说，出险时间与投保时间或保单责任终止时间相隔越近、出险时间与报案时间间隔越长，道德风险的可能性就越大。要仔细分析其中的原因，发现疑点，迅速查证。

(3) 将现场痕迹物证及有关证据结合起来分析

重点分析两个方面：一是将现场痕迹物证与保单、原始记账凭证进行对比，分析现场标的物及损失数目与书证记载的内容是否相符；二是将现场痕迹物证与有关证据进行对比，相互质证，辨明真伪。通过分析证据与事实、证据与证据之间的相互关系，识破诈骗者惯用的伪造、编造有关证明材料的伎俩。

4. 委托专业机构，从事索赔调查

商务调查机构和信息咨询公司的人员在社会事务及案件调查上有着丰富的阅历和经验，

可以通过这些机构的帮助、支持，有效识别保险欺诈。

任务实施

这是一起修理厂故意制造事故，扩大车辆损失，然后再从客户保险获得高额赔偿的欺诈案件。本案存在以下问题：首先，车辆损失出现在修理厂维修期间，保险公司是不赔偿的；其次，张某的两名朋友驾车，他们并不是被保险人允许的驾驶员，非允许的驾驶员出现，保险公司不负责赔偿；再次，本案中的两车相撞为故意行为，属于道德风险，几乎所有险种都不给予保障；最后，也是最重要的，本案中通过制造故意事故骗取保险赔款的行为，是典型的保险欺诈行为，不但保险公司拒赔，而且参与诈骗案的相关人员还要受到法律的制裁。

另外，本案的发生与保险公司的规定也有一定关系。有的公司规定 2 000 元以下的案件，不需查勘，可直接去修理厂定损；有的虽然进行了现场查勘，但查勘不仔细、不全面，照片只拍损坏部位，对未损坏部位未进行记录，就很有可能会被修理人员利用，故意作假。

强化训练

搜集汽车保险骗保的相关案例并进行分析，最终提出汽车保险欺诈控制的方法和措施。

【步骤】

(1) 分组。将教学班级按每小组 5～8 人分为不同的学习小组。

(2) 研讨。以学习小组为单位组织研讨案例中的问题，在充分讨论的基础上，形成各小组的课题报告，并进行汇报。

(3) 点评。学生自评，小组互评，最后由指导教师对操作过程进行点评，然后综合评定各学习小组本次实训的成绩。

课后练习

1. 什么是保险欺诈？
2. 简述汽车保险欺诈的特征。
3. 汽车保险欺诈的原因是什么？
4. 怎样预防汽车保险的欺诈行为？

项目八　汽车消费贷款保险

任务1　认识汽车消费贷款保险

知识目标

1. 了解汽车消费贷款。
2. 熟悉汽车消费贷款保证保险。
3. 熟悉汽车分期付款售车信用保险。

能力目标

能够根据汽车消费贷款保证保险和汽车分期付款售车信用保险的相关条例分析汽车消费贷款保险案例。

情景描述

2018年11月15日，郭某与银行签订了机动车消费贷款合同，约定郭某为购买家庭自用汽车向银行贷款，贷款金额为23.7万元，贷款期限为5年，月息率为4.417 5%，每月还款额为4 505.24元，逾期还款按照逾期本金余额和逾期天数以日计收0.21%的罚息，并对逾期支付的利息计收复利。2018年11月23日，郭某向保险公司投保机动车辆消费贷款保证保险，约定被保险人为银行，保险期限从2018年11月24日至2019年11月23日，保险金额为23.7万元。

合同签订后，郭某未能按约定履行还款义务，保险公司履行保证保险责任，2019年2月，银行与保险公司签订机动车辆消费贷款保证保险结案协议书及保证保险权益转让书，双方核定此次保险事故保险赔偿金额为139 498.86元，保险公司已先行赔付。后郭某并未偿还保险公司先行赔付的金额，故保险公司将其诉至人民法院，请求判令郭某偿还该公司代其偿还的贷款本金、利息及其他各项费用139 498.86元。问保险公司的做法合理吗?

任务剖析

随着我国汽车工业的发展和人民生活水平的提高，汽车产品越来越多地通过汽车消费贷款业务走入千家万户，使我国汽车信贷市场得到蓬勃发展。但由于我国个人信用体系尚未建立，汽车贷款屡屡出现逾期还款或以汽车贷款为名骗取巨额贷款，致使车贷业务风险加大，许多银行不得不暂停车贷业务以规避风险。银行为了有效化解风险，对保险公司提供的汽车消费贷款方面的保险需求大幅提高。

相关知识

一、汽车消费贷款业务的产生和发展

汽车金融服务最初始于汽车制造商在 20 世纪 20 年代前后向用户提供的汽车销售分期付款。最早的汽车金融服务机构是 1919 年美国通用汽车设立的通用汽车票据承兑公司，该公司专门承兑或贴现通用汽车经销商的应收账款票据。由于设立了专门的汽车金融服务机构，分离了汽车制造和销售环节的资金，使得汽车销售空前增长。此后，一些大汽车制造商开始设立金融机构对经销商和客户融资，银行也开始介入这一领域，逐步形成了汽车金融服务体系。汽车金融服务是依托并促进汽车产业发展的金融服务。国外汽车金融服务发展已经有近百年的历史，其发展水平已经相当完善。随着我国人均 GDP 的增长，许多居民具备了购车能力。消费观念的更新也令大量的城市消费者把目光投向消费信贷。同时，从银行角度来讲，我国目前已具备相当规模的金融资产。在此形势下，中国人民银行于 1998 年 9 月 11 日颁布了《汽车消费贷款管理办法》，我国的汽车消费贷款应运而生。

二、我国汽车消费贷款业务

1. 汽车消费贷款概念

汽车消费贷款是指贷款人（包括提供贷款的国有商业银行或经中国人民银行批准经营汽车消费贷款业务的其他金融机构）向申请为购买自用或者营业用汽车的借款人发放的人民币担保贷款。它具有“定点选购、自筹首期、先存后贷、有效担保、专款专用、按期偿还”的特点。具体包括贷款人向申请购买汽车的客户发放的人民币担保贷款个人汽车消费贷款，以及贷款人向申请购买汽车的企、事业法人单位发放的人民币担保贷款法人购车贷款两种业务。

2. 申请汽车消费贷款必须符合的条件

(1) 个人申请汽车消费贷款的基本条件

1) 年满 18 周岁具有完全民事行为能力，在中国境内有固定住所的中国公民。

2) 具有稳定的职业和经济收入，能保证按期偿还贷款本息。

3) 在贷款银行开立储蓄存款户，并存入不少于规定数额的购车首期款。

4) 能为购车贷款提供贷款银行认可的担保措施。

5) 愿意接受贷款银行规定的其他条件。

(2) 法人申请汽车消费贷款的基本条件

1）在当地注册登记，具有法人资格的企业、事业单位，出租汽车公司或汽车租赁公司应具有营运许可证。

2）在工商银行开立账户，并存有一定比例的首期购车款。

3）信用良好，收入来源稳定，能够按期偿还贷款本息。

4）提供贷款人认可的财产抵押、质押或第三方保证。

5）贷款人规定的其他条件。

3. 贷款额度

汽车消费贷款的单笔额度应视不同担保方式分别确定：

(1) 借款人以国库券、金融债券、国家重点建设债券、个人存单等质押的，或银行、保险公司等金融机构提供连带责任保证的，或保险公司提供足额的分期还款保证保险的，存入银行的首期款不得少于购车款的20%，贷款最高额为购车款的80%。

(2) 借款人以房产或依法取得的土地使用权作抵押的，存入银行的首期款不得少于购车款的40%，贷款最高额为购车款的60%。

(3) 以第三方连带责任保证方式（银行、保险公司除外）的，或以所购汽车作抵押的，或以其他方式进行担保的，存入银行的首期款不得少于购车款的50%，贷款最高额为购车款的50%。

4. 期限和利率

(1) 消费贷款期限

可根据借款人购车的用途予以确定，自用车辆贷款期限最长不超过5年（含），一般为3年；营运车辆贷款期限最长不超过3年（含）。

(2) 利率

按照中国人民银行有关规定的同期贷款利率执行。

5. 办理汽车消费贷款的程序

(1) 贷款人应提供的资料

1）个人需要的资料

①借款人如实填写的《汽车消费贷款申请表》。

②合法有效的身份证明：本人身份证、户口本及其他有效居留证件。已婚者还应当提供配偶的身份证明材料。

③目前供职单位出具的收入证明。有效的财产证明、纳税证明。

④与银行特约经销商签订的购车合同或协议。

⑤购车的自有资金证明。已预付给特约销售商的应提供收款收据。

⑥担保资料。

2）法人需要的资料

①企业法人营业执照或事业法人执照、法人代码证、法定代表人证明文件。

②与经销商签订的购车合同或协议。

③经审计的上一年度及近期的财务报表。

④出租汽车公司等需出具出租汽车营运许可证（或称经营指标）。

⑤担保所需的证明或文件，包括抵（质）押物清单和有处分权人（含财产共有人）同意抵、质押的证明；有权部门出具的抵押物所有权或使用权证明、书面估价证明、同意保险的文件；质押物须提供权力证明文件；保证人同意履行连带责任保证的文件、有关资信证明材料。

⑥缴付首期购车款的付款证明。

（2）贷款程序（见图 8—1—1）

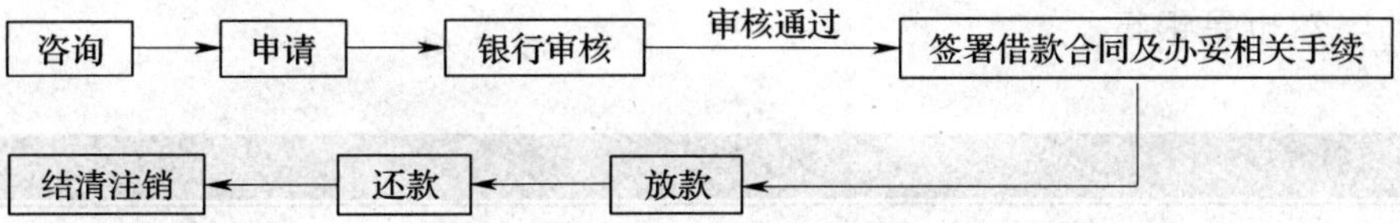

图 8—1—1　汽车贷款流程

1）客户咨询，领取贷款的有关资料。

2）客户递交申请资料。客户填写申请表格，向经办行或委托受理网点递交有关资料。

3）资格审查。在受理客户申请后，贷款人和经销商对借款人的资信情况、偿还能力、材料的真实性进行审查，并在规定的时间内给予申请人明确答复。

4）办理手续。经审查符合贷款条件后，借款人与经销商签订购车合同、交首付款；贷款人与客户签订借款合同、担保合同，并办理必要的抵押登记手续和保险手续。

5）放款。贷款人通知经销商和客户，由经销商协助客户办理购车所需各种手续，客户提车，贷款人发放贷款，将贷款全额划入经销商账户。

6）按期还款。客户按借款合同约定的还款日期、还款方式偿还本息。

7）结清注销。客户按合同预定全部归还贷款本息后，贷款人将退还客户被收押的有关单证。

6. 汽车贷款的还款方式

对于期限在 1 年以内的贷款，应在贷款到期日一次性还本付息、利随本清；对于期限在 1 年以上的贷款，可选择按月“等额本息”或“等额本金”的还款方式。每月还本付息额计算公式见表 8—1—1。

表 8—1—1　　每月还本付息额计算公式

还款方式	每月还本付息额
等额本息还款法	贷款总额×月利率＋贷款总额×月利率÷［（1＋月利率）还款总月数－1］
等额本金还款法	贷款本金÷还款总月数＋（贷款本金－已归还本金累计额）×月利率

三、汽车消费贷款的主要模式

目前通行的汽车消费贷款主要有三种模式，即抵押加担保、标的物抵押加信用保证保险、标的物抵押加第三方反担保，每一个模式中的责权利关系都不尽相同。

1. 抵押加担保

此种方式推出的最早。在1998年10月，中国建设银行推出的此种方式是由贷款购车人以银行存单、有价证券等质押，房产等物品抵押，再加上担保人担保。此种方式的责、权、利在银行一方，即由银行承担风险责任，决定贷款购车能否带到购车款的权利在银行；从中获得利益的当然也是银行。

小提示：

贷款购车人的权利在于获得所购车辆的使用权，并在使用过程中获得利益；同时，有责任按约定时间、金额归还银行贷款的本息。汽车经销商的责任是向贷款购车人提供合格的、用户满意的汽车及服务，其权利是用户提走汽车后，要求银行在约定时间内将车款（全部车款）划拨到汽车经销商账户。

2. 标的物抵押加信用保证保险

此种方式要求贷款人购车后，按《中华人民共和国担保法》（简称《担保法》），须将贷款所购车辆抵押给银行，同时还要求贷款购车人向保险公司购买个人信用保证保险。

小提示：

贷款购车人购买个人信用保证保险后，承担风险的责任已由银行转移到保险公司身上。也就是说，如果贷款购车人遇到不测，失去归还贷款本息的能力，风险责任由保险公司承担并且由保险公司负责归还贷款购车人所欠银行的本息。贷款购车人的责、权、利以及汽车经销商的责任同第一种模式。

3. 标的物抵押加第三方反担保

此种方式是由汽车经销商向贷款购车人提供的全程担保，并将贷款所购车辆抵押给汽车经销商。

此种方式下，由于汽车经销商向贷款购车人收取一定比例的担保服务管理费（一般数额相当于个人信用保障保险的保费），所以风险责任完全由汽车经销商承担。一旦贷款购车人员遇到不测，汽车经销商需将其所欠车款本息归还银行。银行的权利是审核批准贷款购车人的资格，其责任是当贷款购车人提走汽车后，及时将全部车款划拨给汽车经销商。

小提示：

此种方式主要特点是贷款购车人提出贷款购车申请之后，由汽车经销商进行对贷款购车人的资信调查。汽车经销商认为贷款购车人的资信合格后，由汽车经销商帮助贷款购车人向银行申请贷款。贷款购车人提走汽车后，按约定时间、数额由汽车经销商代银行收缴车款本息。

四、汽车消费贷款保证保险

汽车消费贷款保证保险是指以借贷合同所确定的贷款本息为标的，投保人（借款人）根据被保险人（提供消费贷款的银行）的要求，请求被保险人担保自己信用的一种保险。如果在规定的期限内，因投保人未按借款合同按期履行还款义务，致使被保险人受到经济损失，由保险人负赔偿责任。保险人履行赔偿义务后，有权向投保人或提供连带责任担保的第三方担保人追偿。

1. 投保人应具备的基本条件

汽车消费贷款保证保险的投保人应是年满十八周岁具有完全民事行为能力的自然人，或依法成立的、能够独立承担民事责任的企（事）业法人。

(1) 个人投保人应符合的条件

1) 具有城镇常住户口，并在户口（身份证）登记所在地居住。

2) 具有稳定的职业和经济收入或易于变现的资产，足以按期偿还贷款本息；已婚者须提供其配偶偿付贷款连带责任的证明材料。

3) 在申请贷款期间有不低于银行规定的购车首期款存入贷款银行。

4) 能提供银行认可的资产作为抵押或质押，或有足够的代偿能力的单位或个人作为保证人。

5) 没有犯罪记录、欠债不还或赌博习惯，以及吸毒等不良记录。

6) 愿意接受银行和保险人认为必要的其他条件。

(2) 法人投保人应符合的条件

1) 具有偿还贷款的能力。

2) 与受理公司处于同一城市区域。

3) 在申请贷款期间有不低于银行规定的购车首期款存入银行。

4) 能提供银行认可的资产作为抵押或质押，或有足够的代偿能力的单位或个人作为保证人。

5) 事业法人应提供其上级拨付事业经费的财政部门出具的担保函。

6) 愿意接受银行和保险人认为必要的其他条件。

2. 担保人应具备的基本条件

(1) 自然人

1) 具有完全民事行为能力的中国公民。

2) 具有稳定的职业和经济收入或易于变卖的资产，有能力按期偿还购车款项。

3) 能够提供保险人认可的担保。

(2) 法人

1) 中国境内的企业、事业法人单位或国家机关 (不含分支机构或派出机构)。

2) 具有偿还购车款能力。

3) 能够提供保险人认可的担保。

凡法律或银行规定不能作为担保人的单位或个人，不论何种理由，均不得接受其担保或反担保的行为。

小提示：

汽车消费贷款保证保险的投保人包括根据中国人民银行、中国银行业监督管理委员会《汽车贷款管理办法》(2017 年修订) 规定，与被保险人订立《汽车消费贷款合同》，以贷款购买汽车的中国公民、企业、事业单位法人。汽车消费贷款保证保险的被保险人：汽车消费贷款被保险人指为投保人提供贷款的国有商业银行或经中国人民银行批准经营汽车消费贷款业务的其他金融机构。

3. 保险责任和责任免除

汽车消费贷款保证保险的保险责任事故是指投保人逾期未能按《汽车消费贷款合同》规定的期限偿还欠款满一个月的，视为保险责任事故发生。

保险责任事故发生后 6 个月，投保人不能履行规定的还款责任，保险人负责偿还投保人的欠款。但是下列情况可以免除相应责任：

(1) 战争、军事行动、暴动、政府征用、核爆炸、核辐射或放射性污染。

(2) 因投保人的违法行为、民事侵权行为或经济纠纷致使其车辆及其他财产被罚没、查封、扣押、抵债及车辆被转卖、转让。

(3) 因所购车辆的质量问题及车辆价格变动致使投保人拒付或拖欠车款。

(4) 由于被保险人对投保人提供的材料审查不严或双方签订的《汽车消费贷款合同》及其附件内容进行修订而事先未征得保险人书面同意，导致被保险人不能按期收回贷款的损失。

(5) 由于投保人不履行《汽车消费贷款合同》规定的还款义务而致的罚息、违约金，保险人不负责赔偿。

4. 保险期限和保险金额

(1) 保险期限

汽车消费贷款保险期限是从投保人获得贷款之日起，至付清最后一笔贷款之日止，但最长不得超过《汽车消费贷款合同》规定的最后还款日后的1个月。

(2) 保险金额

汽车消费贷款保险金额为投保人的贷款金额（不含利息、罚息及违约金）。

5. 投保人、被保险人义务

(1) 投保人义务

投保人必须在本合同生效前，履行以下义务：

1) 一次性缴清全部保费。

2) 必须依法办理抵押物登记。

3) 必须按《汽车消费贷款管理办法》的规定为抵押车辆办理机动车损失险、第三者责任险、盗抢险、自燃险等保险，且保险期限至少比汽车消费贷款期限长6个月，不得中断或中途退保。

(2) 被保险人义务

1) 被保险人发放汽车消费贷款对象必须为贷款购车的最终用户。

2) 被保险人应按《汽车消费贷款管理办法》严格审查投保人的资信情况，在确认其资信良好的情况下，方可同意向其贷款。

小提示：

资信审查时应向投保人收取以下证明文件，并将其复印件提供给保险人。内容包括：个人的身份证及户籍证明原件，工作单位人事及工资证明或居委会出具的长期居住证明；法人的营业执照、税务资信证明等。

3) 被保险人应严格遵守国家法律、法规，做好欠款的催收工作和催收记录。

4) 被保险人与投保人所签订的《汽车消费贷款合同》内容如有变动，须事先征得保险人的书面同意。

5) 被保险人在获得保险赔偿的同时，应将其有关追偿权益书面转让给保险人，并协助保险人向投保人追偿欠款。

6) 被保险人不履行上述规定的各项义务，保险人有权解除保险合同或不承担赔偿责任。

6. 赔偿处理

(1) 当发生保险责任范围内事故时，被保险人应立即书面通知保险人，如属刑事案件，应同时向当地公安机关报案。

(2) 被保险人索赔时应先行处分抵押物抵减欠款，抵减欠款不足部分由保险人按本条款赔偿办法予以赔偿。被保险人索赔时如不能处分抵押物，应向保险人依法转让抵押物的抵押权，并对投保人提起法律诉讼。

(3) 被保险人索赔时，应向保险人提供以下有效证件：

1) 索赔申请书。

2) 汽车消费贷款保障保险和汽车保险保险单正本。

3)《汽车消费贷款合同》(副本)。

4)《抵押合同》。

5) 被保险人签发的《逾期款项催收通知书》。

6) 未按期付款损失清单。

7) 保险人根据案情要求提供的其他相关证明材料。

(4) 在符合规定的赔偿金额内实行20%的免赔率。

(5) 关于抵押物的处分及价款的清偿顺序按《抵押合同》的规定处理。

7. 其他事项

(1) 本保险合同生效后，不得中途退保。

(2) 发生保障责任事故后，被保险人从通知保险人发生保险责任事故当日起6个月内不向保险人提交规定的单证，或者从保险人书面通知之日起1年内不领取应得的赔款，即作为自愿放弃权益。

(3) 在汽车发生全损后，投保人获得的汽车保险赔偿金应优先用于偿还汽车消费贷款。

(4) 保险人和被保险人因本保险项下发生的纠纷和争议应协商解决。如协商不成，可向人民法院提起诉讼。除事先另有约定外，诉讼应在保险人所在地进行。

五、汽车分期付款售车信用保险

分期付款售车是我国汽车销售行业采取的多种汽车销售方式之一。为确保汽车销售商开展的分期付款销售汽车业务的顺利进行，也为了让保险业适应当前国内汽车销售的新变化、寻找新的车险业务增长点，我国设立了汽车分期付款售车信用保险这一特别约定保险。

1. 保险双方界定

(1) 投标保人、被保险人：汽车分期付款售车信用保险的投标保人、被保险人为分期付款的售车人。

(2) 担保人：汽车分期付款售车信用保险的担保人指按照被保险人的要求，接受分期付款购车人的请求，为分期付款购车人所欠债务承担连带责任者。

2. 保险责任与责任除外

(1) 购车人在规定的还款期限到期3个月后未履行或仅部分履行规定的还款责任，保险人负责偿还该到期部分的欠款或其差额。

(2) 如购车人连续两期未偿还到期欠款，保险人代购车人向被保险人清偿第1期欠款后，于第2期还款期限到期3个月后，向被保险人清偿购车人所有的欠款。

(3) 由于下列原因造成购车人不按期偿还欠款，导致被保险人的经济损失时，保险人不负责赔偿：

1) 战争、军事行动、核爆炸、核辐射或放射性污染。

2) 因购车人的违法犯罪行为以及经济纠纷致使其车辆及其他财产被罚没、查封、扣押、抵债。

3) 因所购车辆的质量问题致使购车人拒付或拖欠车款。

4) 因车辆价格变动致使购车人拒付或拖欠车款。

5) 被保险人对购车人资信调查的材料不真实或售车手续不全。

6) 被保险人在分期付款售车过程中的故意和违法行为。

3. 保险期限和保险金额及其相关费率

(1) 保险期限

保险期限是从购车人支付规定的首期付款日起，至该份购车合同规定的合同期满日为止，二者以先发生为准，但最长不超过3年。

(2) 保险金额

保险金额为购车人首期付款（不低于售车单价的30%）尚欠的购车款额（含资金使用费）。

(3) 保险费

$$保险费=保险金额\times保险费率$$

(4) 保险费率

汽车分期付款售车信用保险的保险费率见表8—1—2。

表8—1—2　　分期付款售车信用保险费率

分期付款时间	6个月	7～12个月	1年	1年3个月	1年6个月	1年9个月	2年	2年3个月	2年6个月	2年9个月	3年
费率%	0.06	1.00	1.00	1.25	1.50	1.50	2.00	2.25	2.50	2.75	3.00

4. 被保险人义务

(1) 被保险人应要求购车人提供具有担保资格的担保人，并以所购汽车作为抵押。

(2) 被保险人应严格遵守购销合同、抵押合同、质押合同等有关必备合同的规定。

(3) 被保险人应严格审查购车人和担保人的资信情况，在确认其资信良好的情况下，方可按分期付款方式销售车辆。

(4) 被保险人应按时向保险人交纳保险费。

(5) 被保险人应严格遵守国家法律、法规及《分期付款购买汽车合同》中的责任和义务，经常检查分期付款合同的执行情况，做好欠款的催收工作和催收记录，对保险人提出的防损建议，应认真考虑并付诸实施。

(6) 被保险人的《分期付款购买汽车合同》如有变动，须事先征得保险人的书面同意。被保险人改变经营方式如对购车人分期付款产生较大影响，应及时书面通知保险人。

(7) 被保险人不履行本条款规定的各项义务，保险人有权终止保险合同或拒绝赔偿。

5. 赔偿处理

(1) 当发生保险责任范围内事故时，被保险人应立即书面通知保险人；如属刑事案件，应同时向公安机关报案，并且每车实行免赔。

赔款金额＝当期应付购车款或差额×（1－20%）

(2) 被保险人索赔时应交回抵押车辆，由保险人处分抵押物抵减欠款，抵减欠款不足部分由保险人予以赔偿。

赔款金额＝逾期款收回欠款金额×（1－20%）

(3) 若被保险人无法收回抵押车辆，应向担保人追偿；若担保人拒绝承担连带责任时，被保险人就提起法律诉讼。

(4) 被保险人索赔时，根据出险情况，提供以下有效证明文件：索赔申请书（应注明购车人未履行按期偿还余款和担保人未履行连带责任的原因、索赔金额及其计算方法）；分期付款购车合同；保险单正本；被保险人签发的《逾期款项催收通知书》；未按期付款损失清单；代收款银行提供的代收款情况证明；向担保人发出的索赔文件；县级以上公安机关出具的立案证明；法院受理证明；产品质量检验报告或裁决书；保险人要求提供的其他相关文件。

小提示：

被保险人在获得保险赔偿的同时，应将其有关追偿权益书面转让给保险人，并积极主动协助保险人向购车人或担保人追偿欠款。

6. 追偿及抵押物处分

(1) 保险人支付保险赔款之后，即取代被保险人的地位，行使对购车人的追偿权利，包括接管为被保险人债权而设立的任何抵押物。

(2) 保险人有权按下列任一种方式处分抵押物：拍卖、转让、兑现或其他合理的方式。

(3) 抵押物经处分后，按下列顺序分配价款：

1) 支付处分费用和税金。

2) 清偿被保险人应得款项。

3) 清偿保险人应得的所有款项。

4）如上述款项仍有余额，该余额应归还购车人。如上述款项不足清偿欠款，被保险人应积极协助保险人向购车人追偿。

7. 其他规定

（1）对超出保险金额或保险期限的任何欠款，保险人不承担任何赔偿责任。

（2）保险人对购车人因未能按期履行主合同引起的罚息和违约金不承担赔偿责任。

（3）发生保险责任事故后，被保险人从通知保险人发生保险责任事故当日起3个月内不向保险人提交规定的单证，或者从保险人书面通知之日起1年内不领取应得的赔款，即作为自愿放弃权益。

（4）保险人赔偿后，若发现是属于被保险人的欺骗等行为造成保险人错赔的，保险人有权追回赔款。

（5）本保险一经承保，投保人不得中途退保。

（6）保险人和被保险人应本着"实事求是、公平合理"的原则协商解决本条款项下发生的纠纷和争议。如协商不成，可提交工商行政管理部门进行调解、仲裁，或向人民法院提起诉讼。除事先另约定外，仲裁或诉讼应在保险人所在地进行。

小提示：

汽车分期付款售车信用保险与前述汽车消费信贷保证保险最大的区别在于：汽车分期付款售车信用保险的被保险人是汽车销售商，而汽车消费信贷保证保险的被保险人是为投保人提供贷款的国有商业银行或经中国人民银行批准经营汽车消费贷款业务的其他金融机构。

任务实施

郭某向保险公司投保了机动车辆消费贷款保证保险，约定保险公司就郭某向银行的贷款承担保证保险责任，郭某与保险公司建立了保证保险关系，该合同关系反映了双方真实意思表示，未违反法律法规强制性规定，应确认有效。郭某未按贷款合同的约定还款，保险公司向银行偿还了郭某所欠款项，履行了保证保险责任，其有权向郭某进行追偿，且郭某与银行签订的借款合同中对此亦进行了明确约定，保险公司诉至人民法院向郭某追偿欠款的做法是合理的。

强化训练

搜集汽车消费贷款保险的相关案例并进行分析，从而认识汽车消费贷款保险。

【步骤】

(1) 分组。将教学班级按每小组 5～8 人分为不同的学习小组。

(2) 研讨。以学习小组为单位组织研讨案例中的问题，在充分讨论的基础上，形成各小组的课题报告，并进行汇报。

(3) 点评。学生自评，小组互评，最后由指导教师对操作过程进行点评，然后综合评定各学习小组本次实训的成绩。

任务 2　办理汽车消费贷款保险业务

知识目标

1. 了解汽车消费贷款保险的投保与承保。
2. 了解汽车消费贷款保险合同的变更、终止、解除。
3. 了解汽车消费贷款保险的理赔。

能力目标

能够在掌握汽车消费贷款保险承保和理赔流程的基础上，为客户办理汽车消费贷款保险承保和理赔业务。

情景描述

张先生 1998 年大学毕业以后一直在一家通信公司工作，月薪 8 000 元，其太太王女士在一所中学任教，月收入 6 000 元。夫妇二人在车展上看中了一辆价值 12 万元的雪弗兰科鲁兹轿车，因年前刚购买了一套新房，手头现金不足，无法一次付清车款，夫妇二人决定用分期付款的方式圆他们的购车梦。在办理完贷款申请之后，请你为张先生办理汽车分期付款售车信用保险投保业务。

任务剖析

汽车消费贷款保险（以下简称车贷险）主要包括汽车消费贷款保证保险及汽车分期付款售车信用保险两种汽车贷款业务。随着汽车消费贷款的数量增多，购买车贷险的越来越多，这就需要大量的保险从业人员去完成车贷险的承保，保险合同的变更、终止、解除，车贷险的理赔以及客户回访等业务。

相关知识

一、汽车消费贷款保险的投保

1. 投保人条件

汽车消费贷款保证保险的投保人应是年满 18 周岁、具有完全民事行为能力的自然人，或依法成立的、能够独立承担民事责任的企（事）业法人。

2. 担保人条件

担保人依据其性质不同，其条件要求也不尽相同。

（1）自然人

1）具有完全民事行为能力的中国公民。

2）具有稳定的职业和经济收入或易于变卖的资产，有能力按期偿还购车款项。

3）能够提供保险人认可的担保。

（2）法人

1）中国境内的企业、事业法人单位或国家机关（不含分支机构或派出机构）。

2）具有偿还购车款能力。

3）能够提供保险人认可的担保。

凡法律或银行规定不能作为担保人的单位或个人，不论何种理由，均不得作为汽车消费贷款保证保险投保人的担保人。

3. 投保业务流程

投保人办理汽车消费贷款保证保险的基本流程如图 8—2—1 所示。

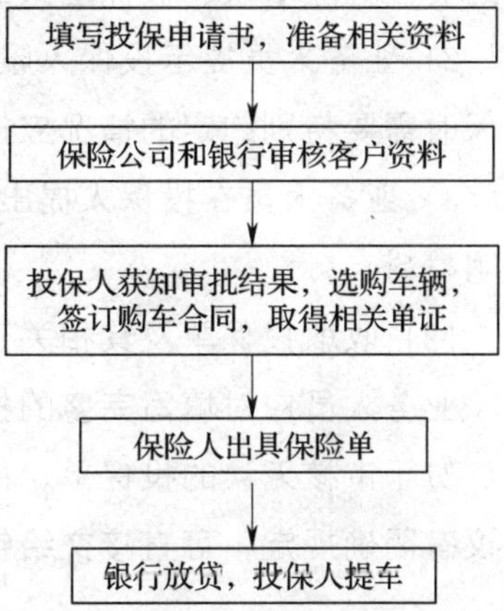

图 8—2—1　汽车消费贷款保证保险投保流程

小提示：

投保人办理汽车消费贷款保证保险需要准备的相关资料主要有：投保人及其配偶的身份证、户口本原件及复印件；投保人及其担保人的收入证明材料；抵押或质押合同、抵押或质押证书；与汽车销售商签订的购车合同；担保书、承保调查表等。

二、汽车消费贷款保险的承保

汽车消费贷款保证保险承保是保险人与投保人签订保险合同的过程，包括展业、受理投保、核保、缮制与签发保险单证等程序。

1. 展业

(1) 展业准备

1) 学习掌握汽车消费贷款保证保险的基本知识。

2) 进行市场调查与研究，选择合适的保险对象。

3) 同所选定的银行、销售商、公证机关、公安交通管理部门等签订合作协议，以法定合同的形式确定合作方式、各方的职责、权利及义务。

(2) 展业宣传

备齐保险条款与相关资料以后，向银行、汽车生产商、销售商和贷款购车人做好宣传。重点宣传保证保险的特点及本公司的优势等。

2. 受理投保

(1) 指导填写投保单

1) 业务人员应该履行告知义务，按照法规要求对条款及其含义进行告知，特别对条款中的责任免除事项、被保险人的义务以及其他容易引起争议的部分，应予明确说明。

2) 业务人员提示投保人履行如实告知义务，特别是对可能涉及保险人是否同意承保或承保时需要特别约定的情况应提示投保人详细询问。

3) 业务人员在投保人提出投保申请时，应要求其按照保证保险条款的规定提供必需的证明材料。

(2) 收取投保单及其相关资信证明并初步审核

业务人员应对填写完整的投保单和所附的资信证明材料进行初步审查，必要时要调查核实。对于审核无误的投保单，由业务负责人签署“拟同意承保”意见后交投保人。如果合作协议有明确规定，可直接交给银行或销售商。

小提示：

业务人员对投保单初步审查的内容包括以下两点：

1. 审核证明文件或材料是否齐全，是否符合银行指定的汽车消费贷款管理办法。

2. 在审核时，对于存在疑点或证明材料有涂改、伪造等痕迹的，应通过公安机关、居委会或开户银行予以核实。必要时可以通过消费贷款保证保险问询表予以落实，并让消费贷款购车人确认后，附贴在投保单上。

3. 核保

核保的内容包括以下几点：

(1) 审核投保单的保险金额是否符合车贷险条款规定，投保人购车的首付款是否符合规定。

(2) 审核贷款合同和购车合同是否合法并真实有效，银行与销售商在办理消费贷款和购车手续时是否按照规定严格把关。

(3) 审核投保人是否按规定为消费贷款所购的车辆办理了规定内容的保险。

(4) 审核贷款协议是否明确按月、按季分期偿还贷款，不得接受1年1次的还款方式。

(5) 审核投保人是否按照与银行签订的抵押、质押或保证意向书，办理了有关抵押、质押或保证手续。

(6) 审核投保人所购车辆的用途与还款来源。

小提示：

对上述核保内容审核以后，应签署核保意见，明确是否同意承保或是否需要补充材料以及是否需要特别约定等。如果核保同意承保，应将贷款合同、购车合同和相关证明材料复印一套留存。

4. 缮制保险单证

业务人员根据核保意见缮制保险单证。

(1) 缮制汽车消费贷款保证保险保险单，保险期限应长于贷款期限，保险金额不得低于贷款金额。

(2) 根据贷款金额、贷款期限等正确选择费率并计算保险费。

(3) 汽车消费贷款保证保险不单独出具保险证，但为明示需要，应在车辆基本险与附加险的保险证上标注“保证保险”字样。

(4) 复核人员按照规定程序和内容，对保险单证进行复核并签章。

5. 收取保险费

财务人员按照保险单核收保险费并出具保险费收据。投保人应一次交清保证保险的保险费。

6. 签发保险单证

保险费收取后，业务人员在保险单证上加盖公章，将保险单正本交予被保险人。

7. 归档管理

保险单副本一联交投保人，一联交财务，剩下一联连同保险费收据业务联、复印的贷款合同、购车合同及有关证明材料等资料整理归档。

三、汽车消费贷款保险合同的变更、终止、解除

1. 合同变更

(1) 变更事项。包括变更保险期限、变更购车人住址和电话，或购车单位联系地址、银行账户及联系电话，变更其他不影响车辆还款和抵押物登记的事项。

（2）变更申请。购车人在保险期限内发生变更事项，应及时提出申请。

（3）办理批改。在办理批改时，应注意审核批改事项是否会产生意外风险，从而决定是否接受批改申请。

2. 合同终止

遇有下列情况之一，则汽车消费贷款保证保险合同终止：

（1）贷款购车人提前偿还所欠贷款。

（2）贷款所购车辆因发生机动车损失险、盗抢险或自燃损失险等车辆保险责任范围内的全损事故获得保险赔偿，并且赔款足以偿还贷款的。

（3）因履行保证保险赔偿责任。

（4）保证保险期满。

3. 合同解除

下列情形之一发生时，保险合同将被解除：

（1）投保人违反《保险法》或《担保法》等法律法规，保险人可以发出书面通知解除合同。

（2）被保险人违反国家相关法律法规和消费贷款规定的，保险人有权解除合同。

（3）投保人根据国家相关的法律法规，提出解除合同。

（4）投保人未按期足额缴纳汽车保险保费，且被保险人未履行代缴义务的，保险人有权解除合同。

（5）法律法规规定的其他解除合同的事由。

4. 办理收退费

（1）经保险人同意延长保险期限的，根据延长后的实际期限选定费率，补收保险费。

（2）投保人提前清偿贷款，按照实际还贷时间按月计算保险费，多收部分退还投保人。

（3）贷款所购车辆因发生机动车损失险、盗抢险或自燃损失险责任范围内的全损事故获得保险赔偿，并且已优先清偿贷款的，保证保险合同终止，并退还从清偿贷款之日至保证保险合同期满的全部保险费。

四、汽车消费贷款保险的理赔

1. 接受报案

（1）接受报案人员在接到报案时，应按照本书项目六的报案要求，对报案人进行询问，并填写报案记录，通知业务人员。

（2）业务人员根据报案记录，尽快查阅承保记录，将符合理赔的案件登入《保证保险报案登记簿》。

（3）业务人员在接受报案的同时，须向被保险人提供《索赔申请书》和《索赔须知》，并指导其详细填写《索赔申请书》。同时向被保险人收取以下原始单证：

1）汽车消费贷款保证保险保险单和汽车保险单正本。

2）《汽车消费贷款合同》（副本）。

3）《抵押合同》或《质押合同》或《保证合同》。

4）被保险人签发的《逾期款项催收通知书》。

5）未按期付款损失清单。

2. 查抄底单

业务人员根据出险通知，应尽快查抄汽车消费贷款保证保险保险单与批单、汽车保险的保险单与批单，并在所抄单证上注明抄单时间和出险内容。

3. 立案

（1）业务人员应根据被保险人提供的有关资料进行初步分析，提出是否立案的意见与理由，报业务负责人。

（2）业务负责人接到报告后，应及时提出处理意见。

（3）业务人员根据负责人的意见办理立案或不立案的手续。应予立案的，应在汽车保险单上做出标记；不予立案的，应以书面形式通知被保险人。

4. 调查

（1）调查要求

调查工作必须双人进行，应着重第一手材料的调查。所有调查结果应做出书面记录。

（2）调查方式与重点

1）对已经掌握的书面材料进行分析，确认被保险人提供的书面材料是否全面、真实。

2）向被保险人取证，了解投保人逾期未还款的具体原因，被保险人催收还款的工作情况。

3）向个人投保人的工作单位或所在居委会（村委会）调查，了解投保人收入变动情况；向法人投保人的上级单位或行政主管部门了解其经营情况。

4）向有关单位和个人调查抵押物的当前状况。

5）通过其他途径调查，并结合以上调查结果，明确是否存在条款所载明的责任免除事项，投保人、被保险人是否有违反条款规定义务的行为。

5. 撰写调查报告

调查人员在调查结束后应撰写调查报告，全面详细地记录调查结果并做出分析。

6. 确定保险责任

业务人员应根据调查报告和收集的有关材料，依照相关机动车保险条款和有关规定，全面分析，确定是否属于保险责任。形成处理意见后报地市级分公司车险部门审定，拒赔案件应逐级上报省级公司审定。

7. 抵押物处理

（1）保险事故发生后，保险人应及时通知被保险人做好抵押物处理的准备工作。

（2）保险人应与被保险人、投保人（抵押人）共同对抵押物进行估价，或共同委托第三人进行估价。所估价值由各方同意后，签订《估价协议书》。协议书所确定的金额为处理抵押物的最低金额。

（3）被保险人按照《估价协议书》规定处理抵押物，所得价款优先用于偿还欠款。

（4）被保险人不能处分抵押物的，应对投保人提起诉讼，抵押物的抵押权转归保险人，保险人应会同被保险人办理抵押权转移的各项手续。

8. 赔款理算

理赔人员依据调查报告、索赔通知书和估价协议等有关材料进行赔款理算。具体计算方法如下：

（1）抵押物已由被保险人处理的：

赔款＝（保险金额－已偿贷款－抵押物的处分金额）×80％　　(8—2—1)

（2）抵押物抵押权转归保险人的：

赔款＝（保险金额－已偿贷款）×80％　　(8—2—2)

（3）抵押物灭失且不属于汽车保险赔款责任，且投保人未提供新的抵押物的，保险费也按照式（8—2—2）计算。

式（8—2—1）、式（8—2—2）中的“已偿贷款”不包括投保人已经偿还的贷款利息；“抵押物的处分金额”是指抵押物处分后，被保险人实际得到的金额，即扣除处分抵押物所需的费用及其他相关费用后的余额。

小提示：

投保人以其所购车辆作为贷款抵押物，因逾期未还款，车辆依抵押合同被处分后，投保人为其投保的汽车保险的保险责任即行终止。被保险人应按照保险合同的规定，为投保人办理汽车未了责任期保险费的退费手续。

贷款所购车辆发生机动车损失险、盗抢险，以及自燃损失险保险责任范围内的全损事故后，汽车保险的被保险人应得到的赔款，应优先用于偿还汽车消费贷款。此时，保险理赔人员，应书面通知贷款银行向保险公司提出“优先偿还贷款申请”，并书面通知汽车保险的被保险人，要按照合同的规定将赔款优先用于偿还贷款。优先偿还的范围仅限于所欠的贷款本金。优先偿还贷款后的赔款余额应交汽车保险的被保险人。赔款优先清偿贷款后，保证保险合同即行终止。保险人应按照本实务规程中关于收退费的规定，为投保人办理保证保险未了责任期保险费的退费手续。

9. 缮制赔款计算书

计算完赔款以后，要缮制赔款计算书。赔款计算书应该分险别、项目计算，并列明计算公式。赔款计算应尽量用计算机出单，做到项目齐全、计算准确。手工缮制的，应确保字迹工整、清晰，不得涂改。

业务负责人审核无误后，在赔款计算书上签署意见和日期，然后送交核赔人员。

10. 核赔

核定赔款的主要内容包括：

(1) 审核单证

1) 审核被保险人提供的单证、证明及相关材料是否齐全、有效，有无涂改、伪造等。

2) 审核经办人员是否规范填写有关单证，必备的单证是否齐全等。

3) 审核相关签章是否齐全。

(2) 核定保险责任

主要审核是否属于保险责任。

(3) 审核赔付计算

审核赔付计算是否准确。属于本公司核赔权限的，审核完成后，核赔人员签字并报领导审批；属于上级公司核赔的，核赔人员提出核赔意见，经领导签字后报上级公司核赔。在完成各种核赔和审批手续后，转入赔付结案程序。

11. 结案登记与清分

(1) 业务人员根据核赔的审批金额填发《赔款通知书》及赔款收据；被保人在收到《赔款通知书》后，在赔款收据上签章；财会部门即可支付赔款。在被保险人领取赔款时，业务人员应在保险单正、副本上加盖“××××年××月××日出险，赔款已付”字样的印章。

(2) 赔付结案时，应进行理赔单据的清分。一联赔款收据交被保险人；一联赔款收据连同一联赔款计算书送财会部门作为付款凭证；一联赔款收据和一联赔款计算书或赔案审批表，连同全案的其他材料作为赔案案卷。

12. 理赔案卷管理

理赔案卷要按照“一案一卷”整理、装订、登记、保管。赔款案卷应单证齐全，编排有序，目录清楚，装订整齐。保证保险的理赔案卷单证包括赔款计算书、赔案审批表、出险通知书、索赔申请书、汽车消费贷款保证保险保险单及批单的抄件、抵押合同、调查报告、估价协议书、权益转让书，以及其他有关的证明与材料等。

13. 客户回访服务与统计分析

(1) 客户回访

1) 消费贷款保证保险业务要指定专人负责。对客户应每半年回访一次，做好跟踪服务，及时掌握购车人（投保人）、被保险人的需求与动态。

2）要建立客户回访、登记制度。实行“一车一户”管理制度，及时记录还款情况。

3）建立与银行保持定期联络制度，协助银行做好消费贷款还款跟踪服务。

4）建立消费贷款购车人与所购车辆档案。内容包括购车人的基本资信情况、车辆使用情况、安全驾驶记录、保险赔款记录、还款记录等。

（2）统计分析

1）按期做好不同车辆类型、不同车辆价格范围、不同职业与地域的购车人、不同经销商、银行等方面的转向量化分析，报上级公司。

2）各省级分公司对专项统计的业务报表和消费贷款保证保险的经营情况进行分析，应按季度上报总公司，由总公司上报中国保监会。

任务实施

可分以下几个步骤帮助客户张先生办理汽车分期付款售车信用保险。

1. 指导填写投保单

（1）作为保险业务员，在指导客户填写投保单之前应依据法规要求履行告知义务。告知内容如下：

1）对汽车分期付款售车信用保险条款及其含义进行告知，特别对条款中的责任免除事项、被保险人的义务以及其他容易引起争议的部分，应予明确说明。

2）提示投保人张先生履行如实告知义务，特别是对可能涉及保险人是否同意承保或承保时需要特别约定的情况应提示张先生详细询问。

3）提示张先生按照保证保险条款的规定提供必需的证明材料。如张先生及其配偶的身份证、户口本原件及复印件；张先生及其担保人的收入证明材料；抵押或质押合同、抵押或质押证书；与汽车销售商签订的购车合同；担保书、承保调查表等。

（2）填写投保单

根据张先生的实际情况，要求其如实填写投保单（见表8—2—1）。

（3）计算保险费

根据张先生的经济能力，现在选择2年的分期付款时间，对应表8—1—2得出保险费率为2%，总车款为12万元，张先生首付5万元，贷款7万元。所以：

保险费＝保险金额×保险费率＝70 000×2%＝1 400（元）

2. 收取投保单及张先生相关资信证明并初步审核

保险业务人员应对填写完整的投保单和所附的资信证明材料进行初步审查，必要时要调查核实。对于张先生的投保单审核无误后，由业务负责人签署“拟同意承保”意见后交投保人。因为张先生所投保的保险公司与银行有合作协议，可直接交给银行，由银行完成后续工作。

表 8—2—1　　机动车辆分期付款售车信用保险投保单

<table>
<tr><td>投保人</td><td></td><td>地址</td><td></td><td>电话</td><td></td></tr>
<tr><td>被保险人</td><td></td><td>地址</td><td></td><td>电话</td><td></td></tr>
<tr><td rowspan="2">共同
购车人</td><td colspan="2">本人：</td><td colspan="3">地址：
电话：　　身份证号：</td></tr>
<tr><td colspan="2">直系亲属：</td><td colspan="3">地址：
电话：　　身份证号：</td></tr>
<tr><td colspan="3">担保人：</td><td colspan="3">地址：
电话：　　身份证号：</td></tr>
<tr><td colspan="3">厂牌型号：</td><td colspan="3">号牌号码：</td></tr>
<tr><td colspan="3">发动机号：</td><td colspan="3">车架号：</td></tr>
<tr><td colspan="6">投保金额：人民币________________（￥______）
费率：________%
保险费：人民币________________（￥______）
保险期限：自　　年　　月　　日零时起至　　年　　月　　日二十四时止</td></tr>
<tr><td colspan="6">特别约定：</td></tr>
<tr><td colspan="6">投保人声明上述填写内容（包括抵押清单）属实，同意以本投保单及其附件作为订立保险合同的依据；对贵公司就机动车辆分期付款售车信用保险条款（包括责任免除部分）的内容及说明已经了解并认同；同意自保险单签发之日起保险合同成立。</td></tr>
<tr><td colspan="3">被保险人签章：

年____月____日</td><td colspan="3">投保人签章：

年____月____日</td></tr>
</table>

注：1. 本投保单上投保人指分期付款的购车人。

2. 被保险人指分期付款的售车人。

强化训练

2018 年 11 月 15 日，大学毕业一年的李某与银行签订了汽车消费贷款合同，约定李某为购买汽车向银行贷款，贷款金额为 23.7 万元，贷款期限为 5 年，月息率 4.417 5%，每月还款额为 4 505.24 元；逾期还款按照逾期本金余额和逾期天数以日计收 0.21%的罚息，并对逾期支付的利息计收复利。2018 年 11 月 23 日，李某向保险公司投保机动车辆消费贷款保证保险，约定被保险人为银行，保险期限为 2018 年 11 月 24 日至 2023 年 11 月 23 日，保险金额为 23.7 万元。

两年以后因为工作原因，李某没有经济偿还能力，于 2020 年 5 月开始停止还款，3 个月以后银行向保险公司提出理赔。请按程序完成这起案件的理赔工作。

【步骤】

(1) 分组。将教学班级按每小组 5～8 人分为不同的学习小组。

(2) 研讨。以学习小组为单位组织研讨案例中的问题，在充分讨论的基础上，形成各小组的课题报告，并进行汇报。

(3) 点评。学生自评，小组互评，最后由指导教师对操作过程进行点评，然后综合评定各学习小组本次实训的成绩。

课后练习

1. 什么是汽车消费贷款？汽车消费贷款有哪些具体规定？

2. 什么是汽车消费贷款保证保险？什么是汽车分期付款售车信用保险？二者的区别是什么？

3. 汽车消费贷款保证保险和汽车分期付款售车信用保险的保险责任和除外责任分别是什么？

4. 简述办理汽车消费贷款保证保险和汽车分期付款售车信用保险的程序。

5. 简述汽车消费贷款保险理赔的程序。